KB272866

# 부의 심리

빈곤과 결점까지도
성장의 발판으로 만드는 힘

# 부의 심리

찰스 리처즈 지음 | 정 향 옮김

samho MEDIA

나는 오랜 기간 심리치료사로 일하면서, 왕 같은 삶을 사는 사업가부터 값싼 일자리를 전전하는 노동자에 이르기까지 다양한 계층의 사람들을 만나왔다. 그리고 그들의 치유를 도우면서 부유층과 빈곤층 모두의 관심사와 걱정거리, 삶의 낙이 무엇인지 들여다볼 수 있었다. CEO를 위한 강좌를 하는 동안에는 여러 부유층 고객들을 만날 수 있었는데 그중에는 행복하지 않은 이들도 더러 있었다. 그들은 그 많은 재산이 증발해 버릴까, 자신이 사기꾼으로 몰리지 않을까 하는 걱정으로 노심초사하는 모습을 보였다. 말하자면 돈과의 관계가 건강하지 못한 사람들이었다. 돈 걱정은 대부분 가난한 사람들의 몫일 것이라는 일반적인 예상과는 달리, 넉넉한 재산에도 불구하고 금전적 불안에 떠는 이들을 보면서 나는 혼란에 빠졌다.

한편, 내 주변에는 살림살이가 빈약할지라도 행복과 자신감이 넘치며 걱정 없이 사는 사람들도 있었다. 축복받은 이들은 재정적 결핍에 대한 불안감보다는 성취에 대한 낙관이 강했으며, 돈과의 관계에서 자신이 주도권을 쥐고 있다는 공통점이 있었다. 풍족하지 않은 환경에서도 풍요롭고 보람된 삶을 살고 있었던 것이다.

이 두 부류를 보며 나는 의문이 생겼다. 왜 어떤 이들은 실제 재산이 많건 적건 항상 부족하다고 느끼는 것일까? 반대로 어떤 이들은 가진 것이 많지 않음에도 풍족하다고 느끼는 것일까? 나는 후자에게서 공통적으로 발견할 수 있는 심리 상태를 '부의 심리(Psychology of Wealth)'라 이름 붙였다. 그렇다면 부의 심리는 어떻게 가질 수 있는가? 특별한 자질이나 습관이 필요한 것인가, 아니면 후천적 노력으로도 가능한 것인가? 또한 물질적·심리적으로 모두 풍요를 누리는 사람들에게 배울 것이 있다면 그것은 무엇일까?

나는 2008년 이전까지 이 문제를 가벼운 사색의 주제로만 여겼다. 그러나 그 같은 생각도 경제 위기와 세계 경제의 침체를 목격하면서 달라지기 시작했다. 부와 자신감에 대한 내 의문은 더욱 절실해졌다. 다른 이들과 마찬가지로 위기에 빠진 경제와 그것이 내 이웃에게 미칠 여파가 걱정스러웠다. 가계 부채 폭등, 대규모 주택 차압, 대량 실업, 금융기관에 대한 불신 등이 어떤 결과를 가져올지 불안했다. 부와 행복을 약속하던 터전이 갑자기 사상누각으로 변한 듯한 광경이었다.

나는 사회의 일원으로서 경제 위기의 원인이 무엇인지 궁금했고, 심리치료사로서 우리 개인이 이 위기를 현명하게 극복하기 위해서는 무엇이 필요한지 알고 싶었다. 어떻게 하면 잘못된 선택을 막을 수 있을까? 어떻게 하면 미래에 대한 비관을 극복할 수 있을까? 나는 재산(부)에 대한 개인 및 집단의 심리에서 답의 실마리를 찾을 수 있을 것 같았다. 우리가 위기에 처한 이유와 이 위기를 극복할 수 있는 방법을 찾는 데 부의 심리가 도움이 될 것이라고 생각한 것이다.

부의 심리를 통해 무엇을 깨달을 수 있을까에 대한 답을 찾기 위해 나는 본격적으로 부의 심리에 대해 연구하기 시작했다. 관련 자료를 수집하고, 돈과 건강한 관계를 유지하는 사람을 만나러 다녔다. 그들이 터득한 부에 대한 지혜, 그들의 특징적인 사고방식과 행동방식을 발견하는 것이 목적이었다. 선천적 혹은 후천적 노력으로 부의 심리를 가진 사람들을 인터뷰했다. 경제학 교수, 국회의원, 컨설턴트, 신용상담사들도 만났으며, 세미나와 기자회견을 찾아다니며 경제 위기에 휩쓸린 사람들의 이야기에도 귀를 기울였다. 또한 성공한 다국적 기업 CEO, 소박하지만 균형 잡힌 삶을 꾸리는 사람들, 비영리기관에서 헌신하며 보람찬 삶을 사는 이들도 만나러 다녔다. 다시 말해 무언가 실마리를 잡고 있을 법한 각계각층의 사람들을 찾아 이곳저곳을 돌아다녔다. 이 책의 정수는 바로 그들에게서 얻은 이야기와 지혜라고 할 수 있다.

그리고 마침내 이들의 이야기를 통해 부의 심리라는 개념의 실체가 드러나기 시작했다. 자신감, 책임감, 모험심, 성취감, 결단력 등이 부의 심리를 구성하고 있음을 알게 되었으며, 부의 심리를 지닌 이들이 시련을 이겨내는 법도 알게 되었다. 이들은 감사하는 마음으로 나눔을 실천하고 있었으며, 나눔이 자기 성장의 기회가 된다는 것을 본능적으로 알고 있었다. 자의 혹은 타의로 인생의 전환점에 서야 했던 이들에게서는 인간의 무한한 적응력과 생존능력을 엿볼 수 있었다.

이번 세계 경제 위기에서 개인 및 경제 전반에 가장 큰 여파를 남긴 요소는 바로 빚(Debt)이었다. 빚 혹은 대출의 문제는 언론에서도 많이 다뤄지고 있고, 토론의 주제로도 빈번히 상정된다. 가계 빚 때문에 수많은 주택 소유자와 소비자가 막심한 손해를 입은 것이 사실이며, 많은 이들이 대출을 부정적으로 본다. 그러나 나는 대출이야말로 부의 심리를 이해하는 데 중요한 열쇠라고 느꼈다. 특히 대출을 정기적으로 받는 이들의 대다수가 재정 문제를 겪지 않는다는 한 연구 결과에 놀라움을 금치 못했다. 그들에게 대출은 오히려 재산을 불리고 심리적으로 성장하는 발판이 되었다. 이러한 발견에 고무된 나는 더욱 이 문제를 파고들었다. 대출은 대부분 부정적으로 여겨지지만 역사적으로 성장, 진보, 번영의 원동력 역할을 해온 것이 사실이다. 제대로 이용한다면 개인과 경제 전반에 큰 이득이 되는 것이 바로 대출이었다.

오늘날 개인 및 사회가 겪고 있는 위기는 무의식적으로 선택하는 습관이 야기한 것이라 말할 수 있다. 별다른 계획이나 목표 없이 쉽게 대출을 받고 소비하는 경향이 만연해 있다. 그러나 건강한 부의 심리를 지닌 사람들은 소비와 대출을 비롯한 일상생활에서 깨어 있는 의식을 가지고 결정을 내린다는 공통점이 있었다. 이러한 깨어 있는 태도야말로 빈곤한 환경마저 재정적·심리적 성장의 발판으로 바꾸는 비결인 것이다.

요즘 현명한 지출, 투자, 절약, 대출에 관한 논의가 봇물처럼 쏟아지고 있다. 재무전문가, 경제학자, 각 정부 부처들도 저마다 올바른 소비에 관해 말한다. 나는 이 책이 그들과는 다르길 바랐다. 나는 이 책을 통해 심리적으로 풍요를 이루는 방법, 의미 있는 소비생활을 하는 방법을 알리고 싶었다. 실제로 이 책에서 소개하는 인물들은 자신이 직접 겪고 성취한 삶을 통해 진정한 부와 풍요에 이르는 길에 대해 많은 방향을 제시해주고 있다.

"실천에는 마법, 은총, 그리고 힘이 있다."고 괴테는 말했다. 일상의 작은 행동부터 바꾸어 나간다면 우리 자신도 부의 심리에 이를 수 있을 것이다. 시작하라. 그러면 인생의 경로에 황금 발자국(Golden Steps)을 남기듯 현명한 실천이 이어질 것이다. 그리고 올바른 방향으로 전진하게 될 것이다.

찰스 리처즈

# 차례



## PART 01 무엇을 해야 하는가

013



## PART 02 부의 진화를 엿보다

039

# 무엇을
# 해야 하는가

**PART
01**

세상이 원하는 일을 하지 말고
당신이 살아 있음을 느낄 수 있는 일을 하라
세상이 원하는 것은 바로
생생하게 살아 있는 사람이다

세상이 원하는 일을 하지 말고
당신이 살아 있음을 느낄 수 있는 일을 하라.
세상이 원하는 것은 바로 생생하게 살아 있는 사람이다.

해럴드 서먼 휘트먼(Harold Thurman Whitman)

레티샤 산 미겔Leticia San Miguel은 화창한 날씨로 유명한 텍사스 주의 샌안토니오에서 성장했다. 멕시코계 미국인인 레티샤의 가족은 200년이 넘는 세월 동안 조상 대대로 샌안토니오에서 살아왔다. 주인이 끊임없이 바뀐 복잡한 역사를 지니고 있는 텍사스 영토는 스페인, 프랑스, 멕시코, 텍사스 공화국을 거쳐 다시 남부 연합군의 소유가 되었다가 마침내 현재의 미국 영토로 편입되었다. 부유한 지역은 아니지만 다채롭고 유구한 문화가 살아 숨 쉬는 이 지역에서 레티샤의 가족과 친지들은 몇 블록 안에 모여 살았고 사촌들은 서로 형제자매처럼 친하게 지냈다. 가족, 교회, 이웃은 이곳 주민들의 삶의 중심이었다. 그리고 이러한 환경에서 자란 레티샤는 흔치 않은 장점인 풍요로운 사고방식을 배우며 성장할 수 있었다. 그녀는 자신에 대한 강한 믿음을 가지고 있었고 역량을 발휘할 준비가 되어 있었다.

# 남이 하는 기대, 내가 꾸는 꿈

레티샤는 정치인이 된다는 생각은 전혀 해본 적이 없었다. 그녀는 할아버지의 뒤를 이어 약사가 되고 싶었고, 결혼한 지 얼마 지나지 않아 약국을 개업하는 모험을 시도하기로 했다. "그건 제 꿈이었어요. 하지만 위험한 결정이기도 했죠. 집을 사기 위해 저축한 돈을 모두 쏟아부어야 했으니까요. 그러나 결국 그 약국을 샌안토니오의 빈민들을 위한 메디컬 센터로 키웠습니다." 같은 시기에 레티샤의 가족도 늘어났다. "10년 동안 아이를 여섯이나 낳았어요. 사업을 두 개나 하는 셈이었지요. 약국에 아기를 업고 출근하면 환자들이 돌봐줄 정도였어요."

부의 심리는 유년기 가치관이 형성될 때 심어지기도 한다. 이를 위해서는 큰 저택이나 부유한 이웃이 필요한 것이 아니다. 제대로 된 가치관 교육이 필요하다. 성과, 내면의 힘, 자신감의 중요성을 유년기에 배우고 형성해야 하는 것이다. 레티샤는 아버지에게 얻은 소중한 교훈에 대해 말했다. "어른들은 꼬마인 저에게 '정말 귀여운 아이로구나'라고 했죠. 그러면 아버지는 '애는 반에서 1등을 하는 똑똑한 아이예요'라고 응수하셨죠. 그때 저는 중요한 건 외모가 아니라 지성이구나 하는 느낌을 받았어요. 아버지는 말의 힘을 아는 분이었어요. 어린 시절 저는 인형 같은 몸매는 아니었어요. 아버지는 저의 이런 몸매를 장점으로 살려서 육상을 해보는 게 어떠냐고 권하셨죠. 중요한 것은 외모가 아니라 강인함이라고 가르치셨어요."

레티샤는 어머니의 교육 철학에 대해서도 존경심을 가지고 있다. "어머니로부터는 또 다른 지혜를 배웠어요. 어머니 덕분에 우리 가족은 제가 대학에 진학하는 것을 당연하게 생각했어요. 사실 우리 가족들 중에서 어머니와 아버지를 빼면 이전 세대들은 대학을 다니지 못했죠. 부모님이 최초로 대학 문턱을 밟아본 거죠. 어머니는 항상 저에게 학위와 직업을 가져야 한다고 하셨어요. 그래야 저와 아이들이 품위 있게 살 수 있다고 하셨죠. 제가 그걸로 평가를 받게 될 것이라고 말이죠.”

“할머니도 제 인생에서 무척 중요한 분이셨어요. 많은 것을 행동으로 가르쳐 주셨지요. 할머니는 아이스하우스라는 작은 가게를 운영하셨어요. 주로 아이스크림이나 타코, 음료를 팔았죠. 하지만 주말이 되면 탁자가 놓인 나무그늘 아래서 음악을 틀고 춤도 출 수 있었죠. 할머니는 이 가게를 시작할 때, 그리고 당신 집을 확장해서 지점을 열 때 대출을 받으셨어요. 할머니가 빚을 갚으러 시내로 나갈 때면 저도 함께 따라 나서곤 했죠. 우선 이글론Eagle Loan에 들러 그 달의 빚을 갚고 소다수 가게에 들르는 식이었어요. 평범한 나들이였지만, 저는 ‘대출은 갚아야 한다. 대출은 상대방과의 약속’이라는 교훈을 얻을 수 있었어요. 할머니가 매달 대출금을 갚아나가는 모습을 보면서 저 역시 돈과의 관계를 올바르게 정립할 수 있었답니다.”

“그렇다면 할머니는 왜 대출을 받아가면서까지 집을 증축했을까요? 할머니 연세에는 드문 일인데 말이죠. 사실 두 번째 가게가 집과 붙어 있던 덕에, 할머니는 병으로 쇠약해진 후에도 집에서 가게를 돌볼 수 있으셨어요. 끝까지 품위 있는 삶을 누리신 거죠. 당신께 무엇이 최선인지 아셨던 거예요.”



부의 심리

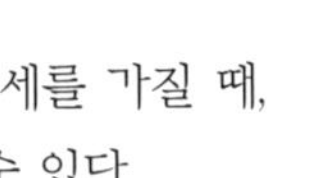

자기 삶에 책임지는 자세를 가질 때,
자신을 존중할 수 있다.

조안 디디온(Joan Didion)_소설가

## 넌 여자니까

레티샤가 8학년(중학교 2년) 때 자신의 미래를 바꾸게 될 중대한 사건이 일어났다. "남학생들이 학생회장 후보 선출에 대해 이야기하고 있었죠. 나도 학생회의 일원이었기에 '내가 나갈까?'라고 했더니, 남학생들이 안 된다고 하더군요. 왜 안 되냐고 물었더니 '넌 여자잖아.'라고 하는 거예요. 여자라서 안 된다는 말은 그때 처음 들어봤죠. 오기가 생겼습니다. '두고 봐, 난 해낼 거야'라고 마음먹었죠. 처음으로 내 안에 있던 적극성을 드러 내게 되었어요. 당시에는 여자 학생회장은 전례가 없었지만 선거에 뛰어 들어 내 자신을 시험해보기로 했습니다." 결과는 어땠을까? 레티샤는 최 초의 여자 학생회장으로 선출되었다.

"어른이 된 후에는 약국을 운영하랴, 아이 여섯을 키우랴 너무 바빴습 니다. 하지만 지역 사회 활동에도 적극적으로 참여했죠. 텍사스 주 하원 의원이 공석이 되었을 때 후보로 나온 사람들이 모두 맘에 들지 않았습 니다. 제가 중요하게 여기던 문제들을 어느 누구도 다루지 않았기 때문이 죠. 그때 남편이 '그럼 당신이 나가면 어때?'라고 하는 거예요. 하지만 저 는 가능성이 없다고 생각했어요. 당시 텍사스 주 의회에는 150명의 의원 이 있었는데, 여자는 고작 10명 남짓했습니다. 하지만 남편은 계속 나를 부추겼고 가족회의까지 열게 되었습니다. 제가 종종 집을 비워도 괜찮을

지 아이들에게 물어보았죠. 아이들 중 하나가 물었습니다. '엄마는 왜 하원의원이 되려고 하는 거예요?' 그러자 열 살짜리 딸아이가 저 대신 기막힌 대답을 해주더군요. '하원엔 어머니들이 부족하니까 엄마가 나가려는 거야.' 저와 남편은 놀라서 서로를 바라만 보았어요. 이 일을 꼭 해내야 한다는 것을 둘 다 깨달은 거죠."

레티샤는 이 선거에서 또 한 번의 승리를 맛보았다. 그리고 레티샤는 텍사스 주 하원의원으로 다섯 번의 임기를 마쳤다.[1] 그녀는 오늘날 텍사스 주 의회에서 반 드 푸테Leticia Van de Putte라는 5선의 상원의원으로 더욱 잘 알려져 있다. 반 드 푸테 의원은 정치적으로나 도덕적으로 의회에서 무시할 수 없는 힘을 가지고 있으며, 그 어느 의원보다도 많은 88만 명의 주민을 대표하고 있다. "선거구를 대변하는 것은 제 인생에서 가장 보람찬 일입니다. 저는 아이들과 손자 손녀들에게도 리더십을 가르쳤습니다. '무언가를 결정하는 사람이 되어야 한다, 항상 참여하라'고 가르쳤습니다. 또한 저는 낙관적인 사람이기도 합니다. 우울해하거나 비관하는 사람이 아닙니다. 저는 우리 아이들이 역사상 가장 훌륭한 세대가 될 것이라 생각합니다. 우리는 이 아이들이 훌륭한 리더가 될 수 있도록 좋은 환경을 만들어줘야 합니다."

반 드 푸테 의원은 어떻게 남자의 세계라고 할 수 있는 환경에서 그처럼 큰 성공을 거둘 수 있었을까? 그녀 역시 내가 심리치료사로 생활하며 만난 성공한 지인이나 동료들과 같은 특성을 지니고 있었다. 반 드 푸테 의원은 자신에 대해 강한 믿음을 가지고 있었다. 그리고 그것만큼이나 확고했던 것이 노력과 집중을 통해 목표를 이룰 수 있다는 믿음이었다. 반

드 푸테 의원은 어린 시절, 마음먹은 일은 이루어질 수 있음을 직접 체감하면서 성장했다. 목표를 하나씩 이루어나갈 때마다 자신감과 물질적인 풍요, 자존감이 높아진 것이다. 반 드 푸테 의원이 이룬 성과들은 부유한 환경으로 얻을 수 있는 것이 아니다. 그녀는 자신만의 고유한 가치를 믿었기 때문에 성공할 수 있었다. 만약 다른 사람의 잣대에 따라 생각했더라면 어떻게 되었을까. 학생회장 선거나 텍사스 주 의회 선거에는 나가보지도 못했을 것이다. 하지만 반 드 푸테 의원은 책임을 가진 사람, 권력을 가진 사람의 심리를 지니고 있었다. 반 드 푸테 의원은 열심히 노력했고 그 결과 승리했다. 자기 자신에게 투자하여 그에 응당한 수익을 얻은 것이다. 반 드 푸테 의원은 "상황이 아무리 나쁠지라도 노력을 멈추지 마라. 포기하는 것이 실패하는 것이다."라는 교육을 받으며 자랐다.

그녀에게 부에 관한 정의를 내려달라고 요청했다. 이에 그녀는 철학적인 대답을 해주었다. "마지막 순간에 이르렀을 때, 내 자신은 의미 있는 삶을 살아왔다고 말할 수 있기를 바랄뿐입니다. 내 몫만 챙기지 않고 가족과 이웃을 위해 의미 있는 삶을 살았기를 바랍니다. 나로 인해 다른 사람들의 삶이 조금이라도 더 나아졌는가? 이 물음에 그렇다고 대답할 수 있는 삶이야말로 풍요롭고 보람된 삶이라고 생각합니다."

## 나 자신의 가치

반 드 푸테 의원의 이야기는 성공한 삶을 이루는 핵심적인 요소는 돈이 아님을 보여준다. 진정한 부의 심리는 경제적 환경에 좌우되는 것이 아니다. 성공하기 위해서는 자신의 가치를 믿어야 하고 자신에게 투자하려는 의지가 있어야 한다. 투자에 위험 부담이 있더라도 말이다. 무언가를 이루려면 어느 정도 모험을 감수해야 한다. 그렇다고 당장 집 문서를 팔라는 것은 아니다. 감수할 가치가 있는 위험인지를 따져봐야 한다. 다만 나는 진정한 풍요를 이룬 사람들은 위험이나 실패에 굴하지 않는다는 것을 알게 되었다. 그들은 절대 포기하지 않는다. 한 번 시도해 서 안 되면 방법을 바꿔 다시 시도한다. 이제는 흔하디흔한 이야기가 되어 버렸지만 변치 않는 진실, 자신의 목표와 꿈을 위해서 열심히 노력해야만 자기 삶의 주인공이 될 수 있다는 것을 그들은 알고 있다.

---

## 통화로서의 돈

돈을 통화通貨, currency라고 부르는 것은 우연이 아니다. 통화는 도체導體에 흐르는 전기의 흐름, 즉 전류current에서 나온 말이다. 이 세상에서 살아남아 성공하려면, 우리는 이 통화를 위한 도체가 되어야 한다. 통화는 어떤 작업에 투입된 에너지를 나타낸다. 여기서 작업이란 육체노동일 수도 있고 창의적 예술일 수도 있으며, 과학, 법, 공학, 금융에 대한 전문지식일 수도 있다. 책임감 있게 돈을 관리하고 타인을 위해 일하는 것은, 곧 전류를 생산적으로 사용하는 것과 같다. 우리는 사회에 통화를 공급하는 강력한 변압기가 될 수 있다. 그리고 그 힘을 사용하는 데는 큰 책임이 따른다.

# 부의 심리를 얻는 방법

모든 컴퓨터에 운영체제가 있듯이 모든 가족은 명시적이고 암묵적인 규칙을 가지고 있다. 나는 이를 '가족운영체제'라 부른다. 이 체제는 가족 구성원의 사고와 행동에 많은 영향을 미친다. '천성이냐 학습이냐'의 끝없는 논쟁에서, 유전자형(생물이 가지고 있는 특정한 유전자의 조합)에 나타나는 천성이 후천적 학습보다 인간의 생물학적 특성에 큰 영향을 미친다는 사실은 연구를 통해 입증된 바 있다. 그러나 심리에 있어서는 천성으로 물려받은 사고방식일지라도 양육방식에 따라 얼마든지 변할 수 있다고 본다. 그렇기 때문에 가족운영체제가 가족 구성원의 사고 및 행동 양식에 강한 영향을 미칠 수 있는 것이다.

가족운영체제는 의식적이든 무의식적이든 개인의 신념과 태도, 특기, 불안감, 기대감 형성 등에 영향을 미치며 그와 관련된 수많은 사항 중에서도 특히 돈, 재산, 경제적 성공에 대한 태도에 큰 영향을 미친다. 바꿔 말해 가족운영체제로부터 어떤 영향을 받느냐에 따라 미래의 재산이 좌우된다는 것이다. 따라서 돈, 재산, 번영에 관하여 무의식적으로 형성된 생각을 점검하기 위해서는 자라온 환경과 가족운영체제를 살펴보는 것이 반드시 필요하다.

만약 가족으로부터 부의 심리를 배우지 못했다면 지금은 어떨까? 아직도 성공을 위한 태도와 습관을 배울 여지가 있는 것일까? 물론이다. 실제로 많은 사람들이 가난하거나 불우한 가정환경에서 자랐음에도 불구하고 큰 경제적 성공을 거둔다. 반대로 유복한 어린 시절을 보냈음에도 불구하고 결국 모든 기회를 놓쳐버리는 사람들도 있다. 가족이 물심양면으로 도와주었지만 자신의 잠재력을 실현하지 못하는 것이다. 한마디로 돈과 자기 자신에 대한 균형 있는 자신감은 유복한 가정에서든 가난한 가정에서든 충분히 함양할 수 있으며, 때로는 가족의 도움 없이 스스로 깨우칠 수도 있다.

실제로 수많은 사람들이 반 드 푸테 의원처럼 어려운 환경을 딛고 성공을 이뤄냈다. 경제적 환경과 관계없이 여유로운 마음가짐을 지니고 살아온 결과인 것이다. 이미 우리가 잘 알고 있는 한 성공담도 역시나 불우한 어린 시절의 이야기로 시작된다. 이 사람은 젖먹이 시절에 젊고 이상주의적인 아버지에게 버림을 받고 어머니와 함께 친척 집에서 어렵게 살아야 했다. 여섯 살 때 어머니가 재혼하면서 소년의 가족은 또 한 번 위기를 맞이했다. 낯설고 먼 나라로 이민을 가야 했던 것이다. 하지만 그 결혼도 몇 년 지나지 않아 깨졌고, 소년은 어머니와 이복 여동생과 다시 친척 집으로 돌아가야 했다. 소년이 10대가 되었을 때 어머니는 자신의 일을 하기 위해 이번에는 홀로 미국을 떠났다.

이쯤 되면 이 소년이 바로 미국 최초의 흑인 대통령인 버락 오바마 Barack Obama라는 사실을 눈치챘을 것이다. 불안정하고 가난한 결손 가정의 자녀였지만, 소년 오바마는 어머니의 사랑만큼은 듬뿍 받고 자랐다. 어머니와 조부모님은 그의 능력을 믿어주었고 그는 든든한 신뢰를 기반으로 자신의 가능성을 꽃피울 수 있었다. 가족 중 특히 어머니의 기대가 컸다. 그녀는 오바마에게 자기 삶에 대한 책임감을 길러주었으며, 매일 새벽 오바마가 등교하기 전에 따로 공부를 시켰다. 오바마의 삶은 부의 심리가 경제적 환경에 좌우되지 않는다는 또 하나의 증거이다. 결국 성공에 대한 개인의 가치관, 의욕, 자신감이 결합되어 부의 심리가 형성되는 것이다.

그러나 안타깝게도 학습된 부의 심리는 개인에게 해롭게 작용할 수도 있다. 가령 경제적 패배주의와 피해의식이 있는 가정에서 자란 사람은 자존감이나 건전한 부의 심리를 배우기가 훨씬 어렵다.

## 복권 당첨자의 파산

부자라 할지라도 부의 심리를 지니고 있지 않다면 실패할 수 있다는 사실은 복권 당첨자의 사례에서 잘 드러난다. 대부분의 경우, 급작스럽게 큰돈이 흘러들어 오면서 인생이 무너지기 시작한다. 방향감각을 잃는 것은 물론이고 돈까지 잃는 경우가 허다하다. 복권 당첨의 기쁨도 잠시, 실패의 수렁에 빠지게 되는 것이다. 이렇게 실패를 하는 이유가 큰돈을 관리하는 방법을 모르기 때문만은 아니다. 복권 당첨 후 가족, 친지, 주변인들의 태도가 급격히 달라지면서 자아정체성에도 혼란이 오기 때문이다.

바로 그 같은 일이 셰픽 톨마지라는 남자에게 일어났다. 1988년 그는 29세의 나이로 당시 애리조나 주 복권 사상 최대 금액인 670만 달러에 당첨됐다. 이후 20년 동안 매년 33만 5,000달러씩 지급받는 조건이었다. 그러나 셰픽은 결국 빈털터리가 됐다. "그 금액은 문제를 일으키기엔 충분한 돈이었지만, 부자가 되기엔 부족한 돈이었어요. 전 아주 값비싼 실수를 몇 번 했죠." 그러나 당첨금이 더 컸을지라도 그의 미래는 바뀌지 않았을 것이다. 부의 심리가 없으면 670만 달러보다 더 큰돈이 있더라도 같은 결과를 맞을 것이기 때문이다.

〈타임즈 출판사Times Publications〉의 저널리스트 새나 호건에 따르면, 톨마지가 먹을 것을 사고 그 주 치 복권을 확인하러 편의점을 갔을 때 그는 다음 월급날이 돌아오는 2주 동안 몇 달러만으로 살아야 하는 상황이었다고 한다. 새나 호건은 당시 상황을 다음과 같이 묘사했다. "점원이 늘 하던 대로 당첨 여부를 확인하려고 기계에 톨마지의 복권을 밀어 넣는다. 그러자 기계에서 바로 밝은 음악이 흘러나온다. 점원은 당첨 복권을 돌려주며 이렇게 말한다. '여기서는 당첨금을 줄 수 없어요. 돈을 받으려면 피닉스에 가야 해요. 축하해요. 모든 번호가 다 맞아요.' 톨마지는 복권을 들여다보면서 의심스런 목소리로 되묻는다. '저, 정말이에요?'"[2]

톨마지는 복권 당첨으로 큰돈을 받았으나 그의 행복은 오래가지 않았다. 그는 당첨금을 받자마자 돈을 물 쓰듯 쓰기 시작했다. 첫 번째 지급액을 받고 그 즉시 직장을 그만두었고, 그 다음으로는 포르세 911 카레라 컨버터블과 롤렉스 시계를 구입했다. 그리고 직계 가족들에게 세계여행을 시켜주었다. 그 후 톨마지는 북애리조나 대학교에 입학해 한 여학생과 결혼을 하게 되었고, 대학 졸업 얼마 후 톨마지와 그의 아내는 캘리포니아 주로 이사하여 집 몇 채와 해변 저택 한 채를 샀다. 톨마지가 겪은 첫 번째 문제는 바로 캘리포니아 주의 높은 소득세였다. 결국 톨마지와 아내는 소득세가 없는 플로리다로 이사해 그곳에서 해변 저택을 두 채 더 구입했다. 또한 톨마지는 졸부들이 흔히 겪는 골칫거리에 직면했다. 그에게 도움을 바라는 사람들에게 둘러싸이게 된 것이다. 당첨 몇 시간 만에 친구들, 가족들은 물론 생판 모르는 사람들까지 그에게 도움을 청하기 시작했다. 게다가 그는 기업들의 표적이 되어, 연금 형태의 당첨금 수령을 포기하고 전체 금액의 40%를 일시불로 받으라는 유혹을 수없이 받았다. 그는 결국 이 제안을 받아들였고, 일시불로 받은 금액을 주유소 몇 개에 투자했지만 결국 돈을 날리고 말았다.

2005년 미납세 때문에 미 국세청과 법정 싸움을 하는 도중 톨마지는 파산 신청을 했다. 애리조나 주의 주요 일간지 〈애리조나 리퍼블릭Arizona Republic〉에 따르면 그는 다음과 같이 말했다. "나는 상어로 가득 찬 물에 들어간 피라미였다. 복권 당첨으로 내 인생이 바뀐 것은 맞지만 그 후의 내 행동이 문제였다."[3] 이제 톨마지의 아내가 가장이 되었고, 톨마지는 집에서 아이를 돌보며 집안일을 하는 신세가 되고 말았다.

국제재무설계사 이사회에 따르면 복권 당첨자의 3분의 1이 당첨금을 모두 탕진해 버린다고 한다.[4] 그렇다면 나머지 3분의 2는 어떻게 될까? 캘리포니아 주에 사는 밀트 래어드는 성공적으로 복권 당첨금을 운용한 사람 중 하나이다. 그는 자신이 왜 불행에 빠진 수많은 당첨자들과 다른 길을 걸을 수 있었는지 잘 알고 있다. 〈컬럼비아 뉴스 서비스Columbia News Service〉의 데이비드 푸자로는 래어드에 관해 이렇게 썼다. "그는 1990년 캘리포니아에서 2,700만 달러의 복권에 당첨되어 직장을 그만두었다. 그 후 캘리포니아에서 줄곧 포도밭을 가꾸며 안락한 삶을 살고 있다."

래어드와 아내는 당첨금으로 여행을 하며 현명하게 돈을 투자했고 신중한 결정 아래 자선단체, 가족, 친구를 돕는 데 돈을 썼다. 래어드는 복권 당첨 전부터 지니고 있던 견고한 감정적 기반이 당첨 후에도 행복하게 살 수 있게 된 비결이라고 말한다. "불행한 이유는 여러 가지가 있습니다. 그런데 사람들은 그 불행을 돈이 없기 때문으로 치부하고 돈만 생기면 모든 것이 해결될 거라고 생각하죠."[5] 다시 말해 래어드는 돈과 건강한 관계에 있었기 때문에 삶의 균형을 유지할 수 있었고, 행운을 바탕으로 진정한 부를 이룰 수 있었다.

## 돈과 관계 맺기

리키 키즈는 1970년대 뉴올리언즈의 매그놀리아 저소득층 주택단지에서 자랐다. 이 주택단지는 매그놀리아(목련)라는 이름과 어울리지 않게 뉴올리언즈에서 1인당 범죄율이 가장 높은 곳이었다. 웬만한 도시보다 살인, 매춘, 폭행, 방화와 같은 강력범죄가 더 많이 발생했다. 리키는 이곳을 빠져나왔다. 그는 대출을 받아 튤레인 대학교에서 학업을 마쳤고, 이후 박사학위도 취득했다. 그리고 리키는 루이지애나 주 슈레브포트에 위치한 리뉴얼 파이낸셜 서비스[6]라는 금융서비스 회사의 창업주이자 회장이 되었다. 그는 금융에 대한 쉽고 명확한 자문을 제공하는 것으로 유명하다. 미국 전역에 있는 금융서비스 회사들과 협력하여 은행에서 도움을 받지 못하는 사람들에게 금융 지식과 예산을 짜는 방법에 대한 교육을 한다. 리키는 삶에서 큰 보람을 느끼고 있으며, 교육을 통해 다른 사람도 보람을 느낄 수 있도록 독려한다. 그의 출신 배경을 생각하면 이는 대단한 발전이다. 리키는 "그때 우리 동네 사람들에게는 충분한 자산이 없었어요.”라고 짧막하게 말했지만 현실은 그보다 훨씬 심각했을 것이다. 그럼에도 그는 상어가 우글거리는 바다와 같은 환경에서 무사히 빠져나왔다.

리키는 자랑스럽게 말한다. “어머니는 매우 엄한 분이셨죠. 그리고 어려운 상황에서 벗어나는 방법을 알고 계셨어요. 가장 중요한 것은 믿음과 교육이었습니다. 제가 가진 돈에 관한 지식은 모두 어머니에게 배운 것입니다. 어머니는 우리를 식탁에 앉힌 다음 외할아버지에게 배운 걸 알려주셨죠. ‘식탁 경제학’이랄까요? 돈과의 관계는 좋은 관계와 나쁜 관계로 나눌 수 있죠. 저는 돈과 좋은 관계를 유지하고 있습니다. 인간관계와 마찬가지로 돈과의 관계도 노력하면 좋아질 수 있습니다. 방법은 간단해요. 책임감 갖기, 예산 세우기, 현금으로 지불하거나 신용거래를 한 후에 갚기, 자기 자신을 돌보고 균형을 유지하기, 버는 것보다 더 많이 쓰지 않기, 만일을 위해 저축하기, 여력이 되면 투자하기 등이죠.”

이런 철학은 가족의 과거에서 비롯한 것이라고 리키는 설명한다. “어머니가 제게 깨달음을 주셨고 절 바르게 가르치신 건 사실입니다. 하지만 말로만 들어서는 부족했죠. 실제로 부를 성취한 롤모델이 필요했습니다. 그래서 저는 전차를 타고 뉴올리언즈의 세인트 찰스 가를 둘러보았습니다. 차창 밖으로 고색창연한 가옥들이 눈에 들어왔죠. 저는 커다란 저택, 자동차, 잘 가꿔진 앞마당을 눈에 담았습니다. 그리고 그 이미지들을 뇌리에 담아두고 제 목표로 삼았습니다. 그리고 제가 존경할 수 있는 사람을 찾았습니다.”

그가 존경한 사람들 중에는 그의 외할아버지 조셉 콜버트도 있었다. 콜버트 씨는 고된 가난 속에서도 부자가 된 사람이었다. "외할아버지는 루이지애나 주에 68에이커(약 27만 5,000제곱미터)의 땅을 갖고 계셨어요. 처음엔 어느 농장의 소작인이었지만 땅을 사라는 권유를 받으셨죠. 외할아버지는 주위의 잘 사는 사람들을 보고 땅을 사야겠다고 마음먹었지만, 땅을 사서 집을 지을 돈까지는 없었어요. 그래서 대금을 할부로 내셨어요. 아이들까지 농장 일을 도와야 하는 상황이었지만, 그래도 외할아버지는 아이들을 학교에 꼭 보내셨답니다. 이모는 말씀하셨죠. '그땐 그게 얼마나 감사한 일인지 몰랐단다. 하지만 그때 배운 것이 있지. 우리는 바라는 것을 얼마든지 가질 수 있지만, 그걸 손에 넣기 위해서는 일해야 한다는 것을 말이다.'"

"외할아버지는 자식들을 모두 잘 키우셨습니다. 모든 자녀들에게 대학 교육을 받을 기회를 주었고, 그중 다섯 명이 대학에 진학했지요. 대학원을 졸업한 분들도 있습니다. 할아버지는 또한 자식들에게 돈에 대해 가르치셨습니다. 제 이모도 외할아버지의 식탁 경제학을 기억합니다. '돈을 탕진하지 말고 현명하게 써라.' 제가 가장 좋아하는 원칙은 '비올 때를 대비해 항상 마른 장작을 마련해두어라'입니다. 외할아버지는 그 땅이 항상 우리 가족과 함께할 것이라 약속하셨습니다. 그리고 그 약속은 지켜졌어요. 열두 명의 자식들을 먹여 살리느라 그 땅을 빼고는 남길 것이 별로 없었지만 우리 힘으로 일어설 수 있다는 믿음, 부자가 될 수 있다는 희망을 남겨주셨습니다. 매우 열악한 환경에서 자라면서도 저는 그 희망을 가슴에 품고 있었고, 그 희망은 제 일부가 되었습니다. 저는 외할아버지가 쌓아온 업적을 존경했습니다. 그리고 저도 외할아버지처럼 될 수 있다는 것을 알았지요."

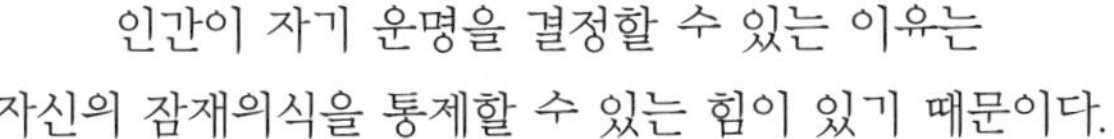

# 부를 위한 마법 공식은 없다

당신이 리키 키즈 박사나 레티샤 반 드 푸테 의원처럼 축복받은 소수라면, 재산과 돈에 대해 남다른 시각을 지닌 가정에서 태어났을 것이다. 그 같은 삶의 방식은 경제적 지위나 집안의 재산과는 관계가 없다. 그것은 가족에게 사랑받고 있다는 확신일 수도 있고, 세상에 공헌할 수 있다는 믿음일 수도 있다. 또 어떤 장애물이든 극복하고 꿈을 이룰 수 있다는 의지일 수도 있으며, 평정심일 수도 있다. 그런 가정에서 성장했다면, 여러분은 돈으로 살 수 없는 귀중한 유산을 받은 것이며 부가 단순한 경제적 자산 이상이라는 것을 배울 기회를 얻은 것이다.

수많은 작가, 철학자, 학자가 부의 의미에 대해 고민한다. 어려운 환경을 극복하고 인간적 · 경제적으로 성공한 사람들에 관한 이야기와 글이 매일같이 쏟아지고, 다양한 분야에서 성공한 사람들이 '돈 관리법'이나 '부자 되는 법'에 대한 책을 출간하고 있다. 그러나 이 같은 정보의 홍수에도 불구하고 대부분의 사람들은 원하는 만큼 부유해지지 못하고 있다. 부의 정의는 저마다 다르며, 그렇기에 부를 이루는 단 하나의 마법공식은 존재할 수 없기 때문이다. 경제적 성공에 만병통치약이란 없다. 물론 이

주제에 대한 글을 읽다 보면 나름대로 의미 있는 것들도 있다. 그러나 우리가 각자의 삶에서 마주치는 모든 상황과 결정 전부를 고려하는 글은 존재하지 않는다.

요즘 텔레비전을 켜면 유명한 재테크 전문가들이 출연하여 한 푼이라도 더 아끼고 사치를 버리고 가족여행도 취소하라고 말한다. 그러나 이런 개략적인 조언은 개개인이 지닌 중요한 가치관이나 환경을 무시한다. 예를 들어, 형편이 넉넉하지 못한 부부가 아이들을 데리고 디즈니랜드에 간다고 하면 위의 전문가들은 이해하지 못할 것이다. 그러나 이 가족에게 특별한 사정이 있을 수도 있다. 가족 중 한 명이 병을 앓고 있어서, 디즈니랜드로의 소풍이 특별한 의미가 될 수도 있는 것이다. 이런 사실은 외부 사람이 알기 어렵다. 또 아이가 디즈니랜드를 방문하고 너무 큰 감명을 받은 나머지 디즈니 만화가가 되겠다고 결심한다면? 이는 사실 내 친구 아들의 이야기이다. 그 아이는 디즈니 만화가가 되겠다는 원래의 꿈을 훨씬 뛰어넘어 현재 뛰어난 영화 제작자로 활동하고 있다. 가족여행이라는 지출에 실용적이거나 가시적인 결과가 즉각적으로 따르는 것은 아니지만, 그 가족에게는 값을 매길 수 없는 가치를 가져올 수 있다. 그리고 그 가치는 남이 판단해줄 수 없다. 반 드 푸테 의원의 할머니처럼 우리에게도 직접 미래를 설계하고, 직접 결정을 내리고, 직접 삶을 일구어낼 자유가 있어야 한다.

한 사람에게 사소한 것이 다른 사람에게는 중요할 수 있다. 세상에는 다양한 사람들이 있고 그들이 처한 상황, 배경, 욕구, 소망이 제각기 다르기에 단 하나의 재테크 비법, 부에 대한 단 하나의 정의를 찾는다는 것은 불가능할뿐더러 무의미한 일이다. 한 사람에게는 사치인 것이, 다른 사람에게는 더 나은 삶을 위해 꼭 필요한 요소일 수 있다. 이것은 옳고 그름의 문제가 아니다. 다양성을 가진 개개인의 시각에 따라 부의 의미도 달라지고 돈과의 관계도 달라지는 것이다. 그러므로 우리는 자신의 현재, 과거, 미래를 바탕으로 과연 나 자신에게 가치 있는 부란 무엇인지를 알아내야 한다.

한편, 부의 심리는 어린 시절에 가족이나 지역 사회의 가치를 흡수함으로써 형성될 수 있지만 그 가치가 부정적인 경우에는 그것을 완전히 부정함으로써 형성되기도 한다. 어린 시절을 부정하고 부의 심리를 형성하는 사람들을 보면 풍요로운 삶을 정의하고 만들어내는 개인의 힘이 얼마나 강력한지를 알 수 있다.

## 가난은 마음의 상태이다

사람들은 토니 커피스를 만나면 그가 좋은 집안 출신일 것이라 생각한다. 그는 균형 잡힌 몸매에 건강한 구릿빛 피부를 지녔으며 고급 정장을 즐겨 입는다. 그의 자연스러운 활기는 사람을 끌어당기는 매력이 있다. 나는 그를 무대 뒤의 대기실에서 만났다. 무대 앞에서는 2만 명의 동료들이 그의 연설을 기다리며 환호를 보내고 있었다. 토니는 전 세계의 기업에 통신 및 기타 서비스를 제공하는 회사의 공동 창업주이다. 이 회사는 경쟁이 치열한 시장에서 별다른 후원을 받지 못한 채 비즈니스를 시작했지만, 오늘날 연매출 10억 달러를 눈앞에 두고 있으며 통신 서비스 및 가정용 서비스를 직접 판매하는 회사로는 세계 최대의 규모를 자랑하고 있다(2011년 기준).

토니와 쌍둥이 동생 마이크, 그리고 다른 두 명의 공동 창업주는 회사를 키우면서 수만 명에게 성공할 수 있는 기회를 제공했다. 그 기회를 통해 이미 많은 사람들이 자신만의 성공담을 만들어냈다. 토니를 인터뷰하기에 앞서, 나는 무대 앞 객석에 앉아 이들이 자신의 성공 사례에 대해 발표하는 것을 들었다. 의욕적이고 성공한 사람들의 이야기를 그토록 많이 들을 수 있다는 것이 매우 인상적이었다. 그리고 그들의 이야기를 들을수록 이렇게 훌륭한 회사를 만든 사람은 어떤 사람인지 더욱 궁금해졌다. 그리고 무대 뒤에서 토니를 만났을 때, 나는 그가 동료들로부터 많은 사랑과 존경을 받는 사람임을 단번에 알 수 있었다. 그가 운영하는 회사의 영업 사원들이 그의 조언과 격려를 바라며 그를 둘러싸고 있었다. 그는 미소를 잃지 않은 친절한 태도로 자신을 찾아온 사람들의 이야기에 귀를 기울였다. 그는 자신이 있어야 할 곳에 있는 게 분명했다. 토니는 사람들에게 윙크를 날리고 손을 흔들며 무대에 올랐다.

토니는 불우한 어린 시절을 보냈다. 그래서인지 그와 쌍둥이 동생 마이크는 옛날 이야기는 거의 하지 않는다고 했다. 이들의 어린 시절은 이미 먼 과거의 일이었다. 힘든 유년기를 보냈음에도 그들이 성인이 되어 눈부신 성공을 거둔 데에는 무언가 사연이 있을 것이다. 나중에 시간이 흐른 뒤 토니가 자신의 개인적인 이야기를 털어놓았을 때 나를 놀라게 한 것은 '감사'에 역점을 둔 그의 생각이었다. "저에게 있어 행복과 부라는 것은 내가 가진 것에 대해 완전히, 100퍼센트의 감사함을 가지고 이를 바탕으로 발전하는 것입니다. 나쁜 일만 가득한 인생은 없으니까요. 인생이 불공평해보일 때도 있지만, 우선 긍정적인 태도로 감사할 일부터 찾아야 합니다."

 부의 심리

그리고 이렇게 말했다. "어렸을 때 우리는 돈은 넉넉하지 않았지만 가난은 모르고 자랐습니다. 가난이란 경제적 상태이기도 하지만 마음의 상태이기도 하니까요. 아주 부유하고 교양 있는 사람이 파산했다고 해서, 그를 가난뱅이라고 부르지는 않지 않습니까. 가난하다는 것과 돈이 없다는 것은 다른 것입니다. 어떻게 생각하고 믿느냐에 따라 다른 거죠. 성공하겠다고 결심하고 노력하면 성공할 수 있습니다. 하지만 성공하겠다는 결심이 없으면 결코 성공할 수 없죠. 성공하기 위해서는 자신의 태도, 신념, 사고방식을 바꾸기 위해 노력해야 합니다. 성공이 가능하다고 믿고 노력해야 합니다. 자신이 미래에 무슨 일을 하게 될지 정확하게 아는 사람은 거의 없습니다. 하지만 일부 사람들은 자신의 가능성을 깨달은 덕분에 훌륭한 일을 해냅니다."

토니는 끊임없이 전진해야 한다고 강조했다. 그는 성공이 깨어 있는 선택에서 온다고 믿는다. 물론 누구든 장애물에 부딪히지만, 풍요로운 삶을 위해서는 열정을 가지고 계속 밀어붙여야 한다고 말한다. 이것이 바로 그가 살아가는 방식이었다. 나는 여러 해 동안 기업 중역들을 대상으로 한 강의를 진행하면서, 고액 연봉을 받으며 호화롭게 살아가는 유능한 사람들을 많이 만났다. 그들 중에는 자신의 일을 너무나 사랑하기 때문에 아무런 대가 없이도 일을 할 수 있다고 말한 사람도 있었다. 이들은 토니와 마찬가지로 보람 있는 직업을 가진 것을 축복으로 여겼다. 하지만 이와는 반대로 언제나 걱정이 태산인 사람들도 있다. 〈포춘Fortune〉에서 선정한 100대 기업의 중역들도 예외가 아니다. 이들은 언젠가 모든 것을 잃을지도 모른다는 두려움에 사로잡혀 있다. 심지어 노숙자가 될까 걱정하는 사람도 있다. 이 두 부류는 겉보기에는 모두 성공했지만 부, 성공, 풍요에 대해서는 전혀 다른 시각과 자세를 가지고 있는 것이다.

　토니 커피스처럼 진정으로 성공한 사람들은 부를 경제적으로만 정의하지 않는다. "사람들이 삶에서 실제로 원하는 건 돈 이상의 것입니다. 가족이나 사랑, 우정에 관해 부자인 사람이 있습니다. 건강 측면에서 부자인 사람도 있습니다. 또 돈은 많지만 친구와 가족, 사랑과 건강이 없는 사람도 있습니다. 저에게 부유하다는 것은 자신이 진정으로 원하는 것을 갖고 있는 것입니다. 제게는 훌륭한 가족을 둔 친구가 있습니다. 그는 수입이 아주 많지는 않지만 가족적인 면에서는 아주 풍요롭습니다. 훌륭한 아내와 쌍둥이 딸, 두 아들을 두었거든요. 그가 가진 것들은 돈이 아무리 많아도 살 수 없는 것이죠. 정말 중요한 것은 돈으로 살 수 없습니다."

## 관찰하지 않는 삶

　지금 '부富, wealth'에 대한 정의를 내린다면 어떤 단어를 사용하겠는가? 사람들마다 조금씩 다르겠지만, 대개는 부를 정의할 때 '풍족함 abundance'이라는 단어를 사용할 것이다. 그리고 대부분의 경우, 그 '풍족함'은 경제적인 여유를 뜻한다. 놀라울 것도 없다. 메리암 웹스터 사전(미국의 대표적인 영어사전_편집자주)만 봐도 부는 '값진 물질적 재산 또는 자산이 넉넉한 것'이라고 정의하고 있다. 한 개인이 부를 정의하는 방식을 보면, 그가 의식 속에서 돈과 성공에 대해 어떻게 생각하는지를 알 수 있다. 그러나 그것만으로는 우리의 무의식적인 태도와 관념을 알아낼 수 없다. 부와 좋은 관계를 맺기 위해서는, 우선 돈에 대한 의식적 · 무의식적 태도

　　　　　　　　　　　　　　　　　　　　　　　　　　　　부의 심리

와 욕구를 명확하게 이해해야 한다. 성공, 경력, 일, 성과에 대한 자신의 관점을 관찰하고 파악함으로써 한계를 깨고 잠재력을 실현하여 진정한 부를 이룰 수 있다.

"관찰하지 않은 삶은 살 가치가 없다."라는 소크라테스의 말은 오늘날에도 유효하다. 자신이 어떤 위치에 있으며 미래에 어디로 가고 싶은지를 진지하게 생각해봐야만 비로소 발전하고 전진할 수 있다. 우리를 움직이게 하는 의식적·무의식적 신념을 관찰하지 않으면, 우리의 삶은 무의식적 행동의 반복으로 점철될 것이다. 우리의 의식 깊숙이 남아 있는 영향과 신념이 무엇인지를 알아내야만 반복되는 실수의 굴레에서 벗어나 앞으로 나아갈 수 있다.

당신은 부모님과 지역 사회, 문화로부터 돈과 풍요에 대해서 무엇을 배웠는가? 유년기의 성장 환경이 당신 자신, 그리고 돈과 성공에 대한 당신의 태도에 가장 큰 영향을 미치는 것은 사실이지만 그렇다고 해서 어렸을 때 형성한 부의 심리가 평생을 가는 것은 아니다(마찬가지로 어렸을 때 없었다고 해서 평생 형성하지 못하는 것도 아니다). 용기를 내어 나를 찾아온 고객들을 포함해 이 책을 쓰면서 만난 수많은 사람들은, 아무리 나이가 많더라도 새로운 사고방식과 행동양식을 개발할 수 있음을 보여주었다. 우리 자신을 바꾸고 새로운 목표를 추구할 기회는 항상 열려 있다. 이 기회를 잡기 위해, 우선 우리는 현재 자신이 얼마나 성공했고 얼마나 풍요롭고 얼마나 행복하고 건강한지를 알아야 한다.

# 무엇을 해야 하는가?

'끌어당김의 법칙law of attraction'에 대해 말하지 않고서는 부의 심리를 논할 수 없다. 끌어당김의 법칙은 2006년에 다큐멘터리 영화 〈시크릿The Secret〉이 개봉된 후 미국 전역에서 화제가 되었다. 이후 '시크릿'은 책으로도 출간되어 전 세계적으로 선풍적인 관심과 논쟁, 의문을 불러일으켰다. 왜일까? 이 영화의 핵심 메시지는 '비슷한 것끼리는 서로 끌린다.'는 것이다. 다시 말해 긍정적인 생각은 긍정적인 결과를 낳고 부정적인 생각은 부정적인 결과를 낳는다는 것이다. 예를 들어 "난 부자야."와 같은 긍정적인 말을 하면 실제로 부자가 될 수 있다는 것이다. 영화가 인기를 얻은 이유는 자명하다. 이 영화는 우리가 자신의 삶을 통제할 수 있으며 상상과 마음가짐을 통해 부를 이룰 수 있다는 용기를 북돋워준다. 물론 긍정적인 사고의 효과를 지나치게 낙관한다는 비판도 있다. 그러나 이 주장의 바탕에는 성경만큼이나 오래된 사상이 깔려 있다. 바로 믿음만 있다면 못할 것이 없다는 사상이다. 믿음이 있으면 성경에 나온 것처럼 산도 옮길 수 있다. 이 사상에는 사실 과학적인 근거도 있다.

나는 브루스 립튼Bruce Lipton 박사의 업적을 매우 존경한다. 그는 저명한 세포생물학자이자 고이평화상Goi Peace Award 수상자로 《당신의 주인은 DNA가 아니다 : 마음과 환경이 몸과 운명을 바꾼다Biology of Belief : Unleashing the Power of Consciousness, Matter, and Miracles》의 저자이기도 하다. 립튼 박사는 우리의 생각이 우리 자신을 치유하거나 해할 수 있고 우리의 세포까지도 움직일 수 있다는 것을 증명했다. 그는 "우리 생각의 70퍼센트 이상이 부정적이거나 반복적"이라고 말한다. 우리는 이를 고치려고 노력하지 않기 때문에 스스로를 해하고 있는 것이다. 나는 최근에 립튼 박사와 리더십 강연자로 이름난 로버트 윌리엄스가 공동으로 개최하는 연례 워크숍에서 박사를 만나 긍정적 사고는 시작에 불과하다는 이야기를 나눴다. 립튼 박사는 의식을 바꿔 본격적으로 긍정적인 변화를 이끌어내는 것이 중요하다고 재차 강조했다.[7] 일상의 간단한 부분부터 시작해 내적·외적 변화를 이끌어내고, 어떤 방법으로든 새로운 사고방식을 실천에 옮겨야만 인생에서 한 단계 발전할 수 있고 더 큰 업적을 이룰 수 있다.

> 지금의 생각이 당신의 미래를 결정합니다.
> 당신이 가장 많이 생각하고 고민하는 것이 당신의 인생이 됩니다.
>
> 론다 번(Rhonda Byrne)_방송작가

〈시크릿〉은 의식이 부의 심리에 미치는 영향에 대해 흥미로운 질문을 제기했다. 부의 심리를 형성하기 위해서는 내적으로 어떤 변화가 필요할까? 풍요로운 삶을 바랄 때 진정으로 꿈꾸는 것은 무엇인가? 이에 대한 답을 찾기 위해서는 자기 자신의 심리와 가족사도 알아야 하지만, 부富의 가족사도 알아야 한다. 다음 장에서는 부의 다락방에 들어가 가족앨범을 보면서 부가 미국에서 어떤 길을 걸어왔는지를 살펴볼 것이다. 이를 통해 우리도 부의 진화에 동참할 수 있을 것이다.

# 부의 진화를 엿보다

**PART 02**

부의 개념은 계속적으로 변화한다
그러나 부의 공통분모는 변하지 않았다
그것은 바로 더 나은 삶을
살고 싶다는 욕망이다

요즘 대부분의 사람들은 정보혁명이 경제 역사상 가장 빠르게
진행되었으며 가장 큰 변화를 가져온 사건이라고 생각한다.
그러나 산업혁명 또한 그 속도와 영향력이
정보혁명보다 더하면 더했지 뒤처지지는 않았다.

피터 드러커(Peter Drucker)_경영학자 · 작가(1909~2005)

대부분의 어린 시절이 그렇듯이, 나의 어린 시절에도 시련이 있었다. 그러나 지금은 내가 자라온 환경이 정말 훌륭했다는 것을 절실하게 깨닫는다. 내가 기억하는 가장 오래된 추억은 다섯 살 때 어머니와 함께 뉴욕으로 이사한 것이다. 어머니는 유아교육학 박사학위를 따기 위해 나와 뉴욕에 1년간 머물렀다. 노스캐롤라이나 주에서 살던 나에게, 록펠러 센터의 아이스링크에서 스케이트를 배우는 것은 크나큰 모험이었다. 추운 오후의 길거리에서 따뜻한 밤을 사 먹던 일을 떠올리면 아직도 입가에 미소가 번진다. 1년 후 집으로 돌아왔을 때, 아버지는 내가 뉴욕 말투를 배워왔다고 했다. 사실 다시는 남부 말투로 완전히 돌아가지 못했다. 나는 내 잡종 말투를 즐거웠던 그 시절의 기념품 정도로 여기고 있다.

부모님은 많은 성공을 이뤘지만, 나는 두 분의 성공이 우리 조부모님

의 경제적·정신적 기반 위에서 이뤄진 것이라고 생각한다. 외조부모님은 모두 대학을 졸업하셨는데, 이는 20세기 초반의 흑인에게는 매우 이례적인 일이었다. 외할머니는 도서관 사서였고 프랑스어를 유창하게 구사하셨다. 외할아버지는 고등학교 교장이셨다. 포드 모델T 자동차와 41에이커(약 16만 6,000제곱미터)의 토지에 직접 지은 집을 가진, 명실상부한 중산층 시민이었다. 외할머니는 싱어 재봉틀로 옷을 만들고 수선했다(뒤에서 다시 이야기하겠지만, 싱어 재봉틀은 영세 사업의 필수품이기도 했다). 두 분은 함께 농사를 짓고 돼지와 닭을 키웠으며, 집안일과 농사를 도와줄 사람을 고용했다. 그들은 스스로 부유하다고 생각했다. 실제로 1930년대 미국 남부의 흑인이 그렇게 잘 사는 것은 드문 일이었다.

당시에는 흑인은 물론 대부분의 사람들이 차를 구입하기는커녕 주유할 형편도 못되었다. 차를 구입한다 해도 유지비를 감당하는 것은 또 다른 문제였다. 외할아버지에 대한 일화 중 우리 가족이 특히 좋아하는 일화가 있는데, 어렸을 때 주유소에서 일했던 친구가 해준 이야기이다. 하루는 외할아버지가 모델T를 끌고 주유소에 갔다. 그러자 어린 점원이 와서 교장 선생님인 외할아버지께 "얼마나 넣을까요?" 하고 물었다. 외할아버지는 차에 기름이 얼마나 들어갈 수 있는지 물었다. 점원이 10갤런(약 38리터) 정도라고 말하자 외할아버지는 "그럼 가득 채워버리게!"라고 하셨단다. 이 얘기를 듣고 우리는 많이 웃기도 했지만, 한편으로는 외할아버지가 정말 부자였다는 것을 실감했다.

# 부의 기준은 변화한다

1930년대에 그렇게 부유했던 우리 외할아버지도 현재 교외에 사는 중산층 가정을 방문하면 아마 입이 떡 벌어지실 것이다. 아마 그 집이 엄청나게 부유한 사람이 사는 작은 궁전이라 해도 믿으실 것이다. 중앙 냉·난방 시스템, 세탁기, 탈수기, 냉장고, 냉동고, 식기세척기, 두 대 이상의 텔레비전, 컴퓨터, 전자레인지, 자동 잔디스프링클러, 게다가 자동차까지 여러 대가 있다는 것은 엄청난 부를 의미할 것이다. 우리 외할아버지의 유복했던 삶과 현재 미국인들의 평균적인 삶의 질을 비교해보면 흥미로운 사실을 깨달을 수 있다. 바로 부의 개념이 계속해서 변한다는 것이다. 이는 미국뿐만 아니라 전 세계 모든 문화권, 모든 나라에서 일어나는 일이다. 21세기 미국에서 생존의 기본 조건으로 여겨지는 것이, 19세기의 영주에게는 상상도 못할 부일 수 있다는 뜻이다. 또한 오늘날 우리가 사치라 생각하는 것도 미래에는 일상적인 편의용품으로 보일 수 있다. 예를 들어, 내가 어린 시절을 보낸 1950년대에는 거실에 텔레비전 한 대 놓는 것이 모든 가정의 꿈이었다. 하지만 오늘날은 거실은 물론 부엌, 침실에 각각 한 대씩 있는 것이 보통이다. 한때 최고 부유층이나 할리우드 큰손들의 전유물이었던 홈시어터도 미국 교외의 중산층 가정 어디에서나 볼 수 있게 되었다.

이렇게 부의 의미가 계속 변한다는 것은, 사람마다 부를 보는 시각과 부에 대한 기대치가 다르다는 것을 의미한다. 부를 측정하는 기준도 계속 변화한다. 미국에 정착한 유럽인들이 부를 축적하고 부를 바라보는 방식은 산업혁명을 겪으며 급격하게 변화했으며, 정보화 시대의 도래와 함께 부의 수단과 측정기준은 또 한 번 크게 변했다. 그러나 공통분모는 변하지 않았다. 그것은 바로 더 나은 삶을 살고 싶다는 욕망이다.

부를 측정하는 기준은 계속 변화한다.


## 생필품의 시대

나는 우리 조부모님이 미국 고유의 전통을 확립하는 데 선구자 역할을 하셨다고 생각한다. 땅을 소유하고 스스로의 힘으로 풍요로운 삶을 일구고자 했던 그분들의 결심에서 미국적 이상의 바탕이 되는 용기와 욕망을 엿볼 수 있다. 유럽의 이민자들이 편안하고 안정적인 삶을 떠나 위험이 도사리고 있는 낯선 땅을 찾아온 것도 그 같은 욕망이 있었기 때문이다. 사실 나의 선조가 처음 미국을 찾아온 이유는 이와는 조금 달랐다. 하지만 당시 미국에서는 자립의 꿈이 워낙 보편적이었기 때문에 나의 선조도 그 꿈을 실현하기 위해 노력했던 것이다. 바로 그 기회가 찾아왔을 때 말이다.

선조들의 경험과 우리 조부모님이 성년이 된 후 짧은 기간 동안 일어난 변화를 보면서 나는 의문이 생겼다. 우리 사회는 왜, 그리고 어떻게 그토록 빠르고 큰 변화를 거쳤을까? 그 변화로부터 부의 심리에 대해 배울 수 있는 점은 없을까? 바다를 건너 미국에 도착한 유럽인들은 대부분 왕의 압제를 벗어나 새로운 삶을 개척할 기회를 원했다. 그들은 자신의 땅에

농사를 짓고, 사냥을 하고, 자신의 힘으로 가족을 부양하고, 자신이 믿는 신을 섬김으로써 삶의 질을 크게 높였다. 이런 자유야말로 어느 문화권에서도 값을 매길 수 없는 영원한 부였다.

물론 처음 150년 동안은 정착민과 그 자손들의 삶은 매우 힘들었으며 희생도 컸다. 유럽에서 살았을 때는 극빈층도 어느 정도 생활의 편의를 누릴 수 있었지만 이 낯선 땅에서는 하루하루 생존해 나가는 것 자체가 난관이었다. 이들은 자신의 삶이 갑자기 원시적인 수준으로 전락했음을 깨달았다. 식량, 주거지, 안전을 확보하는 것 자체가 힘들어진 것이다. 악천후로 식량을 확보하지 못해 삶과 죽음이 갈리기도 했다. 그러므로 이 시기, 즉 1607년부터 1790년까지 이어진 미국의 초기 경제 발전시기를 '생활필수품의 시대'라 부를 수 있을 것이다. 당시에는 땅과 그 땅에서 나는 결실을 통제하는 것이 성공의 조건이자 생존의 조건이었다.

### 기회의 땅 = 땅의 기회

한창 발전이 이루어지고 있던 신대륙의 농업 경제에서는 구대륙에서와 마찬가지로 땅을 소유하는 것이 부자가 되는 최고의 방법이었다. 대부분의 사람들이 농사를 통해 생계를 꾸리고 재산을 축적했다. 일부 사람들은 미국 원주민과 거래를 하거나 유럽으로 물품을 수출했다. 그러나 당시 기준으로는 본인 소유의 집이 있고 가족을 배불리 먹일 식량과 가축 몇 마리만 있으면 부유한 것이었다. 물품을 싣고 시내를 오갈 수 있는 마차와 말 한 마리도 필수품이었다. 이에 여분의 말이 한 마리 더 있고 시장에 내다 팔 수 있는 여분의 곡식이 있다면 부자였다.

 

미국은 오랫동안 기회의 땅으로 불렸는데, 이는 적합한 호칭이다. 아메리카 대륙 정착민은 대개 전통적인 삶의 방식을 유지했기에 가장 큰 부의 원천은 땅을 많이 소유하는 것이었다. 그렇기에 신대륙의 미개발 토지는 특권층에 무한한 기회를 주었다. 가장 많은 땅을 소유한 신대륙의 상류층은 계약을 통해 인력을 고용하고 잉여 식량을 생산할 수 있었다. 이 잉여 생산이 신대륙 최초로 생겨난 부의 축적 방법이었다.

신대륙의 상류층은 식민지에서 큰 땅덩어리를 하사받은 유럽인들이었다. 영국, 네덜란드, 스페인 정부는 토지 수십만 에이커(수천 제곱킬로미터)를 원주민으로부터 구입하거나 약탈해 유럽에서 높은 지위와 영향력을 가진 가문 또는 개인에게 제공했다. 또한 모국 경제에 기여할 수 있는 매사추세츠만灣 회사(1629년 영국에서 매사추세츠만 연안 식민지 건설에 대한 칙허를 얻어 1630년 미국에서 가장 오래된 도시인 보스턴을 만들었다_편집자주)와 같은 기업에 신대륙 땅에 대한 권리를 주었다. 이 권리를 얻은 이들은 비록 높은 세금을 모국으로 보내기는 했지만 그 땅에서 나오는 이익에 대한 전권을 누렸고, 이를 통해 기하급수적으로 재산을 불릴 수 있었다. 영국의 동부 식민지에서는 땅을 하사받은 이들이 조상 대대로 그 땅을 매매하고 상속하고 유서에 기록할 수 있었으며, 다른 사람의 땅을 더 살 수도 있었다. 남부 식민지의 기후는 농장과 플랜테이션 개발에 적합했다. 아메리카 대륙 식민지의 인구가 늘자 남부에서는 농업이 번성했고 북쪽에서는 상업이 더욱 발전했다. 남부 플랜테이션 농장주들은 노예들을 부려 농업 생산량을 늘렸고 재산도 축적했다. 그 결과 남북전쟁 발발 전의 남부에서는 귀족적인 생활방식이 생겨났다. 특히 지주들을 중심으로 미국의 부가 꽃을 피웠다.

아메리카 대륙에 정착민들이 늘어나고 도시가 발전하면서 또 다른 특권층 이민집단이 도착했다. 역시나 유럽과 돈독한 관계를 유지한 이들은 처음에는 북동쪽에 자리를 잡으면서 시중 은행, 투자 은행, 무역 회사 등의 기업을 차렸다. 이 기업들은 엄청난 부를 창출했다. 이 새로운 이민자들은 자신들의 권력과 영향력을 유지하기 위해 직계 가족이나 가까운 지인 사이에서만 돈을 융통했다. 이 재계의 거물들이 미국 독립혁명과 그 후의 남북전쟁에 자금을 댔다. 이 세력의 엄청난 자금력을 보면 신대륙 경제가 성장하던 첫 200년 동안 엄청난 부와 권력이 존재했음을 알 수 있다.

이민자 시대 초기에는 지주와 소작농 간의 빈부 격차는 있었지만 첫 번째 이민자들을 신대륙으로 오게 한 자립의 욕구가 널리 퍼져 있었다. 이 욕구가 있었기에 미국의 경제 발전과 독립혁명이 가능했던 것이다. 많은 미국인들이 이 욕구를 실현할 수 있었기에 삶, 자유, 행복 추구가 지금까지도 미국인의 의식 저변에 자리할 수 있는 것이다.

## 산업혁명, 토지에서 대량 생산으로

1783년 미국 독립혁명이 성공하면서 미국에 남아 있던 유럽의 정치적·경제적 영향이 모두 사라지고 미국 고유의 부와 풍요가 형성되기 시작했다. 그 결과 새로운 민주주의 체제 하에서는 누구나 부자가 될 수 있었다. 또한 이 시기는 산업혁명의 여명기로, 부의 축적 및 측정방법이 완전히 바뀐 시기이기도 하다. 1790년에서 1830년대 사이에 기업인이 중산층으로 부상하면서 미국뿐 아니라 유럽에서도 부의 개념이 바뀌기 시작했다. 미국의 기업인은 부를 축적함으로써 땅을 하사받은 귀족만 누릴 수 있었던 힘과 권력을 갖게 되었다. 비록 아직도 소수에게만 해당되는 이야기였으나 미국의 부는 분명 엄청나게 성장하고 있었다.

미국의 산업혁명은 1790년 최초의 방직공장이 문을 열면서 시작되었다. 새뮤얼 슬레이터Samuel Slater는 영국의 방직기를 본떠 만든 기계를 가지고 로드 아일랜드에 공장을 세웠다. 그 후 10년이 채 되기도 전에 미국 전역에는 슬레이터식 방직공장이 최소 50개 이상 생겨났으며 이에 따라 섬유 생산량이 급증했다. 방직산업의 성장은 일종의 아웃소싱 덕분에 더욱 힘을 얻을 수 있었다. 여러 가정에서 작은 규모의 작업을 맡아 한 것이다. 이러한 업무 분담은 곧이어 많은 노동자가 한 시설에 모여 일을 하는 공장 시스템으로 발전했으며, 공장 노동자의 주를 이루었던 여성들은 공장으로 출근함으로써 점차 가족 농장에서 독립하게 되었다.

미국이 농업 및 상업국가에서 산업국가로 바뀌는 데는 100년 이상의 시간이 걸렸다. 미국은 영국보다 산업화가 더뎠다. 미개발된 토지가 많았고 인력도 부족했기 때문이다. 그러나 미국은 교통, 제조, 기계 분야의 눈부신 혁신을 통해 금세 다른 나라들을 따라잡았고 새로운 생산성의 시대를 열었다. 그 결과 많은 사람들이 예전보다 더 높은 생활수준을 누리게 되었다.

# 편의품의 시대

그러나 이 신생 경제의 성장을 뒷받침하기 위해서는 또 다른 변화가 필요했다. 바로 대출이었다. 기업이 성장하기 위해서는 더 많은 대출과 자금이 필요했고 1791년 알렉산더 해밀튼의 주장으로 미 의회는 미합중국은행에 인가를 내주었다. 1805년경에는 미국의 주요도시 여덟 곳에 미합중국은행이 설립되어 신생 기업을 도왔다. 그리고 1811년 의회가 이 연방은행의 인가를 갱신하는 데 실패하자, 각 주의 정부는 주 은행을 설립했다. 이로부터 채 5년도 되지 않아 미국에는 200개 이상의 주 은행이 생겨나 기업에 성장 자금을 제공했고, 미국 경제의 대출금 규모는 빠른 속도로 증가했다. 그러나 당시에는 은행에 대한 규제가 허술했고, 결국 1819년에 경제 공황이 일어났다.[1] 거침없이 성장하던 미국 경제가 순식간에 공황의 늪으로 추락한 것이다. 당시의 경제 공황은 1920년대와 1930년대의 대공황에 버금가는 수준이었다. 하지만 이 위기는 중요한 교훈을 남겼다. 사회를 위해서는 성장과 부채를 현명하게 관리해야 한다는 것이다.

사회를 위해서는 성장과 부채를 현명하게 관리해야 한다.

## 2008년으로 거슬러 올라가다

2008년 미국의 대형 은행과 보험사가 줄지어 파산하며 경제 위기가 찾아왔고 그 결과 대출시장은 마비 상태에 이르렀다. 주택담보 대출업체의 줄지은 도산으로 수백만 명이 경제적으로 몰락했으며, 이 같은 파산과 신용 위기의 영향은 전 세계로 파급되어 더 큰 경제적 손실과 어려움을 야기했다.[2] 과거의 경제 위기에서 우리는 배운 것이 하나도 없었던 것일까?

　테네시 주 컴벌랜드 강둑에 위치한 빌과 뎁 만 부부의 목가적인 저택을 보고 있노라면 마치 과거로 거슬러 올라간 듯한 착각이 든다. 언덕 위에 세워진 큰 베란다가 딸린 이 집은 아이리스와 부들레야가 핀 정원과 컴벌랜드 강을 내려다본다. "이 곳은 정말 평화로워요. 공기 대신 넥타(신이 마신다고 하는 향긋한 과일주_옮긴이주)를 들이키는 느낌이에요."라고 뎁은 말한다. 그러나 미국의 여느 가정들과 마찬가지로 이들도 한때 집을 차압당했다. 부동산 개발 분야에서 9년 동안 일하며 잔뼈가 굵은 뎁도 그 위기를 피할 수 없었다. "경제가 폭락하면서 우리는 가진 부동산을 다 잃었어요. 설상가상으로 우리 고향에 500년 만의 홍수가 왔죠. 우리 집은 부분적인 수해를 입는 데 그쳤지만 어머니의 집은 아예 떠내려가 버렸습니다. 어머니는 이 일로 몸져누우셨어요."라고 빌은 말했다.

　그리고 지금 부부는 이 난관을 서서히 극복해 나가고 있다. 빌과 뎁은 본인들의 상황이 개인적인 부분도 있지만 대다수의 사람들과 크게 다르지 않다고 생각한다. 난관을 헤쳐 나가는 과정이 고통스러운 것은 사실이지만, 그들은 가계를 안정시키는 법을 배우고 있고 이 위기를 잘 극복할 거라고 확신한다. 그들은 작은 사업을 시작했고 빌은 뮤지션으로 계속 일하고 있다. "중요한 것은 끈기입니다. 물론 힘들었지만 축복받은 순간들도 있었습니다. 그중 하나가 지역 사회 사람들의 도움으로 어머니의 집을 다시 지었으며 온 가족이 그 집에서 함께 살기로 했다는 것입니다." 빌은 미래를 낙관한다. 우리 사회의 역사를 되돌아보면 빌의 낙관이 옳다는 것을 알 수 있다.

월스트리트뿐 아니라 컴벌랜드 강변, 미국의 수많은 언덕과 거리에까지 광범위한 영향을 미친 이 경제 위기는 왜 발생한 것인가? 노벨 경제학상 수상자인 폴 크루그먼Paul Krugman은 "규제가 현실을 따라가지 못했다."라고 평한 바 있다.[3] 자유로운 팽창과 법적인 감독 사이에서 균형을 잡지 못한 것이다. 이러한 실수를 바로잡고 돈과 건강한 관계를 정립하기 위해서는, 대출에 대해 더 자세히 들여다볼 필요가 있다.

## 모두를 위한 부

대출을 받는 것은 역사적으로 부자들에게만 주어진 특권이었다. 이들은 대출금으로 투자를 했고, 그로 인해 더 큰 부자가 되었다. 미국 경제가 성장하기 위해서는 이와 같은 주류 대출의 혜택을 더욱 많은 사람이 받아야 했다. 그러므로 중산층 사업가가 은행대출을 받을 수 있게 된 것은 미국 경제 성장에 큰 역할을 했다고 볼 수 있다. 대출이 없었다면 수많은 미국인들은 탈출이 거의 불가능한 계급의 틀에 평생 갇혀 살았을 것이다. 대출·대부의 문이 넓어지자 중산층의 창업과 경영이 수월해져 미국의 부가 더욱 확대되었고 이 과정에서 대출에 대한 근대적인 시각도 확립되었다. 기업인들이 대출을 이용해 성공을 이루자 대출에 대한 부정적 시각이 점차 사라진 것이다. 유명 정치가이자 학자였던 대니얼 웹스터는 1834년 "대출은 현대 상거래에서 산소와 같다"고 기술했다. "대출은 전 세계의 부를 늘리는 데 있어서 전 세계의 광산을 합친 것보다 천 배쯤은 더 큰 공헌을 했다."

　대출은 산업 경제의 각계각층으로 퍼졌다. 하지만 미국의 부가 확대되기 위해서는 새로운 형태의 대출이 필요했다. 그리고 1840년과 1890년 사이 소비자 대출이 확대되면서 금융시장이 변화하기 시작했다. 이전에는 투자 이외의 목적을 위한 대출은 비난의 대상이었다. 대출을 받아서 물건을 사는 것은 분수에 넘치는 사치이며, 단순히 욕망을 채우기 위한 일이라는 인식이 있었던 것이다. 이러한 대출은 '소모적 대출consumptive credit'이라고 일컫는 한편, 농기계 등을 사기 위한 대출은 '생산적 대출productive credit'이라 하여 정당화되었다. 시간이 갈수록 가치를 잃는 것이 아니라 오히려 수입에 보탬이 되는 물품을 사기 위한 대출이라는 뜻이다.

　그러나 1856년 소비자 대출의 기능과 이에 대한 인식이 바뀌기 시작했다. 미국인의 생활방식이 뿌리부터 바뀌기 시작한 것이다. 변화는 한 재봉틀로부터 시작되었다. 싱어 재봉 회사Singer Sewing Machine Company가 소매 할부 판매를 선보인 것이다. 이 할부상품의 내용은 간단하고 기억하기 쉬웠다. "계약금 1달러, 일주일에 1달러씩"이라는 것이었다. 즉, 1달러의 계약금으로 재봉틀을 외상으로 산 후, 나머지 금액을 일주일에 1달러씩 갚는 방식이었다. 할부가 적용되면서 훨씬 많은 미국 가정에서 싱어 재봉틀을 살 수 있었다. 이 할부상품은 중산층의 성장과 미국 부의 성장에 박차를 가했다. 당시 여성들의 일기를 보면, 손바느질이야말로 시간이 가장 많이 소요되는 집안일이었음을 확인할 수 있다. 그러나 싱어 재봉틀 덕분에 바느질에 걸리는 시간이 크게 줄어들었다. 셔츠 한 벌을 만드는 데 걸리는 시간이 14시간에서 1시간으로 줄어든 것이다. 이처럼 효율성이 높아지자 야심 찬 주부들은 재봉틀로 돈을 벌기 시작했고, 그들은 하루에 최대 1달러씩 벌 수 있었다. 재봉틀 값은 한 주에 1달러였기 때문에 이 부채는 매우 생산적인 부채였으며 여성들의 부 축적에도 큰 기여를 했다. 일부 여성들은 재봉틀로 세련되고 독특한 디자인의 옷을 선보여 명성을 얻기도 했다. 재봉틀 덕분에 여성들은 전에 없었던 새로운 자유를 맛보기 시작한 것이다.


## 사우스캐롤라이나의 한 소녀

마가렛 캠벨 베일리는 1925년 사우스캐롤라이나 주의 루비에서 태어났다. 마가렛의 별명은 피치Peachie였다. 복숭아 농장에서 자라기도 했지만 뺨이 복숭아처럼 발그레한 빛을 띠었기 때문이다. 그녀는 자신의 어린 시절을 이렇게 회고한다. "어려운 시절이었지만 어머니는 가난에 현명하게 대처하셨어요. 우리 집이 가난하단 사실을 우리가 모르게 하셨죠." 피치의 어머니도 집에서 아이를 돌보면서 옷을 만들어 파는 주부였다. "어머니는 원피스 한 벌을 만들어주고 25센트를 받으셨어요. 우리 가족의 옷은 머리부터 발끝까지 모두 어머니의 손에서 만들어졌죠. 어머니의 손을 거치지 않은 옷은 아버지의 일요일 외출복뿐이었던 것 같아요. 언니가 결혼할 때 입은 흰 정장도 어머니의 작품이었죠. 그 옷은 농업용 소다를 담아두던 주머니로 만든 것이었는데, 주머니를 세탁하고 풀을 먹였더니 고급 리넨처럼 아름다워졌어요. 재봉틀은 제가 기억하는 한 늘 우리 집에 있었어요. 할부로 산 기계였죠. 당시에는 재봉틀을 일시불로 살 수 있는 사람이 아무도 없었어요."


아홉 살이 되던 해, 피치는 부활절에 입을 옷이 없는 상황에 처했다. "어머니가 수술을 받으셔서 당분간 재봉틀 페달을 밟을 수가 없었어요. 전 어머니가 아프니까 부활절 옷도 없을 거란 생각에 펑펑 울었죠. 그러자 어머니는 제가 페달을 밟으면 옆에서 도와주겠다고 하셨어요. 어머니는 직접 만든 옷본을 배치하는 방법을 가르쳐주셨고, 저는 세탁하고 다림질한 사료 주머니를 옷본을 따라 잘랐어요. 어머니는 옆에 앉아서 제가 자른 천 조각을 붙이는 것을 지켜보시고 '이대로 꿰매거라.' 하고 말하셨죠. 그때 처음으로 제 옷을 만들었고 그 이후로 쭉 재봉을 해오고 있어요.”

그러던 중 사코니 재봉 회사Sacony Sewing Company가 사우스캐롤라이나 주에 방직공장을 열자, 피치도 그곳에서 일하게 되었다. “나중에는 공장을 그만두고 혼자 일을 했는데, 푸르덴셜Prudential, 웨스턴 일렉트릭Western Electric과 같은 큰 회사에서 일하는 몇 명의 여자들에게 일을 의뢰받았지요. 직장에서 지위가 높아지고 있어서 새 옷이 필요했던 거예요. 한 벌에 10달러씩 받았는데 하루에 네다섯 벌을 만들 수 있었지요. 하루에 10시간 이상 일하는 고된 노동이었지만 돈은 좀 벌 수 있었어요. 사실 꽤 많은 돈을 벌었지요.”

한편, 싱어 재봉 회사는 어떻게 됐을까? 싱어 재봉 회사는 할부 판매를 확산시키는 데 그 어떤 기업이나 기관보다 더 큰 공헌을 했다. 그리고 그 과정에서 초창기 다국적 기업 중 하나가 되었다.

## 부에 대한 기대

앤 노튼의 증조할아버지는 켄터키 주 루이빌 최초의 싱어 재봉틀 영업사원이었다. 앤은 당시에 가족이 구입한 첫 재봉틀을 아직도 가지고 있는데 호두나무 상자와 무거운 무쇠 본체는 거의 예술품에 가깝다. 남북전쟁 당시 전장에서 남편을 잃은 여성들은 살길을 찾아 서쪽으로 떠났다. 19세기 미국 서부에는 기성복이 거의 없었으며 여성들은 재봉틀을 풍요로운 삶의 열쇠로 생각했다. 그들은 재봉틀 덕분에 경제적 안정을 누렸을 뿐만 아니라 더 좋은 남편을 찾을 기회도 잡을 수 있었다. 많은 여성에게 싱어 재봉틀은 최고의 자산이었다. 재봉틀은 서부 여성들에게 많은 이득을 가져다주었는데, 옷본과 천을 우편 주문하면 동부의 유행에 뒤처지지 않는 옷을 입을 수 있다는 점도 그중 하나였다.[4]

19세기 말에는 싱어 재봉틀의 할부 판매 제도가 다른 가정용 기기로도 확산되었다.[5] 이 새로운 구매 방식 덕분에 평범한 시민도 생활수준을 극적으로 끌어올릴 수 있게 되었다.[6] 재봉틀이나 고급 가구, 대형 기계 등을 구입하는 것은 물질적 발전의 한 방편으로 여겨졌다.[7] 그리고 이러한 부의 확대에 있어 피아노는 그야말로 놀라운 역할을 했다. 역사적으로 피아노는 왕족만 가질 수 있는 것이었다. 가격이 아무리 떨어졌다 해도 피아노는 귀족이 아니면 쉽게 살 수 없는 물건이었다. 그런데 할부 판매의 등장으로 상황이 달라진 것이다. 평범한 노동자의 임금으로도 피아노를 살 수 있게 되자 피아노의 인기가 급등했다. 피아노는 서부 개척지의 척박한 환경에 품위를 부여했고 미국 전역에서 피아노는 중산층의 상징이 되었다.

노스캐롤라이나 주 브러바드 시의 새미 킥라이터[8]는 피아노 조달업자이자 아마추어 피아노 역사가이다. "피아노는 마땅한 오락거리가 없던 당시, 보통의 가정에 즐거움과 멋을 가져다주었습니다. 피아노를 살 수 있다는 것은 왕과 동급이란 뜻이었어요. 피아노를 사면 특권의식을 느낄 수 있었죠. 수형 피아노(업라이트 피아노)와 자동 피아노가 출시되자 미국에서는 그야말로 피아노 붐이 일었습니다." 1850년 전 세계 피아노 제조

 

량은 15만 대 미만이었지만 1890년에서 1928년 사이 미국 내 피아노의 연 판매량은 17만 2,000대와 36만 4,000대 사이를 오갔다. 할부 판매 제도가 미국에 피아노와 할부 판매를 퍼뜨린 것이다.[9]

## 헨리 포드가 세상을 바꾸다

이제 자동차 이야기로 넘어가보자. 헨리 포드Henry Ford는 자동차를 발명하지는 않았지만 많은 사람들이 자동차를 살 수 있게 만든 장본인이다. 그는 그 과정에서 미국인의 생활을 송두리째 바꿔놓았다. 찰스 소렌슨은 포드가 모델T를 설계할 시점에 포드사의 중역이 되었다. 소렌슨은 회사 내 비밀 설계실을 처음 봤을 때를 기억한다. "1906년인가 1907년 쯤, 이른 아침에 헨리가 저를 만나러 피케 애비뉴 공장의 도면 부서로 찾아왔습니다. '따라오게, 찰스. 보여줄 게 있네.'라고 말하더니 저를 데려갔지요. 헨리를 따라 3층으로 올라가자 그는 주위를 둘러보고는 바로 이 자리에 방을 하나 만들었으면 한다고 말했습니다." 헨리 포드는 그 방을 보안을 철저히 유지할 수 있는 구조로 만들 것을 주문했다. 그 방에 모델T의 청사진과 특허를 보관할 계획이었기 때문이다. "그 방은 모델T의 분만실인 셈이었죠." 소렌슨은 말했다.[10]

헨리 포드는 모델T의 가격을 낮추기 위해 갖은 노력을 다했지만, 최대한 낮춘 가격이 일반인의 한 해 연봉에 맞먹는 액수였다. 돌파구를 고심한 결과 완전히 새로운 상거래 분야가 탄생했다. 바로 외부 자동차 금융사가 등장한 것이다. 1925년경에는 자동차 판매의 75퍼센트가 할부 판매였다. 할부금융이 다시 한 번 중산층의 신분 상승을 도운 것이다.

산업혁명으로 가정의 부를 측정하는 기준이 한 번 더 바뀌었다. 집에 피아노와 같은 중산층의 상징을 보유하고, 식량과 필수품을 가내 생산이 아닌 구매로 마련하고, 기계를 사용함으로써 늘어난 자유 시간을 여가생활로 즐길 수 있다면 아메리칸 드림을 이룬 것으로 생각되었다. 20세기경 미국은 광활한 서부의 땅을 모두 개척했고 무한한 경제 발전을 눈앞에 두고 있었다. 또한 이 시기에 미국은 세계 무역과 산업의 패권을 거머쥐기 시작했다.



## 사치품의 시대, 정보화 시대의 부

지난 몇십 년 동안 미국의 부에 대한 잣대는 산업혁명 당시만큼이나 급격하게 진화했으며, 정보화 시대가 빠르게 진전되면서 부는 완전히 새로운 모습을 띠게 되었다. 실제로 현대 미국인의 기준으로 조금 편할 뿐인 생활방식은 식민지 시대 미국인의 기준으로는 꿈같은 것이었다. 21세기 평범한 가정의 생활수준이 1848년 사망 시 미국 최고의 부자였던 존 제이콥 애스터의 생활수준보다 훨씬 높다. 더욱 놀라운 것은 현재 우리가 당연하게 누리는 많은 것들이 수십 년 전만 해도 공상의 대상에 지나지 않았다는 것이다.

이러한 변화는 대부분 지난 30년간의 기술 혁신 덕분에 일어난 것이다. 오늘날 미국을 비롯한 여러 나라에서 휴대전화가 없는 생활은 상상조차 하기 어렵지만 얼마 전까지만 해도 휴대전화는 공상과학소설에나 등장하는 기기였다. 그러나 이제는 스마트폰을 비롯한 휴대용 고성능 개인 컴퓨터를 어디서나 쉽게 볼 수 있다. 이러한 기기가 초고속 인터넷과 결합하면서 개개인은 사실상 무한하게 교류하고 창조하고 학습하고 돈을 벌 수 있게 되었으며, 그에 따라 우리의 생활방식과 부에 대한 관점 또한 완전히 바뀌었다. 오늘날 전 세계의 중산층에게 '부유하다는 것'은 자기 집이 있다는 것을 의미한다. 미국이 비록 주택담보대출 위기를 겪었지만, 여전히 부유한 나라임에는 변함이 없다. 미국 상무부에 따르면 미국인의 67퍼센트가 자택에서 살고 있다. 전미주택건설업자협회에서는 미국 주택의 평균 넓이가 2009년 2,700제곱피트(약 251제곱미터)라고 밝혔다. 이는 1970년보다 1,400제곱피트(약 130제곱미터) 증가한 것이다.

시사 주간지 〈타임Time〉은 중산층 미국인 대부분이 주택담보대출을 끼고 있으며, 전문직 혹은 관리직에 종사하며 1년에 3만~10만 달러를 번다고 발표했다.[11] 이들 중 70퍼센트가 케이블 TV와 두 대 이상의 차를 보유하고 있다. 이들 중 3분의 2는 고속 인터넷을 사용하고 40퍼센트는 평면 TV를 갖고 있으며, 여러 개의 신용카드를 소지하고 많은 사치품들을 소유하고 있다. 〈타임〉에 따르면 중산층 대부분이 아직도 '남들이 자기보다 잘 산다'고 생각한다고 한다.[12] 대부분의 사람들에게 '부유하다는 것'은 위에 나열된 자산 외에도 사업이나 여가 목적으로 비행기를 탈 수 있는 여력, 약간의 저축, 은퇴자금, 생명보험, 건강보험이 있음을 의미한다. 여기에 친구와 건강까지 갖춰져 있을 경우 대다수의 미국인이 생각하는 '만족스러운 수준'의 행복과 안락에 이를 수 있다. 또한 부자가 되려면 위에 나열한 조건은 기본이고 거기에 더해 별장이 있고, 아이를 사립학교에 보내고, 사치스러운 여행을 하고, 끊임없이 옷과 보석을 사고, 넉넉한 은퇴자금과 대규모 투자금이 있어야 한다.

오늘날 대다수의 미국인이 세탁기, 건조기, 진공청소기, 자동차 등의 생활필수품을 갖고 있으며, 미국 통계청이 분류한 '빈곤층' 중에도 그 정도를 갖춘 사람은 많다. 이는 우리의 전반적 생활수준이 향상되었다는 증거이다. 그러나 여기서 의문이 생긴다. 부의 잣대가 계속 늘어남에 따라 우리가 생각하는 만족스러운 삶의 조건이 왜곡된 것은 아닌가? 부의 기준이 높아지는 것은 늘 성장하고 뻗어나가려는 인간의 본성 때문이기도 하다. 또한 우리는 여러 가지 면에서 그 어느 때보다 빨리 성장하고 있다. 다만 이렇게 빠른 진화의 과정에서는 우리 자신의 희망, 꿈, 행동에 더 주의를 기울여야 한다. 이는 곧 소유와 소비를 부추기는 문화에 휩쓸려서는 안 된다는 것이며, 구체적으로 말해 균형적이고 풍요로운 삶을 누릴 수 있는 한도 내에서 소유하고 소비해야 한다는 의미이다.

부의 잣대가 늘어난 것은 미디어의 공세 때문이기도 하다. 우리는 매일 새로운 자동차, 전자기기, 편의용품에 관한 광고에 노출된다. 광고는 우리에게 해외로 휴가를 떠나고 매일 외식을 하고 재산을 축적하라고 부추긴다. 또 우리에게 어떻게 느끼고 먹고 마시고 꾸미고 즐겨야 하는지 정해준다(TV에 나오는 행복한 사람들만큼 행복하지 않은 사람에게는 어떤 약을 먹으면 기분이 좋아지는지도 알려준다). 광고는 여러 선진국에서 경제 발전의 원동력으로 작용하지만 잘못된 메시지를 전달하기도 한다. 그렇지만 우리는 이미 미끼를 물었다. 많은 이들이 무서울 정도로 소유물을 쌓아가고 있으며 대출까지 끌어다가 언제 무너질지 모르는 모래성을 쌓고 있다. 그렇지 않아도 엄청난 부채가 더욱 불어나고 있고, 이 부채로 인해 개인과 사회가 무너질 위기에 처했다.

한때 미국과 여러 나라에 부를 가져다준 대출이 갑자기 나쁜 것으로 변한 것일까? 사회의 부와 개인의 부가 어떻게 변하는지 연구하고 우리의 과거를 탐구함에 따라 이 질문에 대한 답을 찾는 것이 점점 더 중요하게 다가왔다. 예나 지금이나 대출은 풍요로운 삶과 개인 및 국가의 성장을 위해 반드시 필요하다. 대출이 없다면 우리 경제는 멈춰버릴 것이다. 그럼 도대체 무엇이 문제였던 것일까? 나는 더 연구해야 했다.

나는 의문에 대한 답을 구하는 과정에서 사람들이 삶에서 원하는 것은 재산이나 돈만이 아니라는 사실을 쉽게 알 수 있었다. 미국 내 유일한 전국 일간지 〈USA 투데이USA Today〉에서 조사한 2010년 통계에 따르면 세계에서 가장 부유한 도시는 뉴욕, 런던, 파리이다. 이 통계는 경제적 활력, 정치적 영향력, 연구 능력, 생활수준의 네 가지 기준을 바탕으로 한 것이다. 그러나 시민이 가장 행복한 도시는 이들 중에 없었다. OECD에서 개발한 OECD 행복지수는 주택, 소득, 지역 사회, 교육, 환경, 정부, 건강, 생활만족도 등을 바탕으로 국가를 평가한다. 호주와 캐나다가 공동으로 행복지수가 가장 높은 나라로 뽑혔고 뉴질랜드, 덴마크, 노르웨이, 스웨덴이 뒤를 이었다.[13]

여론조사 전문업체인 미국 갤럽Gallup과 건강 관련 회사인 헬스웨이즈Healthways에서 내놓은 웰빙지수에 따르면(2009년), 세계에서 가장 부유한 도시인 뉴욕이 미국에서 가장 행복한 10대 도시 안에도 들지 못했다고 한다. 미국에서 가장 행복한 도시는 소박한 소도시인 콜로라도 주 볼더였다.[14] 소유와 소비만으로는 훌륭한 삶을 살 수 없다는 것만은 확실하다. 진정한 부와 행복은 눈에 보이지 않는 것에 달려 있는 것이다.

## 또 한 번의 진화

역사의 흐름을 살펴보면서 나는 부가 유동적인 개념임을 깨달았다. 훌륭한 삶에 대한 정의는 전 세계적으로 변화와 진화를 거쳤다. 이는 우리 개인에게 반가운 소식이다. 만약 부의 개념이 변화할 수 있는 것이라면, 부가 자신에게 어떤 의미인지 스스로 정의하고 그에 따라 부를 추구할 수 있기 때문이다.

우리는 더 보람찬 삶을 원한다. 그리고 우리가 원하는 것은 신용카드로는 살 수 없는 것이다. 광고에서조차 우리 삶에는 가치를 매길 수 없는 측면이 있다고 말하지만 그게 대체 무슨 의미일까? 결국 부의 의미를 찾는 것은 우리 개인의 몫이고, 그를 위해서는 의식적인 고찰이 필요하다. 재산이 부와 행복의 전부가 아니라면 우리는 다음 질문을 떠올려봐야 한다. 내게 있어 부의 잣대는 무엇인가? 어떻게 그런 잣대를 갖게 되었는가? 부에 대한 자신의 관점을 발견하고 풍요와 번영을 이루는 방법을 살펴보는 과정에서 이 의문도 풀릴 것이다.

# 의식적으로 전진하기

**PART 03**

어디로 가고 싶은지,
원하는 것이 무엇인지 모르면
'엉뚱한 곳'으로 가게 되는 것이 당연하다

우리 모두가 할 수 있는 일을 해낸다면
우리 자신이 가장 놀라게 될 것이다.

토마스 에디슨(Thomas Alva Edison)_천재 발명가(1847~1931)

나의 선조는 처음 미국으로 건너와서 노예 생활을 했다. 이렇게 자존심 상하고 극복하기 힘든 시작도 없을 것이다. 그러나 이런 어려운 상황에서 우리 가족의 훌륭한 유산이 생겨났다. 선조들의 용기와 끈기, 노력, 상상도 못할 불굴의 정신을 보여주는 여러 가지 일화가 그것이다.

내 고조부, 고조모이신 제임스 라일스와 해티 라일스는 노예로 태어났으며 청년 시절 노예해방선언 덕분에 자유의 몸이 되었다. 이들은 사우스캐롤라이나 주의 새로운 시민이 되었지만 곧 테네시 주의 그린빌로 걸어서 이주했다. 이들은 결국 41에이커(약 16만 6,000제곱미터)의 땅을 마련했고, 2세대 후 나의 조부모님인 가이 호프먼과 리바 호프먼이 이 땅을 물려받았다. 고조부가 땅을 살 수 있었던 것은, 얼굴빛이 희어서 백인으로 보인 덕택도 있었다고 한다. 고조부와 고조모 모두 신원을 알 수 없는 백인 플랜테이션 농장주의 사생아였는데, 이에 대한 일화가 있다. 고조할머니인 해티도 가정부가 될 뻔했지만 어머니와 같은 일을 당하지 않기 위해 육체적으로 더 힘든 농장 일을 자청했다는 것이다. 해방 직후 고조부와 고조모는 테네시 주에서 과일과 채소를 재배했는데, 원예에 능한 고조할아버지는 인삼까지도 길러낼 수 있었다고 한다. 고조할머니는 재정을 담당하셨는데 매우 철저하셨다고 한다.

이분들이 마련해놓은 테네시 주의 땅은 아직도 가족 유산으로 남아 있다. 하지만 이 땅보다 소중한 것은 우리 조상이 지키고 후손들에게 전한 가치관이다. 나는 우리 가족을 통해, 후세대는 전세대로부터 보이지 않는 일종의 대차대조표(자산이나 부채, 자본을 표시해놓은 기업의 재무상태 보고서_편집자주)를 물려받는다는 것을 배웠다. 나는 그 대차대조표가 있다는 사실을 유념하고, 그 한 줄 한 줄이 내 조상이 힘들게 이룬 성과임을 되새기면서 헤아릴 수 없이 많은 도움을 받아왔다. 한 걸음 한 걸음, 조상에 대한 자부심과 그분들로부터 얻은 교훈을 떠올리며 전진했다. 우리 조상들이 더 나은 삶을 살기 위해 만들어낸 습관, 가치, 강점 등을 의식적·무의식적으로 흡수했고, 그것을 통해 그리고 내가 시행착오를 거쳐 직접 배운 가치들을 통해 아주 만족스러운 삶을 살게 되었다.

## 순가치와 자기가치

물질적으로 부자가 되는 법을 강의하는 책은 수없이 많다. 나는 회계사도 아니고 경제학자도 아니다. 심리치료사인 나의 전문분야는 사람들이 자의식을 일깨우고 균형 잡힌 관점을 정립함으로써 잠재력을 발휘하고 의미 있는 전진을 하도록 돕는 것이다. 이러한 자기 발견의 과정에서 먼저 이루어져야 할 것은 오랜 시간에 걸쳐 내면화된 잘못된 자아상을 무너뜨리고 올바른 자아상을 되찾는 것이다.

한 올의 머리카락에 한 개인에 대한 유전정보가 고스란히 담겨 있듯이 자기가치, 유머감각, 관심사, 편견, 취미, 삶에 대한 관점 등 개인 심리의 각 요소들은 전체 심리를 반영하며 삶 전체에 영향을 끼친다. 돈과의 관계 역시, 우리가 다른 대상과 맺는 관계의 질이 반영되고 진정한 풍요를 이룰 수 있는 우리의 능력이 반영된다. 우리의 태도와 신념은 우리 삶의 각 분야에서 어떻게든 드러나는 것이다.

우리 각자는 어릴 때부터 어른이 될 때까지 자신(그리고 자신이 할 수 있는 일)에 대한 의식적·무의식적 믿음을 지니고 산다. 돈과의 관계를 바로잡기 위해서는 우선 자신이 누구이고 어디에서 왔으며, 어디로 가고 싶은지를 확실하게 알아야 한다. 자신이 원하는 풍요가 무엇인지 알아야만 풍요를 향해 나아갈 수 있는 것이다. 목표가 정해지면 그 목표에 다가가기 위해 신중한 선택을 할 수 있다. 경제적 목표는 물론 당신의 꿈, 창의력, 동기에 따라 결정되는 목표를 향해 다가갈 수 있는 것이다.

> 행복에 이르는 데는 두 가지 간단한 원칙이 있다.
> 첫째, 흥미롭거나 잘할 수 있는 일을 찾아라.
> 둘째, 그것에 모든 에너지, 야망, 능력을 모두 쏟아부어라.
>
> 존 록펠러(John D. Rockefeller)_실업가·자선가(1839~1937)

개인사업자인 나의 수입은 이제 부모님의 수입을 합친 것보다 더 많다. 부모님의 기준으로는 나는 어느 정도 부를 모은 것이다. 그렇다면 나는 부자인가? 다른 어떤 금전적 관점에서 보면 그렇지 않다. 부유한 집안에서 태어난 나의 동창 한 명을 예로 들어 보자. 그는 맨해튼 중심가의 대형 아파트에 살며, 평소에는 기사가 달린 최고급 세단을 이용하고 주말 저녁에는 본인 소유의 요트에서 시간을 보낸다. 내가 경제적으로 여유가 있긴 하지만 그 정도의 재산 수준에는 훨씬 못 미친다. 그러나 내가 느끼는 내적인 부유함과 만족감은 그 어느 때보다 높으며, 나는 내 삶을 완전히 즐기고 있다. 조금씩 삶을 일구어 나감으로써 일에서 의미를 찾고 흥미로운 프로젝트를 진행하며 삶이라는 모험을 사랑하는 사람과 나눌 수 있게 된 것이다.

대부분의 사람들에게 돈과의 관계(자신이 가진 돈의 양이나 가지지 못한 돈의 양)는 부와 성공을 정의하는 가장 큰 요소가 된다. 이는 대차대조표가 우리 사회에서 성공과 실패를 판가름하는 가장 쉬운 기준이기 때문만은 아니다. 부가 본질적으로 재물의 축적과 관련 있는 것처럼 보이기 때문이다. 그럼에도 불구하고 사람들은 진정 풍요롭기 위해서는 돈 이상의 무언가가 필요함을 느낀다. 왕처럼 많은 재산을 가질지라도 '풍요 속의 빈곤'을 느낄 수 있다는 것을 알고 있다.

풍요로운 삶을 살기 위해서는 자신의 가치관을 알고 자신이 추구하는 삶의 모습을 눈앞에 항상 그려야 한다. 우리가 원하는 부를 이루려면(그 부가 물질적인 것이든 아니든 간에) 원하는 것이 무엇인지를 먼저 명확히 알아야 하고, 우리가 가진 기대와 자아상이 목표 달성에 도움이 되는지 방해가 되는지를 알아야 하는 것이다. 그리고 이를 위해서 우리의 문화, 개인적인 경험, 그리고 자신이 그리는 미래상을 살펴보아야 한다.

그렇다면 돈, 성과, 자기가치에 대한 의식은 어떻게 형성되는 것일까? 우리는 성장 과정에서 사회와 가족을 포함한 주위 환경으로부터 배운 교훈과 가치관을 자연스럽게 내면화한다. 인간은 사회적 동물이기에 사회의 집단적인 태도로부터 엄청난 영향을 받을 수밖에 없으며, 우리는 이 영향을 제대로 이해해야만 한다. 부의 심리는 '가치'와 '풍요'의 의미에 대한 사회와 가족의 기준 및 개인의 의식을 정교하게 엮은 것이다. 이 모든 실오라기를 인식하는 것이야말로 부유한 삶을 살기 위한 첫 번째 단계이다.

가족의 역사는 우리의 자존감을 강화할 수도, 혹은 약화할 수도 있다. 사회와 가족이 어린 시절 우리에게 불어넣은 교훈은 부에 대한 개인의 상, 즉 개인적으로 소중히 여기는 것들과 상충될 수도 있으며, 이 경우 자신의 미래상을 이루고 유지하기 위해서는 건강한 자기가치감이 필요하다. 풍요로움을 느끼기 위해서는 자신이 그것을 느낄 자격이 있다고 생각해야 한다.

사회는, 부유하다는 것은 돈과 재물이 많은 것이라고 우리에게 말한다. 물론 순가치를 계산할 때는 그렇게 생각하는 편이 쉽다. 예를 들어, 《이웃집 백만장자The Millionaire Next Door: The Surprising Secrets of America's Wealthy》의 저자인 토머스 J. 스탠리와 윌리엄 D. 댄코는 간단한 공식을 제시한다.[1] 자신의 나이에 가계의 세전稅前 소득을 곱하고, 유산이 있다면 유산 액수를 더한 다음, 그 숫자를 10으로 나누라고 한다. 그 결과 나오는 숫자(달리)가 자신의 순가치이다. 그러나 순가치에 대한 그 같은 정의(또는 부를 정의하면서 눈에 보이지 않는 것들을 제외하는 정의)를 받아들인다면, 삶을 소중하고 보람차게 만들어주는 요소를 간과하게 될지도 모른다.

## 가족과 가족 문화의 역할

자기가치감과 가치관 형성에 사회보다 더 강력한 영향을 미치는 것이 있다면 우리를 성장시킨 가족의 문화일 것이다. 바꿔 말하면 가족의 운영체제이다. 당신은 가족운영체제 속에서 있는 모습 그대로 가치를 인정받았는가, 아니면 외적인 성과와 소득에 따라 당신의 가치가 좌우되었는가?

가족 문화는 다시, 가족을 형성시킨 더 큰 문화권의 영향을 받는다. 에이미 추아Amy Chua(엄격한 자녀훈육방식으로 미국 내 교육 논쟁을 불러일으킨 예일대 로스쿨 교수_편집자주)의 《타이거 마더Battle Hymn of the Tiger Mother》[2]라는 책의 출간과 함께 이에 대한 논란이 점화되었다. 가장 자존감이 강하고 가장 큰 성공을 거둔 성인을 길러내는 것은 어느 문화권인가? 여기서는 두 문화권, 즉 아시아와 미국의 가족운영체제를 살펴보기로 한다.

추아의 책에서도 포착했듯이, 전형적인 아시아인 부모들은 자기가치감을 높은 성취도 및 타인의 인정과 연결짓는다. 그들은 자녀가 성취하기를 바라는 것을 분명하게 정의하고 훈육, 자기희생, 만족지연(나중의 큰 만족을 위해 현재의 작은 만족을 포기하는 것_옮긴이주)을 통해 그 목표로 자녀를 몰아간다. 이 가족운영체제에서는 우수해야만 한다는 강한 외적 압박이 아이 양육의 큰 부분이 된다. 그 결과 부모가 정해둔 목표를 달성하지 못한 아이는 자기가치감과 성취감에 상처를 입을 수 있으며 사랑, 성취, 자기 가치감, 야망, 자존감을 구별하는 경계선도 흐릿해진다.

성취를 지나치게 강조하다 보면 자녀는 부모의 사랑이 자신의 성취도에 좌우된다는 느낌을 받을 수 있으며, 이런 감정을 느끼며 자란 아이들은 성인이 되어서도 항상 자신이 부족하다는 불안감에 시달릴 수 있다. 나는 이렇게 성장한 사람들을 만난 적이 있다. 그들은 겉으로는 성공한 듯 보여도 일에서 개인적인 만족감을 느끼지 못하며 당연히 내적인 충족감, 성취감, 행복감도 가지지 못한다. 이들은 열심히 살면서도 '해냈다'는 느낌을 받지 못하고 일종의 의무감으로 살아간다. 자신의 욕망이 얼마나 가치 있는 것인지, 진정한 풍요로움이 어떤 것인지도 알지 못한다. 그리고 안타깝게도, 엄청난 노력으로 최고의 자리에 오른 후에야 그것이 자신이 진정으로 원한 일이 아니었음을 깨닫고 앞으로 어떻게 해야 할지 막막해하는 경우를 드물지 않게 볼 수 있다.

미국식 가족운영체제의 통념은 전형적인 아시아식 모델과는 정반대이다. 일반적으로 미국인 부모는 아시아인 부모보다 관대하다. 미국의 서점에 가보면 자녀에게 칭찬을 퍼붓고 '특별하다'는 말을 자주 해줌으로써 자녀의 자존감을 높여야 한다고 주장하는 육아 지침서가 넘쳐난다. 미국인들은 승자를 높이 평가하지만 자녀에게는 대회에 참가하는 것만으로도 상이나 리본을 준다. 한마디로 전형적인 미국 자녀는 있는 그대로의 모습으로 사랑받고 인정받는다(대단한 일이기는 하다).

그러나 미국식 전형에서는 부모가 자녀에게 거의 요구하지 않으며 구체적인 기대도 하지 않는다. 목표 정의를 돕거나 경제적 독립과 풍요를 위한 계획을 세우는 것에 관한 교육이 체계적으로 이루어지지 않는다. 예를 들어 미국인은 교육을 중시하지만, 대학 학위를 어떻게 사용하겠다는 구체적인 목적 없이 학위를 따는 경우가 많다. 그 결과 미국인 자녀는 사랑과 관심을 받고 있다는 느낌은 받지만 성인이 되었을 때 충동 조절 및 목표 설정 능력에서 편차가 크다. 때문에 이러한 미국식 전형에서는 자녀가 방종하게 살며 성취도가 낮은 성인으로 성장할 수 있다.

이 두 가지 양육 전형은 각각 단점이 있지만, 모두 값진 교훈을 준다. 전통적인 아시아 가족운영체제의 이점은, 목표(그것이 크든 작든)와 목표 달성을 위한 단계가 명시적으로 정의된다는 점이다. 풍요로운 삶을 살기 위해서는 자제, 노력, 성취가 중요하다는 생각이 어린 시절부터 몸에 밴다. 그리고 이 원칙을 실천하는 사람은 경제적인 목표를 비롯한 구체적인 목표 달성에 있어 확실히 유리하다. 미국식 양육의 이점은, 자녀에게 자신이 소중한 존재이며 사랑받고 있다는 확신을 줄 수 있다는 점이다. 또한 격려, 창의성, 열정을 중시하는 미국인의 습성을 볼 때 미국인의 자녀는 훨씬 자유롭게 행복의 의미를 정의하고 마음 가는 대로 행동할 수 있다.

가장 이상적인 것은, 무조건적으로 아이를 사랑하면서도 책임과 성취에 대해 현실적인 기대를 보이며 무리하지 않은 요구를 하는 것이라 할 수 있다. 이는 자기가치감이 발달하고 목표 설정과 달성하는 습관이 몸에 밴 성인으로 자녀를 양육할 수 있는 확실한 방법이다.

## 쇠창살을 넘어

어느 주말 저녁, 나는 첫 장에서 소개했던 재무 교육자 리키 키즈와 함께 식사를 하며 대화를 나누었다. 나는 그의 솔직함에 항상 놀란다. 그는 자신감이 넘치며, 자신의 분야에서 성공을 이루었다. 앞에서 이야기했듯이 리키는 미국 최악의 빈민가에서 성장했다. 그의 집에는 아버지가 안 계셨고 어머니가 동시에 세 가지 일을 했다. 그러나 그는 오늘날 매우 행복하고 충실한 삶을 살고 있다. 리키 박사는 자신이 그처럼 거친 환경을 벗어나 현재의 위치에 오를 수 있었던 것은 때로는 엄하게, 때로는 사랑으로 자신을 양육한 어머니 덕분이라고 말한다.

"그런 상황에서 벗어난다는 것은 거의 불가능해보였어요." 리키는 이렇게 운을 뗀다. "하지만 우리 어머니에게는 불가능한 일이 아니었지요. 바로 그게 핵심이었어요. 어머니는 아주 강인하신 분이셨고, 저와 동생에게 자존감과 자부심을 불어넣으셨죠. 어머니는 우리가 대학에 가서 성공할 거라고 그저 믿으셨습니다. 교육에 아주 열성적이셨고 매우 엄하셨어요. 당시에도 어머니가 우리를 엄하게 대하신다는 것을 알았죠. 우리는 어떻게 행동해야 하는지, 그리고 무엇보다 어떻게 행동하면 안 되는지를 배웠어요. 어머니가 우리에게 옳고 그름을 구별하는 법을 가르치셨거든요. 우리는 그런 게 싫지는 않았지만 좋지도 않았어요. 가끔은 서글프기도 했고요. '다른 아이들과 거리에서 놀면 더 재밌을 텐데…….' 하는 마음도 있었거든요. 우리 집 창문에는 쇠창살이 있었어요. 저와 동생은 숙제를 하면서 다른 아이들이 거리에서 공놀이를 하고 있는 모습을 내려다보곤 했지요. 그러면 아이들이 입을 모아서 노래를 했어요. '하하하, 리키랑 제프리는 감옥에 갇혔네! 그런데 지금 안타깝게도 그 아이들은 진짜 감옥에 있거나 죽었어요. 저와 동생은 거기서 벗어났고요. 지금 우리는 어머니의 강인함에 감사하고 있습니다. 아주 많이요.”

“어머니는 우리에게 긍정적인 말씀을 많이 해주셨어요. 훌륭한 부모라면 마땅히 그래야 하겠지만, 우리 어머니는 그것을 특히 중요하게 생각하셨어요.” 그는 계속해서 말한다. “우리가 옳은 일을 하면 어머니는 칭찬을 해주고 인정해주셨어요. 좋은 부모라면 해야 하는 일을 전부 하셨죠. ‘너희는 할 수 있어.’라고 늘 말씀하셨어요. 단 어머니는 보수적이기도 하셨어요. ‘너희는 무슨 일이든 할 수 있어. 하지만 해야 하는 일을 하지 않으면……’ 벌을 받았죠. 하지만 그렇기 때문에 어머니가 우리에게 성공할 수 있다고 이야기하셨을 때 그 말을 믿을 수 있었어요. 정말 일말의 의심도 없이 어머니의 말을 믿었어요. 그 끔찍한 환경에서도, 주변의 그 모든 가난과 부정적 영향에도 불구하고 어머니의 목소리가 우리를 이끌어준 거예요.”

그 동네를 벗어나기 위해서는 교육을 받아야 한다는 사실을 두 아들에게 이해시키려고 한 어머니의 결의는 축복이었다고 리키는 생각한다. “어머니는 책임지는 것의 중요성을 아셨어요. 그리고 스스로 최선을 다하셨습니다. 또한 사람은 다음 세대를 돌봐야 한다고 생각하셨어요. 놀랍게도, 어머니는 돌아가시면서 제 아이들을 교육시키고도 남을 만큼의 보험금을 남기셨어요.”

여러분의 가족운영체제에 훈육과 무조건적 사랑이라는 두 가지 가치가, 아니 둘 중 하나라도 존재하지 않았다면 여러분은 불리한 입장에서 인생을 시작한 것이다. 자존감이 약할 수도 있고, 삶에서 원하는 일을 이룰 수 있는 능력에 대해 의심을 품고 있을지도 모른다. 그리고 그 때문에 풍요와 자기가치를 향한 오르막길이 조금 더 가파를지도 모른다. 그러나, 그렇다고 하더라도 여러분이 가슴에 품은 일을 해낼 수 없는 것은 아니다.

## 한 걸음 한 걸음

당신이 건전한 가족운영체제에서 성장하지 않았다면 혹은 가족운영체제에서 건전한 자아상과 자제력을 가르치지 않았다면, 그 한계를 극복하고 그러한 자질을 스스로 계발하기 위해서는 어떻게 해야 할까?

자기가치감과 성취감이 강한 상관관계를 맺고 있다는 것은 연구를 통해 입증되었다. 자존감을 강화하기 위해서는 부모님이나 다른 사람들로부터 강하고 똑똑하며 잘났다는 이야기를 듣는 것만으로는 부족하다. 난관에 부딪히고 스스로 극복해내야 한다. 어렵고 창의적인 일을 할 수 있는 능력을 스스로 쌓아봐야 한다. 무언가를 시작하고 진행시킬 수 있는 자신의 능력을 직접 시험해야만 한다. 한마디로 자신이 무슨 일을 할 수 있는지 스스로에게 입증해야만 하는 것이다. 목표를 설정하고 달성함으로써, 실패를 극복하고 계속 나아감으로써, 적당한 위험을 감수함으로써 자존감을 높일 수 있다. 그리고 이러한 자존감은 외부의 인정이나 가족의 과거사와는 무관하다.

그렇다면 어릴 때 부모로부터 무조건적인 사랑을 받지 못한 경우에는 어떻게 해야 할까? 이것이야말로 잘못된 양육이 남기는 가장 슬픈 유산이다. 그러나 너무 늦은 것은 아니다. 어린 시절 갖지 못했던 자기 자신에 대한 너그러움과 사랑을 일굴 수만 있다면, 풍요롭고 든든한 인간관계를 형성할 수 있다.

 

# 부의 원형

당신이 지닌 부의 심리를 발견하고 강화하기 위한 또 하나의 방법은, 심리학적 원형을 통해 부를 바라보는 것이다. 융Jung(분석심리학의 기초를 세운 스위스의 정신의학자_옮긴이주)의 심리학에서 '원형archetype'이란 '인간이 집단적으로 물려받아 개개인의 정신에 보편적으로 존재하는 무의식적 생각, 패턴, 사고 혹은 이미지'를 뜻한다. 부 역시 그러한 원형이다. 부의 보편적인 원형을 살펴보면 부의 속성을 이해하고 우리 개개인에게 부가 갖는 의미를 이해하는 데 도움이 된다.

우주의 모든 것이 그렇듯이 원형도 양면적인 속성을 지닌다. 좌우, 상하, 명암, 냉온…… 모두 양면성이 있으며, 그중 하나는 건설적이고 이상적인 상이며 다른 하나는 파괴적인 그림자 상이다. 원형의 건설적인 상은 긍정적인 성장과 성취를 촉진하는 잠재력을 나타낸다. 그림자 상은 그 개념이나 양식의 부정적인 이면을 나타낸다.

부의 원형에도 두 가지 측면이 있다. 건전한 부의 심리를 발전시키기 위해서는 부의 원형을 인식하고 받아들여야 한다. 부의 속성(행복을 불러올 수도 있지만, 한편으로 위험성도 지니고 있는)을 이해하면 무의식적으로 부에 끌려 다니거나 부로 인해 파멸하지 않고, 자신에게 유리하게 부를 이용할 수 있다. 극단적인 그림자 상으로서의 부의 이면은 무질서한 삶, 매사의 부정적인 태도, 자기 파괴적인 행동, 비극 등을 야기할 수 있다. 따라서 우리가 원하는 삶을 일구기 위해서는 우리 의식과 행동에서 부 원형의 긍정적인 측면을 강화해야 한다.

## 부의 부정적인 면

부 원형의 그림자 측면(또는 파괴적인 측면)은 구속적이고 제한적이며 의심스럽고 탐욕스러우며 경쟁적이고 독살스럽다. 또한 이기적이고 가혹하며 비판적이고 방종하며 무력하다. 이러한 일면의 원동력은 두려움과 불안이며, 스트레스와 걱정이 동반되고 남에게 비난을 퍼붓기도 한다. 이 상태에서 생활하다 보면 체내에 스트레스 호르몬이 과도하게 분비되고 실제로 심혈관 질환을 비롯한 심장병에 걸릴 수도 있다.

내가 지도한 기업가와 중역들 중에는 선량한 사람이면서도 프로젝트를 맡을 때마다 사기꾼으로 몰릴까 봐 두려워하는 사람들이 있었다. 그들은 학력이나 경험과 무관하게, 자신이 맡은 일을 제대로 수행하지 못하는 것으로 보일까 봐 두려워한다. 정작 자신은 스스로를 믿지 않으면서 남들이 자기가 괜찮은 사람이라고 믿어주길 바라면서 하루하루 일을 한다. 부와 풍요의 요소는 모두 가지고 있지만 자신감이라는 핵심 요소가 부재한 것이다. 그 결과 그들은 평생을 내적인 결핍과 절망감을 느끼며 살아간다.

부의 그림자 상의 노예가 된 사람들은, 재물을 얼마나 많이 축적했든 더욱 공격적으로 지키고 엄중히 보호해야 한다고 생각한다. 이런 사람들은 '자원이 제한되어 있으므로 남들보다 먼저 내 것을 챙기고 지켜야 한다.'라고 생각한다. 탐욕과 두려움에 사로잡혀 더 많은 자산을 축적하려고 하는 것이다.

**부의 부정적인 면**

- 구속 (Restrictive)
- 탐욕 (Miserly)
- 이기주의 (Self-serving)
- 비판 (Judgmental)

## 부의 긍정적인 면

부 원형의 긍정적인 상을 아우르는 주된 특징 네 가지는 관용, 숙련, 창의성, 분별력이다. 따라서 부 원형의 이상적인 상은 아량이 넓고 힘이 있으며 발전적이고 즐거우며 유머러스하고 쾌활하다. 또한 열정적 · 창의적 · 혁신적이며 회생력이 있고 봉사奉仕지향적이다. 부의 긍정적인 상은 절대로 자기만 위하지 않으며, 단순히 자산의 축적을 넘어 더 높은 대의와 원칙에 기여한다. 이때 그 원칙은 정신적인 것, 박애주의적인 것일 수 있으며 치유적 · 애국적인 것일 수도 있다. 그게 아니라도 어떤 면에서든 긍정적이고 관용적이다. 부가 '세상에 대한 봉사'라는 더 큰 목적을 실현하기 위한 수단이 되는 것이다.

부 원형의 창의적인 상은, 세상에는 자원이 무한하게 존재하며 꿈을 좇겠다는 욕심과 의지가 있는 사람은 모두 풍요로운 삶을 살 수 있다고 생각한다. 이러한 부 원형의 상을 구현하는 사람은 부를 건설적이고 발전적인 시각으로 바라보고 더 큰 목표를 이루기 위해 부를 축적한다. 또한 정력적이며 끊임없이 성장하고 진화한다. 자신에 대해 긍정적이고 낙관적이며, 본인의 잠재력은 물론 타인의 잠재력까지 꿰뚫어봄으로써 주변 사람들에게 힘을 준다.

부에 대한 당신의 관점이 이러하다면 자연히 당신 주위에는 비슷한 생각을 가진 사람들이 모여들 것이다. 넓고 깊은 사고방식과 성장하려는 의지를 갖추고 있다면 어떤 상황에서도 최선을 다할 수 있다. 물론 이를 위해서는 노력과 인내가 요구되고 자신의 모든 것을 내주어야 할지도 모르지만, 이 같은 내적 관용을 갖추고 있다면 현재 처한 상황과 관계없이 부를 향한 여정을 시작할 수 있다.

---

**부의 긍정적인 면**

- 관용 (Generous)
- 숙련 (Proficient)
- 창의성 (Creative)
- 분별력 (Discerning)

---

## 의식적으로 전진하기

어쩌다 보니 자신의 꿈과는 거리가 먼 삶을 살게 되었다며 탄식하는 사람들을 본 적이 있는가? 어디로 가고 싶은지 알지 못하면, 원하는 것이 무엇인지 모르면 '엉뚱한 곳'으로 가게 되는 것이 당연하다. 바로 이런 이유로 나를 찾아온 고객들이 많다. 그러나 자신이 부에 대해 어떤 가치를 내면화했는가를 파악하면 부의 의미를 마음대로 정의할 수 있고 풍요로운 삶의 모습을 그릴 수 있다. 자신의 욕망을 알면 결정에 끌려 다니는 것이 아니라 결정을 이용할 수 있는 것이다. 즉 행동의 대상이 아니라 행동의 주체가 될 수 있다.

〈석세스Success〉의 발행인이자 편집장인 대런 하디는 성공학 전문가이다. 그는 직업상 삶의 모든 분야에서 큰 성공을 거둔 사람들을 만난다. 대런은 이렇게 말한다. "꿈과 야망을 이루려면 먼저 그것이 무엇인지를 알아야 한다. 자신이 어디로 가고 있는지를 정확히 알고 그곳에 노력을 집중하면 원하는 목적지에 더 멀리, 더 똑바로 갈 수 있다."[3]

자신의 꿈과 야망을 확인하는 방법 하나는 스스로에게 질문을 던지는 것이다. "내가 생각하는 풍요로운 삶이란 무엇인가? 나는 부와 풍요의 모형을 어떻게 설계하고자 하는가?"라는 물음에 답해보자. 의미 있는 일을 하는 것인가? 마음껏 여행하는 것인가? 삶의 여정을 함께할 든든한 동반자가 있는 것인가? 아이들이 뛰놀 마당이 있는 전원주택을 마련하는 것인가? 마라톤 훈련을 할 수 있는 시간을 내는 것인가? 지역 주민 수백 명을 고용할 수 있는 회사를 세우는 것인가? 성공, 돈, 부에 대한 기성의 신념을 당신이 선택한 가치에 꼭 맞는 것으로 갈아 치워야 한다. 또한 더 큰 사람이 되기 위해서는 목표를 주기적으로 조금씩 키워야 한다. 더 큰 방에, 훨씬 더 큰 방에 들어서는 모습을 상상해보자. "기왕 생각을 할 바에야, 큰 생각을 하라." 도널드 트럼프가 한 유명한 말처럼.[4]

이 말을 따르면서도 원하는 위치에 도달하려면 어떻게 해야 할까? 진솔한 자세로 자신의 영혼을 탐색해 마음이 원하는 것을 찾아야 한다. "자신이 정말 원하는 모습으로 발전할 수 있도록 자신에게 작은 자유를 줘라."[5] 도널드 트럼프의 현명한 충고다. 엄청난 성공을 거둔 사업가 트럼프는 자신의 저서인 《반드시 해내겠다 말하라!: 성공전도사 도널드 트럼프가 말하는 역전의 기술Think Like a Champion: An Informal Education in Business and Life》[6]에서 내면의 나침반을 찾는 정신적인 방법을 제시한다. '더 큰 자신에게 기회를 주어라'라는 제목 하에 그는 말한다. "지금보다 더 높은 자아는 우리를 새로운 바다로 이끌어줄 것이다. 평생 가라앉지 않으려고 발버둥 치며 힘들게 물 위를 걷고 싶어 하는 사람은 없다. 그건 헛되고 절망스러운 일이니까. 우리는 더 나은 자아를 찾기 위해 경험을 쌓고 끈기 있는 일을 하곤 한다. 그것은 앞으로 일어날 더 큰 일에 대비하기 위한 것이다. 언제나 저 벼랑 너머에 대단한 것이 있을지도 모른다고, 더 성장한 나 자신을 만날 수 있을지도 모른다고 생각하라. 이것은 부정적인 생각을 쫓아버리는 좋은 방법이 될 것이다."

당신이 성공이나 부의 의미를 분명히 인식하고 어떠한 일을 시작한다면, 당신은 계획했던 목표에 한 걸음 더 가까이 다가갈 수 있을 것이다.

## 안전망 없이 살아가기

내 오랜 친구인 마커스는 운이 참 좋은 사람이다. 그는 부유한 가정에서 태어났으며 그의 부모님은 있는 그대로 그를 사랑해주었다. 성공한 기업가였던 아버지는 어린 마커스에게 회사에 대해 가르쳤고, 끊임없는 배움의 중요성을 강조했다. 아버지는 마커스가 자라서 회사를 물려받기를 간절히 바랐지만 성인이 되어가면서 마커스는 다른 미래를 그리기 시작했다. 그에게 다른 꿈이 생긴 것이다. 마커스는 20대 초반 중대한 결정을 내렸다. 자신의 목표를 위해 동쪽 해안의 집을 떠나서 캘리포니아에서 새 인생을 시작하기로 한 것이다. 가족과의 갈등은 전혀 없었다. 마커스의 아버지는 여전히 아들을 사랑하고 존중했다. 다만 그의 아버지는 인과관계에 따라 마커스가 가족기업을 포기하면 회사의 지분을 물려받지 못할 것임을 분명히 했다. 마커스는 그 조건을 받아들였고 남동생이 회사를 완전히 물려받게 된 데 기뻐했다.

마커스는 캘리포니아에서 작은 비영리단체의 총무로 일했는데, 월급이 기본적인 생활비를 겨우 충당할 정도밖에 되지 않았다. 그래도 그는 개의치 않았다. 그에게 비영리단체에서 일한다는 것은, 돈에 관계없이 열정을 느끼는 대의를 위해 봉사하는 일이었던 것이다. 그는 개인적으로 의미 있는 일을 하고 있었고 매일 노력의 결실을 볼 수 있었기 때문에 행복했다.

마커스는 그 비영리단체에서 몇 년간 보람된 일을 하면서 광범위한 국제사업 경험을 쌓았다. 그리고 다음 모험으로 기업 성장을 전문으로 하는 컨설팅 회사를 설립했다. 그의 고객사 중에는 유기농 식품기업도 있었다. 당시에는 유기농 식품업계가 부상하고 있었고 마커스 또한 개인적으로 오랫동안 천연·유기농 식품을 애용하고 있었다. 그는 이 업계가 폭발적으로 성장할 것을 예견했고 고객사의 설립자이자 소유주인 사람에게 회사의 반을 팔라는 제안을 했다. 소유주가 제안을 받아들이자 마커스는 회사를 확장하기 시작했으며, 몇 년이 지나자 회사는 동종 회사 중 미국에서 가장 성공한 회사로 성장하게 되었다. 나중에는 수백만 달러를 받고 한 투자 그룹에 회사를 매각했고 그 후로도 몇 년 동안 CEO로 경영에 참여했다.

마커스는 꿈을 좇기 위해, 가족이 쳐준 안전망을 버리고 경제적 안정을 포기했다. 하지만 그의 정신 속에는 부의 씨앗이 잠들어 있었다. 용기, 지성, 풍요에 대한 자기만의 관점, 자기가치감이 바로 그것이다. 내면의 목소리에 귀를 기울임으로써 늘 꿈꾸던 자유롭고 보람찬 삶을 살 수 있게 된 것이다.

## 반짝이는 검정색 리무진

토니 커피스는 마커스와는 정반대 지점에서 출발했다고도 할 수 있다. 그러나 오늘날 토니와 마커스는 둘 다 억만장자이다. 첫 장에서도 이야기했지만, 토니는 마커스와 달리 특권층 가정은커녕 보통의 안정적인 가정에서도 태어나지 못했다. 토니는 자신이 어떻게 그런 환경을 극복할 수 있었는지 놀라울 만큼 잘 이해하고 있고, 또 놀라울 만큼 겸손하다. 그는 성공을 꿈꿨으며 꿈을 포기할 핑계가 아무리 많아도 끝내 포기하지 않았다.

토니는 의사가 되기를 꿈꾸며 대학에 입학했지만(정확히는 척추 지압사가 되고 싶었다) 돈이 떨어져가고 기초생물학이 적성에 맞지 않자, 2학년 때 대학을 중퇴하고 영업에 뛰어들었다. 그는 열심히 일만 하면 조금씩 훌륭한 삶에 가까워질 거라고 생각했고 실제로 굉장한 삶을 살고 있다.


사랑이 넘치는 가정에서 자란 사람에게도 삶은 고단하고 성공하기 쉽지 않다. 토니의 이야기를 듣다 보면 의문이 생긴다. 그렇게 불우했던 청년이 어떻게 비즈니스 세계를 정복할 배짱을 갖게 되었을까? 빈털털이였던 청년이 어떻게 그처럼 성공할 수 있었을까? 답은 간단하다. 힘든 어린 시절을 겪으면서도 그는 좌절하기보다는 삶에서 더 많은 것을 얻고자 했고, 그 욕망이 성공의 밑거름으로 작용한 것이다. 토니는 꿈을 이루려면 우선 스스로 변화해야 한다는 것을 알았다. 성공하기 위해서는 더 큰 일을 하고 더 큰 사람이 되겠다는 결심이 필요하다. 그러한 결의, 신념, 이상을 지닌 사람은 핑계를 대거나 실패를 대비한 차선책을 마련하지도 않으며 그저 목표를 향해 달릴 뿐이다. 토니와 쌍둥이 동생 마이크가 꼭 그랬다. 더 나은 삶을 살겠다는 꿈을 바라보고 꿈을 향해 달린 것이다. 그렇더라도 그들의 첫 꿈은 비교적 작은 것이었다.

  부의 심리

형제가 아주 어린 시절, 디트로이트에 살았을 때 이런 일이 있었다고 한다. "저는 마이크와 함께 차 뒷좌석에 앉아 있었어요. 아버지가 어느 건물 앞에 차를 세우시더니 안으로 들어가셨지요. 우리는 어머니와 함께 차 안에서 기다리고 있었는데, 그때 기다란 검정색 차가 옆에 와 섰어요. 반짝반짝 빛나는 멋진 차였지요. 그런 차를 처음 본 우리는 저게 뭐냐고 물었어요. 어머니의 대답이 기억나요. '리무진이라는 거야.' 우리가 또 물었죠. '우와, 저런 건 어떻게 하면 가질 수 있어요?' 어머니는 화가 난 듯이 말했어요. '안 돼, 안 돼. 저건 마피아야. 저런 차를 모는 사람은 마피아밖에 없어.' 우리는 다시 마피아가 뭐냐고 물었죠. 어머니가 대답하셨어요. '나쁜 사람들이야. 다른 건 몰라도 돼. 마피아는 나쁜 사람들이야.'"

"토요일에 TV 앞에 앉아 운동 경기를 시청하는 아버지를 보면 아버지가 행복하지 않다는 것을 어린 나이에도 알 수 있었어요. 너무 분명했지요. 아버지 때문에 집안 분위기가 어색하고 괴로웠어요. 저는 계속해서 되뇌었습니다. '나는 이렇게 되지 말아야지. 나는 이렇게 살지 말아야지.' 그리고 내가 더 많은 것을 바라고 있다는 것을 깨달았어요. 다른 사람은 우리만큼 힘들고 절박하게 살지 않는다는 것을 알았거든요. 분명히 방법이 있을 거라고 생각했지요." 그런 깨달음을 얻는 순간 토니는 달라졌다. "부모님이 뭐라고 생각하고 뭐라고 말하든 속으로는 동의하지 않았어요. 저는 그렇게 살고 싶지는 않았으니까요. 이런 생각도 했어요. '엄마 아빠가 그렇게 생각하고 행동한다면 나는 반대로 생각하고 행동할 거야.' 부모님이 '우리는 가난해.'라고 말하면, 그게 제 얘기는 아니라고 생각했지요. 마이크와 나는 다른 삶을 살 거라고, 살 수 있다고 믿었어요. '그래요, 난 엄마 아빠와는 달라요. 나는 이 길로 갈 거예요. 엄마 아빠가 가는 길로 가지 않을 거예요. 뭔가 해내고 말 거예요.'라고 속으로 되뇌었지요."

"우리 집에서는 삶이 너무 피곤했어요. 꼭 달걀껍질 위를 걷는 것만 같았죠. 고등학교 때, 다른 가족들이 우리보다 더 행복하다는 걸 알게 됐어요. 그런 가족의 부모들은 좀 더 관대하고 자제력이 있었어요. 다정하고 긍정적이었지요. 또 아이를 학대하지도 않고 깔아뭉개지도 않는다는 것을 알게 됐어요. 나는 다른 가족들이 서로를 어떻게 대하는지 관찰했고 그제야 부모님이 저를 대하는 방식이 잘못되었음을 깨닫게 되었지요." 토니와 그의 쌍둥이 동생은 힘을 모아 삶의 변화를 꾀했다. "마이크와 저는 반 친구들에게 웃음을 주는 분위기 메이커가 되려고 했어요. 그런 식으로 시선을 끌고 관심을 받고 자신감을 키우려고 한 거예요." 또한 그것은 주변의 부정적인 요소를 물리치는 방법이기도 했다. "저는 사람을 대하기가 늘 두려웠어요. 자신감이 전혀 없었기 때문이었어요. 어떻게 해야 할지 몰라서 겁이 났지요." 하지만 부모가 가진 삶에 대한 태도를 거부함으로써 형제는 원하는 것을 찾고 그것을 향해 움직이기 시작했다. 자신감이 미약했음에도 불구하고 토니는 자신의 길을 찾고야 말겠다는 결의에 차 있었다.

이러한 의식의 변화와 함께, 토니는 주위 사람들을 새로운 관점에서 바라보고 이해할 수 있게 되었다. 그리고 이를 통해 자신의 삶도 더 잘 이해할 수 있었다. "어느 토요일에 친구 아버지의 배를 탔던 일이 기억나요. 친구에게는 남동생이 있었는데, 그 아이가 실수로 아버지의 발등에 닻을 떨어뜨렸어요. 전 그 순간을 결코 잊지 못할 거예요. 닻이 떨어지는 순간 저는 바짝 얼어서 한 발짝 물러서며 생각했지요. '이런, 저 녀석 아주 혼쭐이 나게 생겼는걸.' 그런데 친구 아버지는 고통을 참느라 눈을 크게 뜨

고서는 차분하게 말씀하셨어요. '크리스, 아프잖니. 천천히 해라.' 정말 엄청난 순간이었어요. 저는 혼자 생각했지요. '우리 아버지였으면 내 얼굴을 한 대 쳐서 날 넘어뜨린 후에 야단치고 비웃었을 텐데.' 제가 집에서 받는 대우가 사실은 부당한 것일지도 모른다는 생각이 처음으로 들었어요. 우리 집에서 벌어지는 일이 내 잘못이 아니라는 것을 알게 된 거죠."



"저는 부모님을 사랑했지만, 언제부터인가 그분들을 좋아하지는 않는다는 걸 깨달았어요. 그리고 그날 배에서 친구 아버지를 보면서 생각했지요. '이분은 전혀 다른 아버지구나.' 그 가족은 건전하고 바람직한 가족이었고, 서로 긍정적인 관계를 맺고 있었어요. 저는 그때 제가 살고 있었던 수렁에서 빠져나가기로 다짐했어요." 삶에 대한 다른 방식을 찾기로 결심하자 여러 곳에서 도움의 손길을 얻을 수 있었다. "친구 아버지가 자기계발서와 테이프를 빌려주셨어요. 그래서 성공에 대해 공부하기 시작했지요. 그 책들은 모두 마음부터 고쳐먹어야 한다고 했어요. 사람은 생각하는 대로 변하고, 믿는 대로 갖게 된다고 했지요. 그게 저를 구했어요. 타이타닉호가 빙산에 부딪히기 바로 직전에 방향을 튼 셈이었지요."

"저는 성공하고 싶었어요. 그러면 자유를 얻을 수 있을 테니까요. 이곳에서 꼭 빠져나가야 한다고 생각했어요. 제게는 어린 시절이 감옥에 있는 것처럼 느껴졌어요. 어린 시절은 재미있어야 마땅한데, 저는 그랬던 적이 거의 없었지요. 그때 성공하면 자유로워질 수 있다는 것을 알았죠. 돈이 많으면 하고 싶은 건 뭐든지 할 수 있으니까요. 그게 저의 동기였고 꿈이었어요. 저는 자유를 원했던 거예요."

풍요를 향한 토니와 마이크의 여정은, 부정적인 요소를 버리고 자신의 욕망에 충실하며 가족과는 다른 삶을 살 방법을 찾는 데서 시작되었다. 토니가 자기가치감을 갖고 성취감을 얻을 때까지는 오랜 시간과 많은 경험이 필요했다. 하지만 늘 꿈을 위해 노력하고 꿈을 이루고 말겠다는 토니의 강한 욕망은 잠시도 사그라진 적이 없었다.

마음을 따르기를 두려워한다면,
위험을 무릅쓰고 실패를 각오하기를 두려워한다면,
익숙하고 오래된 것 버리기를 두려워한다면,
진정 풍요로운 삶을 살 기회를 놓칠 수도 있다.

## 오래된 것 버리기

흥미롭게도 마커스와 토니는 행복한 결말 외에도 다른 공통점이 있다. 자신에게 맞지 않는 주변의 기대를 거부해야 했던 것이다. 마커스는 자신의 길을 걷고 개인적인 보람을 얻기 위해 사업을 물려주려는 아버지의 기대와 희망을 거부했다. 토니 역시 그가 제약적인 삶을 살 것이라는 가족의 예상을 거부했다. 그리고 또 다른 공통점은, 꿈을 찾고 그것을 끝까지 좇을 용기를 냈다는 점이다.

나는 이 두 사람에게서 중요한 것을 배웠다. 마음을 따르기를 두려워한다면, 위험을 무릅쓰고 실패를 각오하기를 두려워한다면, 익숙하고 오래된 것 버리기를 두려워한다면, 진정 풍요로운 삶을 살 기회를 놓칠 수 있다는 사실을 말이다. 게다가 자신의 정체성과 잠재력을 발견할 기회조차 놓칠 수도 있다. 우리 모두는 스스로를 제약하는 오래된 판단과 의견, 닳아빠진 태도를 버려야 한다. 변화하기 위해서는 현재의 상황을 파악하고 자신의 책임을 인식해야 한다. 낡은 생각에 빠진 채 행동하지 않는다 해도 간접적인 성취감과 안락함을 느낄 수는 있지만, 성공의 단맛을 느끼지는 못하며 가슴 벅찬 느낌도 받을 수 없다. 그리고 끝내는, 익숙하고 편안한 것을 포기하고 한 발짝 더 나아갔다면 어떻게 되었을까 하고 후회하게 될 것이다. 우리가 낡은 기대와 자아상을 버릴 때, 새롭고 더 큰 자아상과 가치가 들어설 자리가 마련될 수 있다.

자신이 누구인지, 진정 원하는 것이 무엇인지를 알면 풍요로운 삶을 살 수 있다. 그를 위해서는 진정한 자아상과 웅대한 목표에 기반한 내면의 나침반을 따라야 한다. 그 내면의 나침반을 찾기 위해서는 개인적으로 소중히 여기는 가치가 무엇인지를 고찰하고 받아들여야 한다.

# 반짝이는 개성

풍요에는 자신의 꿈을 정의하는 가치와 목표가 포함될 수 있고, 또 포함되어야만 한다. 이 점에 대해 헨리 포드가 남긴 말이 있다. "포드 자동차는 모두 똑같습니다. 하지만 똑같은 사람은 없습니다. 하늘 아래 새롭지 않은 인생은 없습니다……. 그와 똑같은 것은 전에도 없었고 앞으로도 없을 것입니다. 타인과 다른 자기만의 반짝이는 개성을 찾아서 온 힘을 다해 발전해 나가야 합니다. 사회와 학교에서는 개성을 말살하고 모든 사람을 똑같은 틀에 넣으려고 하지만 절대로 개성을 잃어서는 안 됩니다. 그것이야말로 중요한 존재가 될 수 있는 유일한 방법이니까요."

# 부의 심리는 자존감의 심리이다

**PART 04**

우리 뒤에 있는 것과 우리 앞에 있는 것은,
우리 안에 있는 것에 비하면
아주 사소하다

우리 뒤에 있는 것과 우리 앞에 있는 것은,
우리 안에 있는 것에 비하면 아주 사소하다.

헨리 데이비드 소로(Henry David Thoreau)_시인 · 사상가(1817~1862)

토니 커피스가 반짝이는 검정색 리무진을 본 날, 그는 다른 삶을 살고 싶다는 생각을 했다. 아직 꿈을 찾지는 못했지만 한 걸음 한 걸음 부정적인 것과 낮은 기대로 가득한 수렁을 빠져나오기 시작했다. 삶을 변화시키기 시작한 것이다.

## 자유로 가는 길

토니는 회고한다. "저는 더 많은 것을 원했고 자유를 원했어요." 그렇게 되기 위해서는 직업이 있어야 한다는 것을 알고 있었다. 고등학교를 졸업한 토니는 일을 즐길 수 있으면서 돈도 잘 벌 수 있는 진로를 찾기 시작했다. 그는 보험 판매자였던 친구 아버지에게서 '분급 수당'이라는 개념에 대해 들었다. "그 개념이 마음에 들었어요. 지금 한 일에 대한 대가를 차후에도 계속 받을 수 있는 거였죠." 토니가 이야기한다. "친구 아버지는 성공한 분이었고 그분이 말씀하신 것을 저도 해보고 싶었어요. 정말 대단해보였지요. 건강보험을 기업에 판매해서 기업이 돈을 절약할 수 있게 해주면 매달 일정 비율이 수당으로 지급된다는 거였어요. 한번 한 일로 매달 돈을 벌 수 있다는 게 정말 좋았지요. 일은 한 번만 하고 돈은 여러 번 받다니." 토니는 기억을 떠올리며 웃는다. "당시에는 건강보험이 뭔지도 몰랐어요. 그냥 솔깃했던 거지요. 제게는 분급 수당이 곧 자유였어요." 그렇게 씨앗이 뿌려졌다. 몇 년 후, 토니와 마이크는 분급 수당이라는 개념을 토대로 미래와 자산을 쌓아올리게 된다.

토니는 친구 아버지에게 그의 회사에서 일하게 해달라고 부탁했고, 그 일이 성사되어 토니는 영업일을 시작하게 되었다. 책상과 전화기가 생겼고 순수 수당제로 보험을 판매하기 시작했다. 그는 일자리뿐 아니라 멘토까지 얻었다. "저는 열아홉 살이었고, 제 인생은 바닥을 치고 있었어요. 돈도 없고 전망도 없고…… 아주 안 좋았어요. 그때 친구 아버지가 톰 홉킨스의 테이프를 빌려주셨는데, 《영업의 달인 되기How to Master the Art of Selling》라는 제목이었어요. 보험 판매 방법을 가르쳐주려고 제게 테이프를 주신 거였지요. 테이프의 내용은 동기 부여와 영업 교육이 섞여 있었어요. 대화를 이끌어가는 법, 질문에 답하는 법, 프레젠테이션 하는 법 등에 대해 말했지요. 첫 번째 테이프에서 톰 홉킨스가 제일 먼저 한 말은 '저는 열아홉 살이었고 우울했고 빈털터리였습니다.'라는 말이었어요. 제 상황과 완전히 같았지요. 저도 열아홉 살이었고 우울했고 빈털터리였으니까요! 저는 그 말을 듣는 순간 홉킨스와 저를 동일시했고, 틈나는 대로 테이프를 듣기 시작했어요. 그야말로 매일매일 들었지요.”

“테이프를 들으면서 성공은 마음먹기에 달렸음을 깨달았어요. 테이프를 듣는 일은 제게 정말 중요했어요. 실제 사람의 목소리로 ‘당신은 더 나은 존재가 될 수 있습니다. 그 방법을 알려드리지요.’라는 말을 들을 수 있었으니까요. 제게는 정말 필요한 일이었습니다. 그때부터 저는 스스로를 개조하기 시작했어요. 긍정적인 태도를 갖는 법도 배우기 시작했지요. 성공하는 사람의 심리와 부의 심리를 연구하고 제 자신의 잠재력에 대해서도 배웠어요.”

토니는 배운 것을 실천하면서 자신감이 붙는 것을 느꼈다. 물론 하늘에서 뚝 떨어지는 것은 없다는 사실도 알고 있었다. 열심히 일하는 동시에 항상 새로운 가능성에 열려 있어야 했다. “처음에는 톰 홉킨스 테이프만 들었어요. 그 테이프를 통해 커뮤니케이션의 기초를 배웠지요. 그러고는 배운 것을 실생활에 적용했어요. 매일매일 고객을 만나거나 보험을 판매하면서 테이프에서 들은 내용을 실천했지요. 어른들이 제 이야기에 귀를 기울이게 하는 데 성공하면 자신감이 생겼어요. 자신감 넘치는 사람들을 보는 것도 자존감 함양에 도움이 되었어요. 그런 사람들이 실제로 존재하는 것을 알게 되자 ‘나도 할 수 있겠구나.’라는 생각이 들었고, 다음 질문은 ‘어떻게 해야 할 수 있지?’였지요.”

성공을 향해 한 걸음 더 내딛는 법을 배우기 위해 토니는 다른 테이프를 듣기 시작했다. 이번에는 브라이언 트레이시의 《성취의 심리학The Psychology of Achievement》이었다. “그 테이프는 심리를 다루고 있었기 때문에 제게 도움이 되었습니다. 우리의 사고방식이 어떻게 형성되는지에 대한 말해주었지요. 그리고 그때는 미처 몰랐지만 그 테이프는 제게 그저 성공의 심리만 가르친 것이 아니었어요. 마치 심리 상담을 받는 것과도 같았지요. 그 테이프를 들으면서 제 인생이, 그리고 제 사고가 왜 그렇게 되었는지 이해할 수 있었어요. 평생 동안 제 두뇌에 엉뚱한 내용이 주입되고 있었음을, 그리고 그걸 바꿀 수 있다는 사실을 깨달았죠. 제가 자신에게 부정적으로 이야기하고 있다는 것도 깨달았어요. 긍정적인 말로 이야기를 해야 하는데 말이죠. 저는 생각하고 행동하는 방식을 바꾸기 시작했어요. 테이프 몇 개에 든 내용을 통째로 외울 정도로 듣고 또 들었지요. 그리고 배운 것을 매일 실천했어요."

너무도 놀라운 경험을 한 토니는 남들에게도 이것을 알려주려고 했다. "매일같이 친구들에게 이야기하곤 했어요. '이거 꼭 한번 들어 봐. 우리는 성공할 수 있어. 진짜 해낼 수 있다고.' 그러면 친구들은 절 비웃었지요. 열아홉 살짜리가 동기 부여 테이프를 듣고 있었으니 말이에요. 친구들은 제게 조용히 하라고 말하고는 음악을 들었어요. 그들은 절 아리스토텔레스라고 불렀어요. 철학적인 내용이나 듣고 있다며 조롱조로 붙인 별명이었죠."

그러나 토니는 그런 테이프와 책을 통해 개인 코치를 둔 셈이었다. "제가 읽은 책 중 도움이 된 다른 책은, 데일 카네기의 《카네기 인간관계론 How to Win Friends and Influence People》과 나폴레온 힐의 《부의 비밀Think and Grow Rich》이었어요. 이 네 명의 명사가 제게 동기를 부여해주고 긍정적인 사고를 할 수 있게 해주었지요. 커뮤니케이션 기술도 가르쳐주었어요. 들는 방법, 말하는 방법, 사람들과 유대 관계를 형성하는 방법 말이에요. 그렇게 배운 기술을 매일매일 써먹을 수 있었고 실제로 효과가 있었지요. 저는 한 걸음 한 걸음, 수렁에서 빠져나오기 시작했고 그렇게 제 인생을 구했지요."

물론 의도한 것은 아니겠지만 토니의 친구들이 한 말이 맞았다. 아리스토텔레스가 오늘날 살아 있었다면 동기 부여 테이프를 만들고 있을 것이다. 아리스토텔레스가 기원전 4세기에 말했듯이 말이다. "첫째로 분명하고 뚜렷하고 현실적인 목표를 가져라. 둘째로 지혜, 돈, 재료, 방법 등 목표 달성에 필요한 수단을 손에 넣어라. 셋째로 모든 수단을 그 목표에 집중하라."

## 자존감은 어떻게 함양할 수 있는가

토니는 내가 이 책을 쓰면서 만난 사람 중 가장 분명하게 부의 심리란 본질적으로 자존감과 자부심의 심리라는 것을 보여주었다. 우리 문화에서는 흔히 부를 돈과 자산의 축적이라고 하지만, 진정한 부와 풍요는 무형의 심리에 좌우된다. 그리고 다행스럽게도 우리가 풍요로운 삶을 일구기 위해 해야 하는 일은 자존감과 자기가치감과 자부심을 키우는 일이기도 하다. 이런 강력한 개념들을 배워서 매일 실천한 것이 토니의 성공에 있어 핵심적인 역할을 했다. 나중에 자세히 말하겠지만 토니의 이야기는 아직 끝나지 않았다. 토니가 그 뒤에 겪은 우여곡절이 부의 심리를 더욱 깊이 이해하는 데 도움이 될 것이다.

자존감과 자기가치감은 어떻게 형성되는가? 애석하게도 돈이 자기가치감에 과도한 영향을 미치는 경우가 많다. 사람들은 돈이나 자산을 더 모으면 부자가 된 느낌이 들 것이라 생각한다. 예를 들어, 어떤 사람들은 급여 인상을 받으면 비로소 자존감이 느껴질 거라 생각한다. 이렇게 생각하는 사람은 경제적으로 어려움을 겪거나 경제적인 목표 달성에 실패하면 한없이 작아진다. 나는 지난 몇 년 동안 고객 중에서 그런 사람들을 여럿 보았는데, 개중에는 부유한 사람도 있었다. 그들은 무언가가 결여된 느낌을 받고, 더 큰 집을 사거나 자녀를 더 비싼 학교에 보내야만 잘사는 사람들의 대열에 낄 수 있다고 생각한다. 그러나 아무리 물건을 사들이고 세속적 지위가 높아지더라도 내면의 공허감은 채워지지 않는다. 역설적으로 보일지 모르겠지만 그들의 이러한 믿음은 풍요로운 삶을 이루고 잠재된 능력을 실현하는 데 방해가 된다.

소속감, 가치감, 안정감을 경제적 성공과 연관시키기가 쉽다. 우리 사회는 〈포춘〉 선정 500대 기업 목록부터 우리의 집단 심리 깊은 곳에 이르기까지 그 관련성을 공개적·비공개적으로 역설한다. 물론 기본적인 경제력을 갖추면 개인적인 불안감이 어느 정도 해소되는 것은 확실하다. 그러나 결국은 단순히 돈이 많다고 해서 내적인 안정감과 가치감이 생기지는 않는다는 사실을 알게 된다. 돈이 여러 모로 도움이 되기는 하지만 우리의 자기가치감에 장기적인 영향을 미치지는 못하는 것이다.

심리학자이자 부 상담가인 시프라 버크가 이런 말을 한 적이 있다. "돈은 개인적 문제를 해결해주지 않는다. 돈은 돈 문제를 해결할 뿐이다."[1] 버크의 말에 따르면, 부자들은 그만한 재산을 소유할 자격이 없다는 막연한 부담을 느낀다고 한다. 이를 보면, 우리가 느끼는 자신의 가치는 경제적 이익을 어떻게 얻었느냐, 노력을 통해 서서히 얻었느냐에 어느 정도 좌우되는 듯하다. 앞에서 살펴보았듯이 상속이나 복권 당첨 등을 통해 갑자기 큰돈을 손에 넣은 사람은 무가치함을 느끼기 쉬우며, 흔히 '졸부증후군 Sudden Wealth Syndrome(급작스러운 부의 축적으로 불안감이 유발되고 그 불안이 불신, 소외감, 공허감 등을 유발한다_편집자주)'을 경험한다. 재산이 갑자기 불어나면서 길을 잃고 방황하기 시작하는 것이다. 부의 축적을 통해 자신의 가치를 높이려 하거나 소유한 재물의 양으로 부를 정의하려고 한다면 끝없는 불만과 패배감이 따를 뿐이다.

온전하고 확고한 자아의식 없이는, 재산도 성공도 손에 넣기 힘들다. 돈만 있으면 자기가치감이 생길 거라 생각하는 것은 '자존감을 기르기 위해서는 재산이 있어야 하지만 재산을 축적하려면 자존감이 있어야 한다'는 진퇴양난의 상황에 빠지게 된다. 실제로 재산이 있다고 해서 자부심이나 자존감이 저절로 생기지는 않는다. 오히려 자부심과 자존감은 진정 부유하고 풍요로운 삶을 살기 위한 전제 조건이라 할 수 있다.

부의 심리는 자부심과 자존감의 심리이다.

## 자존감은 의식의 면역체계이다

자존감은 인간의 기본적 욕구이다. 자존감이 없으면 제대로 살수가 없다. 건실한 자존감이 있으면 삶의 난관에 대처하는 능력에 자신감

　　　　　　　　　　　　　　　　　　　　　　부의 심리

을 갖게 되고, 효율적으로 기능하며 삶을 통제할 수 있다. 그리고 자신의 능력을 믿기에 어느 정도의 성공을 기대할 수 있다.

심리학자 나다니엘 브랜든은 자존감이 자신감과 자부심이라는 두 가지 속성이 결합된 것이라고 말한다. 실제로 자부심은 자존감의 가장 핵심적인 요소이다. 자부심이 있는 사람은 자신이 가치 있는 존재로서 행복과 성취와 사랑을 얻을 자격이 있다고 생각한다. 브랜든은 이렇게 말한다. "나는 자존감이 의식의 면역체계라고 생각한다. 면역체계가 건강하다고 해서 병에 전혀 걸리지 않는 것은 아니지만, 병에 걸릴 확률을 낮출 수 있고 병에 걸린다 하더라도 회복이 빠르다. 심리도 그와 마찬가지이다. 자존감이 강한 사람은 삶의 역경을 빨리 극복할 수 있다."[2] 자기 자신과 본인의 성취에 만족하는 사람은 있는 그대로의 자신에게서 기쁨을 느낀다. 그런 사람은 심호흡을 몇 번 한 후에 성공할 수 있다는 자신감을 가지고 역경을 헤쳐 나간다. 목표를 하나하나 이룰 때마다 자부심이 커지고 그에 따라 잠재적 실현 능력도 성장한다.

자존감과 자부심에 대한 기본적인 욕구가 충족되지 않으면, 우리는 쉽게 포기하고 남을 탓하며 덜 노력하고 때로는 목표 달성에 실패한다. 외향적인 사람에게 낮은 자존감은 자만, 독선, 조작, 허풍으로 드러난다. 그런 행동은 허무함을 벌충하려는 헛된 시도일 뿐이다. 그 외에도 자존감이 낮은 사람은 자신을 심하게 비판하거나 습관적으로 자신의 성취에 불만족을 드러내는 경향이 있다. 내향적인 사람이 자존감이 낮으면, 타인을 만족시키려는 욕구가 지나치게 강하고 타인의 기분을 상하게 할까 봐 거절을 하지 않으려는 경향을 보인다. 자존감이 낮은 사람은 실수를 지나치게 두려워한 나머지 모험을 하지 않으려 한다. 이런 성향은 보람차고 풍요로운 삶을 일구는 데 내적인 장해물이 되며, 궁극적으로 성공에도 방해가 된다. 한마디로, 부의 심리를 형성하기 위해서는 튼튼하고 건강한 자존감이 필요하다. 그래야만 과감히 모험에 도전할 수 있고 앞으로 나아가기 위해 온 힘을 다할 수 있기 때문이다.

## 최고의 방법은 행동하는 것이다

원하는 대로 삶을 일구기 위해 필요한 자존감이 없다면 어떻게 해야 할까? 여기 좋은 소식이 있다. 풍요로운 삶을 일구기 위해 밟아야 하는 단계가 곧 자신감과 자기가치감을 강화하기 위해 밟아야 하는 단계라는 사실이다. 그렇다. 풍요롭고 성공적인 삶을 일구는 과정은 자존감을 함양하는 과정과 똑같다. 한 번에 한 걸음씩, 한 번에 목표 하나씩 앞으로 나아가는 것이다.

로버트 리즈너는 자존감에 대한 전문가다. 전미자존감협회의 협회장을 역임했던 리즈너는 학교 행정관으로 재직했으며 미국 전역의 학교에서 채택한 자존감 측정·함양 모델을 개발했다. 리즈너의 말에 따르면, 진정한 자존감은 "의미 있는 일을 성취하고, 역경을 극복하고, 실패를 이겨내고, 책임을 지고, 도덕성을 지키는 것에서 비롯된다."고 한다. 그는 또 이런 말을 덧붙인다. "자존감을 단순히 자신을 '좋게 생각하는 것'으로, 또는 자신에 대해 긍정적인 생각을 갖는 것으로 정의하는 사람들이 있습니다." 이와 같은 불완전한 이해는, 자녀의 성취와 관계없이 무조건 칭찬을 퍼부으면 자존감을 함양할 수 있다는 잘못된 전략에서 비롯된 것이다. "자존감 함양은 항상 현실에 근거해야 합니다."라고 리즈너는 말한다. 타인이

 부의 심리

개인에게 진정한 자존감을 심어주는 것은 불가능하다. 자존감은 우리 스스로가 경험을 통해 함양하는 것이다.

토니 커피스의 경험을 통해 본 효과적인 자존감 함양 방법은, 사고방식에 대한 인식을 높이고 자신과 타인에 대해 생각하거나 말할 때 부정적인 말 대신 긍정적인 말을 의식적으로 사용하는 것이다. 행복하고 성공한 사람들과 긍정적인 메시지로 자신의 주위를 에워싸는 것은 자기가치감을 높이는 강력한 방법이다.

우리는 그저 살아 있음으로 인해 가치를 지닌다. 우리의 자아상이 손상되었거나 약하다면 다시 강화하면 된다. 자존감은 익히고 성장시킬 수 있는 것이며 이를 위한 최고의 방법은 행동하는 것이다. 자존감은 성취를 통해 함양되기 때문이다. 어렵거나 창의적이거나 까다로운 일을 성취하면 가장 엄격한 비평가인 자기 자신에게 능력을 증명할 수 있다. 작은 성취라도 계속하기만 한다면 비록 그 과정에서 고꾸라진다 해도, 무언가를 성취하는 능력과 내면의 힘, 끈기를 기르는 방법을 체험하게 된다. 이 같은 단계적 과정을 거치는 것이야말로 자존감과 자부심을 함양하는 가장 좋은 방법이다. 실제로, 가끔씩 실패하고 넘어지는 것이 자존감을 키우는 최고의 방법일지도 모른다. 지난 10년간의 여러 연구를 통해 사람은 역경을 겪으며 강해진다는 것이 증명된 바 있다. 인간은 난관과 좌절을 성장의 기회로 바꿀 수 있는 회복력을 가지고 태어난다. 그러므로 우리는 성공과 풍요를 이루기 위한 여정에서 실수를 했다고 자책하기보다는 실수와 잘못으로부터 배워야 한다. 좌절과 역경에서 교훈을 얻게 된다면 앞으로 나아갈 힘을 얻어 목표에 더 빨리 가까워지고 더 나은 삶을 살 수 있다.

월트 디즈니가 이런 원칙의 좋은 예다. 지칠 줄 모르는 혁신가였던 디즈니는 높은 이상을 실현함으로써 세계의 문화를 바꿔놓았다. 대중에게 사랑받는 우상으로서 아카데미상을 무려 26번 수상했고 의회 훈장을 받았으며, 로스앤젤레스에는 그의 이름을 딴 음악회장도 생겼다. 그러나 디즈니는 자신의 삶이 참담한 실패와 좌절, 파산, 우울증으로 점철되어 있었음을 인정했다. 그의 결론은 무엇일까? 디즈니가 남긴 말이다. "삶에서 만난 모든 역경, 모든 어려움과 장애물이 나를 강하게 만들었다. 닥쳤을 때는 실감하지 못하겠지만, 좌절이야말로 세상에서 가장 좋은 것일 수도 있다."

역경을 자초하고 싶은 사람은 없겠지만, 우리는 힘들고 고단한 역경으로부터 많은 것을 배울 수 있다. 이때 가족이나 이웃과의 유대감이 뒷받침된다면 더욱 좋다. 글렌 H. 엘더와 랜드 D. 콘저는 2000년, 아이오와 주 몇 개 군郡의 자료를 통해 1980년대와 1990년대에 있었던 극심한 농업 위기가 전원 지역에서 자라난 아이들에게 어떤 영향을 미쳤는지를 연구했다.[3] 놀랍게도 그 아이들 대부분이 학업적으로 훌륭한 성과를 거두고 성공으로 가는 길을 탄탄히 닦았음이 밝혀졌다. 흥미로운 것은 이 아이들이 어려움을 딛고 훌륭한 성인으로 자라날 수 있었던 배경이다. 아이들은 '비물질적 목표'를 중시하는 가족 문화 내에서 부모와 강한 유대관계를 형성하고 있었고, 삶에서 가장 소중한 것은 돈이 아니라는 사실을 배우며 자랐다. 또한 그들은 생산적인 일을 해야만 하는 상황에 처해 있었으며 어려운 일에 맞부딪혀 그것을 극복함으로써 자기 자신의 가치를 발견했다. 자존감과 자부심을 형성하고 강화하는 최고의 방법을 경험한 것이다.



## 한 걸음, 거기서부터 시작하면 돼

내 친구 레니 알사테는 20대 중반까지만 해도 삶의 목표가 없었다. 그녀의 어머니에 따르면, 네바다 주 라스베이거스에서 자란 레니는 10대 시절 못 말리는 '날라리'였지만 왕성한 호기심과 지식에 대한 갈증을 가진 아이였다고 한다. 대학에서 심리학 학사 학위를 딴 레니는 고민하기 시작했다. "이제 어떻게 해야 하지?" 늘 독서를 좋아했던 레니는 법에 흥미를 느끼고 변호사가 되는 것을 진지하게 고민했다. 하지만 레니의 과거가 아직도 그녀의 자아상에 영향을 미치고 있었다. 날라리였던 자신이 변호사가 될 수 있을 것 같지 않았기 때문이다. 그녀는 예전부터 법조계 직업을 가슴 한 켠에 품고 있으면서도 그것은 그림의 떡일 뿐이라고 생각했다. 그런데 성인이 되어 앞길이 막막해지자 이 꿈에 대해 다시 생각하게 된 것이다. "법조인이 될 수 있을지도 몰라."라고 레니는 생각했다. "로스쿨에 지원이라도 해볼까? 합격하면 거기서부터 시작하면 되니까."

놀랍게도 레니는 가장 가고 싶었던 학교 중 한 군데에 합격했다. 일단 한 고비를 넘긴 레니는 다음 걸음을 디뎠다. 고액 대출을 신청하고 그 외의 재원을 총동원해 등록금과 교재비를 마련한 것이다. "변호사가 되지 못한다 하더라도 뭔가를 배울 테니까, 인생을 개척할 준비는 할 수 있을 거야."라는 생각이었다. 내가 레니를 만난 것은 그녀가 로스쿨을 졸업한 직후 변호사 시험공부를 하고 있을 무렵이었다. 전염성 있는 웃음만큼이나 집중력과 결의가 빛나던 이 젊은 여성은 한 번에 한 걸음씩 자신감과 자존감을 점차 형성해가는 원리를 몸소 증명하고 있었다. 얼마 후, 레니는 자신의 결의와 노력이 결실을 맺었다고 전했다. 변호사 시험에 한 번에 합격한 것이다. 그런 학생은 급우 중 10퍼센트밖에 되지 않는다고 했다. 변호사 자격증을 얻은 레니는 일자리를 구하는 수많은 미취업 변호사 중 한 명이 되었다. 그러나 성공한 법조인이 될 수 있다는 자신감만큼은 훨씬 강해졌다.

처음에 생계를 유지하기도 힘들었던 레니는 이 일 저 일 닥치는 대로 하며 돈을 벌었다. 세차하는 일을 하고, 다른 변호사 사무실에서 임시직으로 근무하는 등 능력에 훨씬 못 미치는 일을 했지만 그 과정에서 레니는 강해졌다. 시작은 남보다 늦었을지언정 앞을 향해 착실히 한 발자국씩 나아가고 있다고 생각하며 긍정적인 태도를 버리지 않았다. 좌절과 경제적 어려움에도 불구하고 계속 최선을 다했다. 성공하는 구체적인 방법은 몰랐지만 어려운 일에 도전하고 장애물을 극복할 수 있다는 것을 스스로에게 증명해보였고, 약간은 무리하다시피 노력하는 그 과정에서 자신에 대한 믿음이 조금씩, 그러나 끊임없이 자라고 있었다.

몇 달간 성취감이 없는 일을 한 끝에, 레니는 자신의 학력과 꿈에 보다 걸맞은 기회를 얻었다. 규모 있는 중소 부동산 법률회사로부터 입사 제안을 받은 것이다. 회사의 파트너들은 곧 레니의 재능과 열정을 알아보았다. 레니는 입사한 지 1년이 채 안 되어 선임 변호사로 승진했고, 고용주들은 레니의 이름으로 회사를 차려 주었다. 레니는 변호사 시험에 합격한 지 고작 2년 만에, 긴 고객 명단과 신생 회사를 소유하게 된 것이었다. 꿈을 이룬 레니는 소중하게 여기는 일을 하면서 넉넉한 수입을 누리고 있다.

재정적인 자원이 거의 없었음에도, 레니는 법률에 대한 관심 하나만 믿고 모험을 감행했다. 장차 상황이 어떻게 전개될지는 그녀 자신도 잘 모르고 있었다. 자신에 대한 의심을 잠시 내려놓고 목표를 향해 한 발자국 한 발자국 내딛으며 앞으로 나아갔을 뿐이다. 그리고 그 길에서 강하고 유능한 젊은 여성을 만나 계속 나아갈 힘을 얻었다. 그 젊은 여성은 바로 레니 자신이었다.

## 우리 자신에 대한 투자

진정한 풍요를 이루기 위한 자존감이 물질적인 소유물과 별로 관계가 없는 것처럼 보일지 몰라도, 때로는 신중하고 현명한 소비가 자존감을 고취시키기도 한다. 예컨대 면접을 위해 새 정장을 산다거나, 성능이 좀 더 검증된 자동차를 사기 위해 계획적인 대출을 받는다거나, 고객 만족 역량을 강화하기 위해 컴퓨터를 업그레이드하는 것 등이 그렇다. 이런 종류의 투자를 신중하고 의식적으로 한다면 자존감과 자부심을 높일 수 있다. 우리가 훌륭하고 성공한 사람의 모습(복장을 통해서든 태도를 통해서든 사용하는 도구를 통해서든)을 보이면 세상이 그에 맞게 우리에게 반응하기 때문이다. 그런 주변의 반응을 통해, 우리는 자신감을 강화하고 나아가 다른 사람에게도 신뢰를 줄 수 있다.

내가 어렸을 때 우리 외할아버지는 옷차림에 대한 투자의 중요성을 몸소 보여주셨다. 옷차림이야말로 자신감을 높이고 다른 이에게 긍정적인 인상을 줄 수 있는 쉽고도 강력한 방법 중 하나이다. 외할아버지는 여유가 되는 한도 내에서 가장 좋은 옷을 사셨다. 외할아버지가 입으셨던 고급 맞춤 정장과 넥타이가 아직도 기억난다. 외출을 하실 때면 항상 최상의 모습을 보이려고 노력하셨다. 1960년대 테네시 주의 흑인 교장으로서 의식적인 연출이었으며, 그 효과도 대단했다. 외할아버지는 백인과 흑인이 섞여 살던 지역 사회에서 명망이 높아 군郡 교육위원회 위원으로 선출되기도 하셨다. 물론 더 큰 이유는 외할아버지의 능력과 지성, 타고난 자신감이었겠지만 그 역할에 어울리는 옷차림도 전혀 무관하지는 않았을 것이다.

### 달콤한 복수

자존감 및 자부심을 형성하는 또 다른 핵심 요인은 좋아하는 것을 표현할 방법을 찾는 것이다. 열정은 발전성과 흡인력, 화합의 힘을 지녔다. 미국에서 엄청난 성공을 거둔 기업가 중 한 명인 도널드 트럼프는 이와 관련해 좋은 말을 했다. 트럼프는 일에 대한 열정이 진정한 부를 이루는 열쇠라 말한다. "일을 좋아하면 더 열심히 일하게 되고 더 열심히 노력하게 된다. 그러면 일을 더 잘 하게 되고 삶을 더 즐기게 된다. 내가 아버지에게서 받은 돈으로 사업을 시작했다고 생각하는 사람들이 많다. 하지만 사실 그때 나는 거의 파산 상태였다. 아버지는 내게 많은 돈을 주는 대신, 부자가 되는 방법을 가르쳐주셨다. 그것은 바로 좋아하는 일을 열심히 하라는 것이었다."[4]

대학교 시절, 노래를 좋아하는 네이슨이라는 친구가 있었다. 친구들과 함께 네이슨의 차를 탈 때면, 그는 라디오를 켜고 유행가를 따라 부르곤 했다. 문제는 네이슨이 노래를 잘하지 못한다는 것이었다. 나와 친구들은 네이슨의 어설픈 노래를 듣는 데 지쳐 계속 불평을 했고, 결국은 그의 차를 타지 않게 되었다. 우리는 그 후로도 가끔, 네이슨이 큰 소리로 노래를 부르면서 차를 몰고 캠퍼스를 돌아다니는 모습을 보았다. 그는 노래를 잘 부르지는 못했지만 늘 열심이었다. 네이슨의 세레나데를 피해 다닌 지 약 1년이 된 어느 날, 어쩔 수 없이 그의 차를 얻어 타야 할 일이 생겼다. 언제나처럼 라디오가 켜져 있었고, 네이슨이 노래를 따라 부르기 시작했다. 우리는 깜짝 놀랐다. 그 노래를 실제로 부른 가수만큼이나 네이슨이 노래를 잘 하게 된 것이었다. 네이슨은 우리가 그의 뛰어난 노래 실력에 놀란 것을 알아차렸다. 다음 노래가 시작되자 우리는 그 멋진 목소리를 한 번 더 들려 달라고 요청했다. 하지만 우리가 그의 노래 때문에 한동안 그 차를 타지 않았던 것을 알고 있었던 네이슨은 씩 웃더니 우리의 청을 거절했다. 네이슨의 달콤한 복수였다.

네이슨은 노래에 대한 열정과 끊임없는 연습을 통해 결국 타고난 자신의 목소리를 바꾸었다. 그는 우리를 놀라게 한 지 얼마 되지 않아, 캠퍼스 안팎에서 연주를 하는 지역 인기 밴드의 리드싱어가 되었다. 나는 비명을 지르며 환호하는 수많은 관객 앞에서 네이슨이 놀라운 기교를 선보이며 공연하는 것을 몇 번인가 보았다. 나중에 네이슨의 밴드는 전미순회공연에서 극찬을 받았다. 그는 친구들이 자신에게 재능이 없다고 생각했다는 것을 잘 알고 있었다. 사람들이 대개 그렇듯, 우리도 노래를 잘 부르는 것은 타고난 재능이라고 생각했던 것이다. 하지만 네이슨은 자신을 믿고 매일매일 자동차 계기판과 샤워 커튼을 관객 삼아 연습을 했다. 한 주 한 주가 지나면서 네이슨은 노래 실력이 좋아지는 것을 느꼈다. 그는 목소리라는 도구를 사용해 부단히 연습하여 실력을 쌓았고, 그것이 결국 재능이 된 것이다. 나는 네이슨을 통해 자신감, 끈기, 열정만 있으면 아무리 멀어 보이는 목표라도 달성할 수 있다는 사실을 실감했다.

좋아하는 것을 찾아야 합니다.
연애뿐만 아니라 일에 있어서도 마찬가지입니다.
일은 삶에서 큰 부분을 차지하므로 진정 만족스러운 삶을 살기 위해서는
스스로 훌륭하다고 생각하는 일을 해야만 합니다.
또 훌륭한 일을 하기 위해서는 그 일을 좋아해야 합니다.
아직 그런 일을 발견하지 못했다면 계속 찾으십시오.
안주해서는 안 됩니다. 좋아하는 일을 발견하는 것도
마음의 문제인지라 그것을 발견하는 순간 단번에 알 수 있습니다.
다른 좋은 관계가 모두 그렇듯이
시간이 지나면 지날수록 더 좋아집니다.
그러므로 그런 일을 발견할 때까지 계속 찾으십시오.
안주하지 마십시오.

2005년 6월 12일 스탠퍼드 대학 졸업식 연설
스티브 잡스(Steve Jobs)_애플사 설립자 · 공학자(1955~2011)



부의 심리

# 작은 발걸음

〈석세스〉의 발행인 대런 하디는 '작은 발걸음' 원칙을 강하게 설파한다. "자기 삶을 추적하기 시작하면 자기가 잘하고 있는 아주 작은 일, 그리고 잘못하고 있는 아주 작은 일에 주의를 집중하게 된다. 또한 아무리 작은 경로 수정이라도 끊임없이 실천한다면 시간이 흐른 후 놀라운 결과를 얻게 된다. 하지만 즉각적인 성과를 기대해서는 안 된다. '작은 경로 수정'이라는 것은 보이지 않을 정도로 작은 것을 말하는 것이다. 아마 당분간은 아무도 그 변화를 모를 것이다. 박수를 쳐주는 사람도, 축하 카드를 보내거나 상을 주는 사람도 없을 것이다. 그럼에도 결국은 그 모두가 결합되어 대단한 결과를 낳는다."

> 머릿속에는 뇌가 있고 신발 속에는 발이 있어.
> 너는 마음껏 가고 싶은 방향으로 갈 수 있어.
> 너는 너야. 그리고 너는 너를 알지.
> 어디로 갈지 결정하는 건 너야.
>
> 〈어디로 가게 될지!Oh, the Places You'll Go!〉,
> 닥터 수스(Dr. seuss)_미국 동화작가

성공한 이들의 삶을 매일같이 접하는 대런은 그 원칙을 뼈저리게 깨우쳤으며, 그 역시 작은 발걸음의 원칙을 매 순간 실천하고 있다. "시간이 흐른 후 결실을 맺는 것은 바로 그런 작은 노력 덕분이다. 즉, 아무도 보지 않을 때 승리를 위해 공을 들이고 준비해야 한다. 하지만 결과는 대단하다. 우승마는 코 하나 차이로 우승하지만 상금은 10배나 더 받는다. 그렇다고 해서 그 말이 10배 더 빠른 걸까? 아니다. 아주 조금 빠를 뿐이다. 경주로를 조금 더 돌고, 말 사료를 조금 더 신경 써서 준비하고, 기수가 조금 더 노력한 것이 모두 결합되어 조금 나은 결과를 낳은 것이다."[5]

선구적인 심리학자인 에이브러햄 매슬로우Abraham Maslow는 자존감이 있으면 자신감과 자비심, 낙관을 갖고 살아갈 수 있다고 말했다. 자존감이 있으면 더 높은 목표를 향해 노력할 수 있으며 목표 달성을 위한 모험도 감행할 수 있다. 자존감을 고취하는 것은 곧 행복한 삶을 사는 능력을 키우는 것이다. 또한 자존감과 자부심이 있어야만 잠재력을 실현하고 정서적, 창의적, 내적 역량을 최대로 발휘할 수 있다. 그 과정에서 한 걸음 내디딜 때마다, 작은 목표를 달성할 때마다, 더 높이 뛰어오르려 했다가 좌절할 때마다, 빚을 갚을 때마다, 우리는 자신의 능력에 대해 조금씩 알게 되고 스스로 정의한 성공과 풍요로 가는 길을 조금씩 닦아갈 수 있다.

> **자존감이 높은 사람의 특성**
>
> - 실패로부터 배운다.
> - 다른 관점에 열려 있다.
> - 자신의 판단을 믿는다.
> - 자기 행동에 책임을 진다.
> - 현재를 산다.
> - 다른 사람과의 차이를 받아들인다.
> - 자신의 강점과 약점을 안다.
> - 도전과 모험을 한다.
> - 가진 것에 감사한다.

- 변화를 두려워하지 않는다.
- 자신의 문제 해결 능력을 믿는다.
- 도움 청하기를 꺼리지 않는다.
- 문제가 생기기 전에 행동한다.
- 목표를 달성할 때까지 인내한다.
- 솔직하게 이야기하는 것을 두려워하지 않는다.

## 자존감이 낮은 사람의 특성

- 비판에 지나치게 민감하다.
- 실수를 저지르면 자책감에 빠진다.
- 자기 환경에 대해 다른 사람 탓을 한다.
- 피해 의식이 있고 죄책감을 자주 느낀다.
- 다른 사람을 자주 비난한다.
- 자기 성과를 자랑한다.
- 다른 사람에 대해 우월감이나 열등감을 느낀다.
- 모험을 피한다.
- 변화를 두려워하고 불안감을 느낀다.
- 타인의 기분을 거스를까 봐 거절을 하지 못한다.
- 쉽게 결정을 내리지 못한다.
- 과거에 집착하거나 미래를 걱정한다.

## 자존감 평가하기

약간의 시간과 펜 하나, 종이 몇 장, 솔직함만 있으면 간단하게 할 수 있는 자존감 평가 방법이 있다. 왜 컴퓨터나 태블릿 같은 기기를 사용하라고 하지 않는지 궁금한가? 이유는 간단하다. 종이에 직접 글을 쓰면 머리와 마음, 손이 조금 더 긴밀하게 연결되기 때문이다.

**1. 자신에 대한 목록 네 개를 만든다.**
- 가장 훌륭한 자질 10가지를 쓴다.
- 개선하고 싶은 점 10가지를 쓴다.
- 가장 중요하게 여기는 것 10가지를 쓴다.
- 지금 안고 있는 가장 큰 문제 10가지를 쓴다.

**2. 목록을 검토한다**

대답 하나하나를 〈자존감이 낮은 사람의 특성〉, 〈자존감이 높은 사람의 특성〉과 비교해본다.

**3. 강화한다**

높은 자존감을 나타내는 대답 옆에 그것을 강화할 수 있는 방법을 한 가지씩 쓴다.

**4. 개선한다**

낮은 자존감을 나타내는 대답 옆에 그것을 바꿀 수 있는 방법과 그것을 언제 어떻게 실천할 것인지 쓴다. 여기서, 어렵고 창의적이고 발전적인 일을 한 단계 한 단계 해나감으로써 자존감을 함양할 수 있다는 사실을 기억하자.

**5. 즉시 행동한다**

강화 및 개선을 위한 행동을 즉시 시작한다. 내일이나 다음 주, 다음 달, 다음 해로 미루지 말자. 시작하기에 가장 좋은 때는 바로 지금이다.

이 연습을 통해서 자신의 자존감을 평가하고 조금씩 고취할 수 있으며 같은 방법으로 발전을 확인할 수도 있다. 확인하는 것 자체가 자존감 고취에 도움이 될 것이다.

# 선택과 책임

**PART 05**

우리가 먹여서 기르는 것,
그것은 살아남고 성장하여
현실이 될 것이다

개울과 바위의 싸움에서는 개울이 항상 이긴다.
그 비결은 힘이 아니라 끈기이다.

H. 잭슨 브라운(H. Jackson Brown)_싱어 송 라이터 · 반핵 운동가


번창하는 다국적 기업의 공동 설립자이자 훌륭한 아버지이며, 많은 이들의 사랑과 존경을 받는 토니 커피스를 보면, 자기 삶을 온전히 즐기는 이의 모습을 볼 수 있다. 그는 자신의 책임을 받아들이고 강한 끈기만 지니고 있다면 난관을 극복할 수 있음을 알고 있다. 건강하고 효과적인 부의 심리를 형성하기 위해서는 남들이 해줄 수 없는 일을 책임지고 해야 하며 어떤 상황에서도 이상을 지키며 절대로 포기하지 않아야 한다.


## 구함으로써 얻다


토니 커피스는 태어난 순간부터 운이 좋지 않았다. "저와 쌍둥이 동생 마이크는 미숙아로 태어났습니다. 45년 전에는 미숙아의 생존율

 

이 요즘만큼 높지 않았지요. 저와 마이크 중에서 제가 먼저 세상에 나왔습니다. 새파랗게 질려서는 숨도 쉬지 않았고 아주 약해보였다고 하더군요. 의사마저 '아이를 그냥 보내주세요.'라고 말했다고 합니다. 성인이 된 후에 그때의 의사를 만났습니다. 그 의사와 우리를 낳아준 친어머니에게서 그 이야기를 직접 들었지요. 산모는 아기를 보면 눈이 빛난다는 걸 아십니까? 우리 어머니는 막 태어난 나를 보고는 '이럴 수가.' 하고 그냥 눈을 돌렸다더군요. 그때 간호사가 다른 아이가 또 나오고 있다는 걸 발견했습니다. 그때까지 어머니가 쌍둥이를 임신하고 있었다는 걸 아무도 몰랐던 거지요. 둘의 심장이 동시에 뛰어서 심장이 하나인 줄 알았다고 합니다. 의사의 말에 따르면, 쌍둥이 분만이 그때가 처음이었다더군요. 그는 첫 쌍둥이를 잃고 싶지 않은 마음에 최선을 다해 우리를 살려냈다고 합니다."

"그런 이야기를 듣다 보니 이런 생각이 들었습니다. '잠깐, 우리가 쌍둥이라는 것을 알고 나서야 살려야겠다는 생각이 들었다고요? 절 그냥 보내려고 했다고요?' 의사의 본뜻은 그게 아니었을지도 모르겠지만 어쩔 수 없이 이런 생각이 들더군요. '왜 모든 아이를 최선을 다해 살리려고 하지 않죠?' 어쨌든 우리는 둘 다 매우 작았습니다. 인큐베이터에 들어가야 했고, 심장박동에도 이상이 있었지요. 수술도 받아야 했습니다. 여러 모로 상황이 좋지 않았어요. 그 와중에 유일하게 긍정적인 것이 있었다면 우리가 결국 살아남았다는 거였어요!"

토니와 마이크는 살아남았지만 매우 힘든 어린 시절을 보냈다. "누나인 아네트가 세 살, 저와 마이크가 두 살이었을 때 어머니는 우리가 살던 트레일러 계단에 우리를 버렸습니다. 아버지와 어머니가 이혼한 후로, 우리는 애리조나에서 어머니와 살고 있었어요. 우리는 계단에 앉아서 어머니에게 가지 말라고 애원했지만 어머니는 결국 가버렸지요. 어머니가 한 남자와 함께 오토바이에 올라타고 손을 흔드는 모습을 보면서 마지막으로 한 말은 '가지 말아요, 엄마'였습니다. 오랜 시간이 지나고 어머니는 우리에게 용서를 빌면서 그날 우리가 우는 걸 보면서 가슴이 아팠다고 말했어요. 하지만 어머니는 결국 우리를 떠났지요."

"어떻게 연락처를 알았는지는 모르겠지만 이웃 사람들이 디트로이트에 사는 가족에게 연락을 해서 우리를 데려가라고 했습니다. 우리가 애리조나에 살았던 건 어머니에게 천식이 있어서 그곳에 사는 게 건강에 더 좋다고 생각했기 때문이에요. 디트로이트에 있는 아버지는 너무 젊었고 군에서 제대 후 자립한 지 얼마 되지 않은 상황이었습니다. 아버지는 가족의 도움을 받을 수 없었기 때문에 우리는 결국 어머니의 친척과 살게 되었지요. 그러다 이모 한 분이 우리 누나를 입양했습니다. 그리고 당시에 이모가 알던 사람 중에 아이를 가지려고 애썼지만 잘되지 않은 미용사가 있었습니다. 하루는 이모가 머리를 손질하러 갔다가 미용사에게 물었다고 합니다. '혹시 이 아이들을 입양할 생각 있어요? 가족이 필요한 쌍둥이 남자아이들이 있거든요.' 그러고는 우리 사진을 보여줬지요. 그래서 미용사와 그 남편이 우리를 입양하게 되었지요." 두 가족은 쌍둥이가 열여덟 살이 될 때까지 누나를 만나지 못하게 하기로 약속했다고 한다.

놀랍게도 토니와 마이크의 고생은 시작일 뿐이었다. "불행히도 우리가 자란 환경은 좋지 않았습니다. 특히 양아버지가 그랬지요. 양아버지는 우리를 학대했고 우리를 바보라 부르면서 커서 아무것도 되지 못할 거라고

     부의 심리

말했습니다. 늘 그런 말을 했지요. 우리는 매사에 죄책감을 느껴야 했습니다. 양부모님에게 돈이 없는 것, 운 좋게 그 집에서 살게 된 것, 그런 삶을 살 수 있는 것에 대해 늘 죄책감을 느꼈지요. 양아버지는 우리를 구타했고 심할 때는 허리띠로도 때렸습니다. 정신적, 감정적, 육체적 학대였지요……. 그 집에는 항상 돈이 없었고 돈에 대한 불평이 끊이질 않았습니다. 늘 돈 얘기뿐이었지요. 양부모님은 돈 때문에 늘 심한 스트레스를 받고 있었습니다. 양부모님은 우리가 가난하다고 말했지만 그게 무슨 말인지 몰랐어요. 어릴 때는 부유하거나 가난한 것이 돈과 관련되어 있다는 걸 모르니까요. 그러다가 다른 집에 가보고 깨닫기 시작하지요. 그 집은 더 깨끗하고 그 애의 방이 훨씬 좋고, 그 애한테는 좋은 자전거와 옷이 있다는 것을 알게 되면서 말이지요. 그런 게 실마리가 되어 점점 깨닫게 됩니다. 저도 좋은 걸 갖고 싶지만 그럴 수가 없다는 것을요. 그러면 그 사실을 아는 아이가 못된 말을 하고 저는 충격을 받게 되지요. 다른 아이들과 거리감을 느끼기 시작하고 가난하다는 게 어떤 건지 깨닫기 시작합니다.”

“집에 돈이 없긴 했지만 저는 무슨 이유에서인지 진짜 가난하다는 느낌을 받은 적은 없었습니다. 저는 부모님을 사랑했지만 자라면서 부모님을 좋아하지 않게 되었습니다. 부모님이 가난의 표상이라면 저는 가난을 거부하기로 마음먹었지요. 어떻게든 부모님과는 다른 사람이 되고 싶었습니다. 가난해지고 싶지 않았습니다. 부모님은 성공이 손에 넣을 수 없는 것인 양 이야기했어요. 성공을 기대하지 마라, 불가능하다……. 우리는 그런 말을 들으면서 자랐어요. 하지만 저는 그 말을 믿지 않았고 지금도 그 생각에는 변함이 없습니다. 정말 열심히 노력하고 야망을 품고 좋은 일이 일어나기를 바란다면 성공할 수 있다고 생각했습니다. 어떻게든 성공할 것이라고요. 저는 어릴 때, 성공이란 선택을 하고 그 선택에 책임을 지는 것임을 깨달았습니다. 저와 마이크는 마음대로 할 수 있는 게 선택밖에 없었지요. 둘이 늘 함께한다는 사실도 힘이 되었던 것 같습니다.”

힘든 가정생활, 학대, 경제적 불안정에도 불구하고 쌍둥이는 양부모처럼 살지 않으려면 다르게 행동해야 한다는 것을 깨달았다. “그래서 저는 노력했습니다. 모든 것을 다 시도해봤지요. 그랬더니 정말로 좋은 일이 일어나더군요. 저는 누구나 그렇게 할 수 있다고 늘 믿었고, 지금은 성공을 선택하고 성공을 위해 노력하는 사람은 성공할 수 있다고 믿습니다. 또한 구하는 대로 얻게 된다고도 믿습니다. 주위 상황이 도움이 될 때도 있고 방해가 될 때도 있지만 그와 관계없이 앞으로 나아가는 길을 계속 찾아야 한다고 생각합니다. 성공하고 싶다면 길을 가다가 장애물을 만나더라도 계속 나아가야 합니다. 성공은 저절로 찾아오는 것이 아니라 쟁취하는 것입니다. 뭔가 시도해보고 ‘아직’ 안 된다고 해서 ‘안 된다’ 말해서는 안 됩니다. 제게 성공이란 포기하지 않는 것입니다. 절대로 포기하면 안 됩니다.”

성공은 저절로 찾아오는 것이 아니라 쟁취하는 것입니다.
뭔가 시도해보고 아직 ‘안 된다’고 해서 ‘안 된다’ 말해서는 안 됩니다.
제게 성공이란 포기하지 않는 것입니다. 절대로 포기하면 안 됩니다.

토니 커피스

사람은 성숙하면서 성장할 수 있는 가능성이 생기고 인간관계에도 변화가 생긴다. 토니와 마이크는 성인이 된 후 양아버지와 화해를 하고 과

  부의 심리

거의 상처를 대부분 치유했다. 화해와 함께 용서와 평화가 찾아왔다. 토니는 그 일에 대해 이렇게 말한다. "지금 양아버지는 우리를 자랑스러워하고 좋은 할아버지가 되었습니다. 사람은 마음만 먹으면 변할 수 있습니다." 토니는 자석과도 같이 사람을 끌어당기는 데가 있다. 그가 입을 열면 주위의 모든 사람들이 그의 말에 매료된다. 나는 토니가 대부분의 사람들보다 훨씬 낮은 곳에서 인생을 시작해서 대단히 풍요로운 삶을 일구어냈다는 사실이 인상 깊었다. 그리고 토니의 이야기를 더 듣고 나자, 풍요를 일구어내는 우리의 능력이 생각보다 훨씬 강인하다는 확신이 들었다.

## 책임은 의식적인 선택이다

"삶의 모든 것은 당신이 무언가에 대해 선택을 했기에 존재한다." 〈석세스〉의 발행인 대런 하디의 말이다. "모든 결과의 뿌리에는 선택이 있다. 모든 선택은 행동을 유발하고, 행동은 시간이 흐르면 습관이 된다." 대런 하디는 자신의 저서이자 베스트셀러인 《결합 효과The Compound Effect》에서, 결합 효과란 우리가 매일 순간순간 내리는 크고 작은 선택이 모두 축적된 것이라고 말한다. 그 모든 선택이 쌓여서 습관이 되고, 그 습관이 풍요로운 삶을 사느냐 궁핍한 삶을 사느냐를 결정하는 것이다.

"기본적으로 당신이 선택을 하지만 그 후에는 선택이 당신을 만든다. 아무리 작은 결정일지라도 당신의 인생 경로를 바꾼다." 대런의 말이다.[1] 공감한다. 궁극적으로 삶은 우리가 매일 의식적·무의식적으로 내리는 선택의 반영이다. 우리는 대부분의 선택을 무의식적으로 내린다. 물론 일부러 그런 것은 아니지만 의식하지 못한 채 결정을 내리면, 의도하지도 바라지도 않은 결과를 얻게 될 수도 있다.

대런은 좀 더 의식적인 선택을 하기 위해서 다음과 같은 질문을 스스로에게 던져보라고 말한다. "내 행동 중에 내가 '동의'하지 않은 것이 얼마나 되는가? 내가 의식적으로 선택하지 않았음에도 매일 하고 있는 일이 무엇인가?" 이 물음에 답함으로써 의식을 깨워 풍요로운 삶을 향해 나아갈 수 있다. 의식적이고 신중한 결정을 함으로써 발전과 전진에 도움이 되는 선택을 할 수 있는 것이다. 잠시 멈춰 서서 한숨을 돌리고 우리가 무엇을 왜 하고 있는지(그리고 정말 원하는 것은 무엇인지) 생각해보는 습관을 들이면 더 나은 선택을 할 수 있게 된다. 그럼으로써 과거 우리의 발목을 잡았던 무의식의 굴레에 다시 빠지지 않을 수 있다.

바위를 이기는 개울처럼 끈기 있게 앞으로 나아가며 굽이마다 옳은 선택을 하면 우리도 목표에 도달할 수 있다. 강의 힘은 한 방향으로 흐르는 물의 기세에서 비롯된다. 우리도 그 기세를 이용해 꿈과 목표를 향해 나아갈 수 있다.

## 정어리 샌드위치

비즈니스 컨설턴트이자 백만장자인 브라이언 트레이시가 들려주는 이야기 중에, 무의식적 선택에 관한 사례가 있다. 점심시간에 정어리 샌드위치를 먹는 것에 대해 큰 소리로 불평을 늘어놓는 건설 노동자의 이야기다. 이 건설 노동자는 며칠 동안 매일 정어리 샌드위치에 대한 불평을 늘어놓았는데, 마침내 동료들까지 짜증이 나기 시작한 것이다. 그중 한 명이 참다못해 아내에게 점심으로 다른 걸 싸달라고 하라며 조용히 타일렀다. 그랬더니 남자가 이렇게 대답했다. "아, 전 미혼이에요. 도시락을 직접 싸야 해요."[2]

시답잖은 이야기지만, 이 이야기를 듣고 나면 의문이 생긴다. 자신의 삶에 대해 스스로 불만을 느끼면서도(불평도 늘어놓으면서) 바꾸려 하지 않을 때가 있지 않은가? 물론 때로는 속수무책인 상황이 있을 수도 있다. 하지만 우리는 우리 삶의 주인이다. 우리가 자초한 상황에 대해서는 불평할 이유가 없는 것이다. 우리는 자신의 상황에 대한 책임을 남에게 전가하며 자신이 분명 바꿀 수 있는 것도 바꾸려 하지 않을 때가 많다. 트레이시는 이 이야기를 다음과 같이 끝맺는다. "어른과 아이의 차이는, 자신의 책임을 받아들이느냐 아니냐에 달려 있다. 사람은 책임을 받아들이는 순간 성장한다. 책임은 도덕적·기능적으로 온전한 인간의 상징이다."

토니의 이야기를 통해 알 수 있듯이, 소중한 삶을 일구기 위해서는 스스로를 책임져야 한다. 그리고 자신을 구해줄 타인이란 없으며, 있어서도 안 된다는 사실을 깨달아야 한다. '어차피 해야 할 일이라면 내가 하겠다.'라고 생각한다면, 하지 못할 일도 손에 넣지 못할 것도 없다. 자기 처지에 대해 남에게 책임을 전가하는 것은 자신의 일부를 버리는 것과 마찬가지이며 책임뿐 아니라 힘으로부터 도망치는 것이다. 스스로 변화하기를 포기하면 자기 삶을 통제하지 못한다는 무력감이 굳어진다. 그리고 그것은 자기 충족적 예언(타인의 기대 수준에 자신의 행위를 맞추고자 하는 심리의 발현_편집자주)으로 나타난다. 그러나 책임을 받아들이면 장해물과 좌절에 굴하지 않고 인내할 수 있다. 수많은 굴곡과 굽이, 바위에도 굴하지 않고 전진하는 개울이 되는 것이다.

## 어느 늑대가 이길까

북미 원주민 우화 가운데, 책임과 선택에 대해 중요한 교훈을 가르쳐주는 이야기가 있다. 체로키족 노인 한 명이 손자에게 삶에 대해 가르치고 있었다. "내 마음 속에서 늑대 두 마리가 싸우고 있는 것 같다. 그중 한 마리는 복수심과 시기심으로 불타며 난폭하게 날뛰고 있지. 또 한 마리는 자애롭단다." 이 말을 들은 손자는 잠시 생각하더니 물었다. "어느 늑대가 이길까요?" 할아버지가 대답했다. "내가 먹이를 주는 쪽이 이기겠지."[3]

무언가에 관심을 쏟는다는 것은, 곧 그것을 기른다는 뜻이다. 관심은 우리의 생각, 감정, 행동에 반영된다. 그리고 우리가 먹여서 기르는 것, 그것은 살아남고 성장해서 현실이 될 것이다.

### 무엇을 선택할 것인가

상황을 항상 통제할 수는 없지만 그 상황에 어떻게 대처할지는 선택할 수 있다. 오스트리아의 명망 높은 정신의학자 빅토르 프랑클Viktor E. Frankl 은 나치의 아우슈비츠 수용소에 갇혔다가 살아남았다. 그곳에서 그가 목격하고 경험한 수모와 만행, 죽음은 도저히 받아들이기 어려운 것이었다. 그처럼 슬프고 절망적인 상황 가운데, 그의 아내마저 베르겐 벨젠 수용소로 이송된 후 목숨을 잃었다. 그러나 그는 끔찍한 시련 속에서도 인간의 존엄성을 포기하지 않았고, 끝내 시련을 초월할 수 있었다. 그는 수용소에서 목격한 참상을 통해 아무리 불합리하고 고통스럽고 비인간적인 상황에서도 삶은 의미를 갖는다는 결론을 내렸다. 프랑클은 무슨 일이 닥치느냐가 아니라, 우리에게 닥친 일을 어떻게 받아들이느냐 그리고 그에 어떻게 대처하느냐에 따라 삶의 의미가 달라진다는 것을 깨달았다.

빅토르 프랑클은 아무리 작고 내면적인 결정이라 해도, 자신의 선택에 책임을 져야 한다고 주장했다. 행동뿐만 아니라 생각에도 책임을 져야 한다. 프랑클 자신도 의식적인 선택을 통해 삶의 경로를 완전히 바꾼 적이 있다. '빅토르 프랑클에게 바치는 헌사'에서 폴 더빈 박사는, 프랑클 박사가 1940년대 초 나치를 벗어나 미국에 갈 기회가 있었음에도 유럽에 머물기로 했던 일을 회고한다.

그의 고향에서는 유대인이 살기가 점점 어려워지고 있었다. 그 지역의 유대교회당은 나치에게 폭파당해 폐허가 되었다. 회당이 파괴되자, 프랑클은 근처의 기독교 교회에 갔다. 그는 하나님께 앞으로 가야 할 길을 보여달라고 기도를 했다. 미국에 가야 할지 가족과 함께 있어야 할지를 알고 싶었던 것이다. 프랑클이 열과 성을 다해 기도했지만 답이 오지 않았다. 그는 하나님께 외면당했다고 생각하며 교회를 나섰다.
집으로 가는 길에 그는 폐허가 된 유대교회당에 들렀다. 그러고는 잠시 멈추어 나뭇조각을 하나 집어 들었다. 집에 계시는 아버지에게 기념품으로 드릴 생각이었다. 집에 도착한 그는 그 나뭇조각을 찬찬히 살펴보았다. 그리고 나무에 새겨진 글귀를 읽다가, 하나님께서 기도에 대한 답을 주셨음을 깨달았다. 그 글귀는 바로 "네 부모를 공경하라"였다. 그때 그의 부모는 유럽을 떠날 수 없는 상황이었다. 그래서 프랑클은 유럽에 남기로 결정했고, 결국 나치의 포로가 되었다.

프랑클이 그 교회에 가지 않았더라면, 그리고 파괴된 회당에 들르지 않았더라면, 나뭇조각을 집어 들고 집에 가져가 거기 새겨진 글귀를 읽지 않았더라면, 우리가 빅토르 프랑클이라는 사람을 알았을까? 그럴지도 모른다. 그럼 그가 20세기 후반 우리 사회에 이토록 큰 영향을 미쳤을까? 그렇지는 않을 것이다. 프랑클은 그 교회에 갔고, 파괴된 회당에 들렀고, 나뭇조각을 집어 들고 집에 가져가 글귀를 읽었고, 심리학의 발전에 큰 공헌을 했다.

프랑클은 홀로코스트와 나치 수용소에서 살아남았다. 집단 수용소에서의 그 수모와 참상 속에서도 프랑클은 가장 중요한 자유를 행사했다. 그것은 바로 삶에 대한 태도와 정신적 행복을 결정할 자유이다.[4]


프랑클 박사는 자신의 괴로움에 대해 남을 탓하더라도 전혀 이상할 것이 없는 극단적인 상황에 처해 있었다. 하지만 그는 그런 상황에서도 자신의 경험을 활용해 다른 포로들에게 도움을 주었고, 결국은 새로운 심리치료 방법론을 개발해 수많은 사람들에게 도움을 주었다. 그가 1959년에 쓴 《죽음의 수용소에서Man's Search for Meaning》는 전 세계적으로 가장 많이 읽힌 책 중 하나이다.


어떤 상황에 직면하든, 우리가 어떻게 대처할지 결정하는 것은 우리 자신이다. 피해의식에 젖어 체념하고 다른 사람에게 자기 삶의 통제권을 넘겨줄 수도 있고, 자신의 선택에 책임을 질 수도 있다. 보다 풍요로운 삶을 살기 위해서는 책임을 받아들여야 한다.

 부의 심리

# 어쩌다 이 모양 이 꼴이 됐지?

오늘날 세계 경제 위기로 인해 미국을 비롯한 여러 나라의 경제가 휘청거리고 있다. 위기를 극복하고 살아남기 위해 투쟁하는 동안 위기의 원인에 대하여 많은 논의가 이뤄졌다. 어쩌다 이 모양 이 꼴이 됐을까? 어쩌다 우리 경제가 자멸 직전의 상태에 이르렀을까? 바꿔 말하면, 누구의 책임일까?

우리는 이 의문에 대해, 이것이 버나드 메이도프Bernard Madoff(전직 미국 증권 중개인, 투자 상담사, 전 나스닥 증권거래소 위원장으로 역사상 최대 규모의 폰지 사기 주동자이다_편집자주) 일당과 같은 '나쁜 놈들'이나 탐욕스러운 은행가와 증권사의 책임이며, 질이 나쁜 기업 활동을 용인하고 소비자를 혼란에 빠뜨린 정부 정책에 책임이 있다고 답하고 싶을 것이다. 물론 그것은 부인할 수 없는 사실이다. 그러나 개인이 매일 내리는 크고 작은 결정이 쌓여 개인의 삶을 구성하듯, 수많은 개인의 공헌이 합쳐져 집단의 삶이 형성된다. 다시 말해 현재의 국내외의 위기는 우리들이 자초한 것이다. 증권사, 은행가, 투자자, 규제기관, 일반 시민 한 명 한 명이 내린 결정이 합쳐져서 그 엄청난 사태를 일으킨 것이다. 물론 영향을 미친 정도는 차이가 있겠지만 우리 모두가 어느 정도 기여를 했다. 버나드 메이도프가 나쁜 짓을 하지 않았다면 많은 사람들이 지금처럼 심각한 곤경에 처해 있지는 않을 것이다. 그러나 우리가 주택 대출을 과도하게 받지 않았더라면 우리는 지금 곤경에 처해 있지 않을 것이다. 개인의 결정이 쌓여서 이 사태가 벌어진 것이다. 하지만 다르게 생각해보면 오히려 다행스러운 일이기도 하다. 우리가 이 사태를 초래했다면 우리가 이를 해결할 수도 있을 것이기 때문이다. 개인이 자신의 경제력을 강화할 수 있는 결정을 내리고 조치를 취하면, 결국은 우리가 탄 배의 항로도 바로잡을 수 있다.

나는 개인이 어떻게 하면 풍요로운 삶을 살 수 있는가에 대해 생각하다가 한 가지 의문을 품게 되었다. 개인이 한 일 중에, 불량 대출 증가와 금융 위기 발생에 영향을 미친 것이 무엇이었을까? 풍요를 누리기 위해 각자 최선을 다하며 살다가 어디선가 잘못을 저지른 걸까? 어떻게 그렇게 많은 사람들이 스스로에게 해가 되는 경제적 판단을 내린 것일까? 모든 물음에 대한 답은 무의식적인 선택을 한 것에 있을 것이다. 우리가 집단 최면에라도 빠졌던 것일까? 아니다. 하지만 분명히 뭔가에 홀리긴 했다. 물론 자기 결정에 대해서 남을 탓해서는 안 된다. 그러나 나는 궁금했다. 우리는 무엇에 홀려서 무의식적인 대출과 소비의 길을 걷게 된 것일까?

### 대출의 변화

대부분의 사람들에게 부의 축적이란, 어떤 방법으로든 조금씩 위로 올라가는 것이었다. 신용거래는 오랫동안 부의 축적에 중요한 역할을 했다. 사람들은 몇 세대 동안 소비자 신용거래를 이용해 주택과 승용차를 구입하고 고등 교육비를 충당하며 물질적으로 더 나은 삶을 살 수 있었다. 미국 신용거래의 역사는 대부분 할부금융의 형태로 이루어졌다. 한두 세대 전 사람들은 할부로 세탁기나 건조기, 텔레비전, 냉장고, 청소기 등 풍요로운 삶을 위한 도구를 구입했다. 할부는 가계 예산을 고려한 대출이었다. 즉, 소비자가 대출을 받기 위해서는 채권자와 마주앉아 대출의 필요성과 상환 능력에 대해 논의해야 했다. 그때까지만 하더라도 대출을 받으려면 이렇게 상담과 검토를 거쳤다.

그런데 어쩌다가 주택담보대출 코너에서 대출 약정서에 서명만 하면 대출을 받을 수 있게 된 것일까? 대출을 쉽게 받을 수 있게 되자 무분별한 대출이 횡행하게 되었고 쉽게 받은 대출금은 부엌을 대리석과 무광 스테인리스 스틸 소재로 개조한다든지 등의 '편의'를 위한 곳에 사용되었다. 그리고 결국 불황이 찾아왔다.

1960년대 초 새롭고 간편한 신용거래 형태가 등장하여 그때까지 인기를 끌고 있었던 할부금융을 대체하기 시작했다. 이 현상은 중산층과 상류층 시민 사이에서 특히 두드러졌다. 기존의 할부금융과는 달리, 새로운 회전식 신용대출(현재의 신용카드가 이런 방식이며, 보다 근래에 등장한 주택담보대출상품인 HELOC-Home Equity Line Of Credit, 주택 구입가격을 토대로 1차 담보대출이 이뤄진 후 이를 제외한 나머지 주택의 가치를 다시 담보로 해 추가대출을 받음-도 같은 방식이다)은 지정된 기간 안에 상환할 필요가 없었고 최소 결제액만 상환하면 되었다. 더불어 아주 쉽게 대출을 할 수 있다는 매력도 있었다. 소매업체는 고객에게 이 방식으로 물품 대금을 지불할 것을 권했다. 회전식 신용대출, 즉 '신용카드'를 사용하는 고객이 현금으로 지불하는 고객보다 훨씬 많은 돈을 쓴다는 것을 금방 알아차렸기 때문이다.

실제로 평균 신용 매출액이 평균 현금 매출액의 세 배에 달했다.[5] 고객 수요가 갑자기 300퍼센트 증가한 것일까? 그럴 가능성은 낮다. 물론 대출을 꼭 받아야 하는 상황이 있을 수는 있다. 그러나 구입이나 대출의 비용과 효익을 꼼꼼히 따져볼 필요가 없을 때는, 의식적인 결정을 내릴 확률이 낮아진다. 간단히 말해 즉각적인 신용대출이 무의식적 소비를 부추기고 그에 따라 규모 있는 씀씀이를 유지하기가 어려워지는 것이다. 현재 신용카드는 세계에서 가장 널리 사용되는 신용거래 수단이다. 한 손에 카드, 한 손에 인터넷 단말기를 거머쥔 우리는 순간순간 자제력을 시험당하고 있다.

## 즉각적이고 간편하게 실현되는 욕망의 덫

미국을 비롯한 전 세계의 부채 증가 현상을 이해하려면, 마케팅이 소비자 심리에 어떤 영향을 미치는지도 살펴보아야 한다. 호세 D. 론칼은 〈미국의 소비자 부채Consumer Debt in the U.S.〉라는 흥미로운 보고서에서 다음과 같이 설명한다. "브랜딩은 소비자 부채를 좌우하는 큰 문제 중 하나이다. 모든 것에 브랜드가 붙어 있어, 개인의 정체성조차도 우리가 사용하는 상표와 제품에 좌우되게 되었다. 10대 소년이 운동화 매장에 들어간다. 그러고는 뭔가 구입하기 전에, 오랫동안 가만히 서서 바닥부터 천장까지 벽마다 가득 차 있는 운동화를 바라본다. 이때 소년이 생각하고 있는 것은 '어느 것이 가장 잘 맞을까?'도 아니고 '내가 가진 돈으로 어느 것을 살 수 있을까?'도 아니다. 아마 '어느 것이 가장 나다울까?'일 가능성이 크다."[6] 여기에 거의 즉각적으로, 또 간편하게 욕망을 실현할 수 있는 회전식 신용거래가 추가되면 빚은 늘 수밖에 없다.

'PR의 아버지'이자 지그문트 프로이트의 조카인 에드워드 버네이즈Edward Bernays는 1920년대에 여론을 조작하는 방법을 실험하기 시작했다. 그는 최초로 무의식의 심리와 '제3의 권위'를 이용해 시장에서의 행동에 영향을 미친 사람이다. 그 후로 지금까지 소비자들은 광고로부터 강력한 영향을 받고 있다. 론칼은 신용대출 사용에 있어서 광고가 미치는 심리적 영향이 어마어마하다고 말한다. "일단 소비자의 마음속에 자기와 비슷한 사람들은 모두 그렇게 행동한다는 인식을 심기만 하면, 마케팅의 임무가 완수된 것이다. 주식 시장의 거품을 초래하는 '대중의 지혜'라는 군중심리와도 같은 것이다." 사람들이 자신의 소비가 무절제하다는 것을 알고서도 쉽게 그만두지 못하는 이유 중 하나이다. "이 상황에 기술까지 끼어들면 과소비와 부채에 가속이 붙고 우리의 자제력도 점점 큰 시험에 든다."

통계 자료를 보면 에드워드 버네이즈의 여론 조작 실험이 큰 성공을 거둔 것으로 보인다. "정부 통계 자료에 의하면 1999년에 46억 달러였던 온라인 매출이 2007년에는 1,360억 달러로 증가했다고 한다." 론칼은 이렇게 전한다. 기술 및 시장 조사 기업인 포레스터 리서치Forrester Research는 현재 매년 2,000억 달러인 미국의 웹 매출이 2015년에는 3,000억 달러로 증가할 것으로 예상한다. 론칼의 결론이 일리가 있다. "이것이 사실이라면, 우리는 온라인 쇼핑으로 천문학적 규모의 신용카드 빚을 지게 될 것이다.”[7]

신용거래의 형태에 따라 별 생각 없이 사용할 수 있는 것이 있다는 사실은 분명하다. 그러나 우리가 부주의한 결정을 내린 것을 모두 마케팅 전문가 탓으로 돌리고 자기 책임을 외면해서는 안 된다. 마음만 먹으면 모든 신용거래는 신중하고 책임감 있게 할 수 있다. 그리고 개울 속의 바위를 미리 피해 가기 위해서는 깊이 고민하고 예산을 검토해야 하는 대출 및 소비 형태를 사용하는 것이 바람직하다.

크게 성공하기 위해서는 책임을 받아들여야 한다
분석 결과 성공한 사람들이 공통적으로 지닌 자질이 한 가지 있었다면,
바로 책임을 지는 능력이다.

마이클 코다(Michael Korda)_소설가

## 자기 인생 통제하기

지난해 나는 연구의 일환으로 토론회 및 기자회견 행사에 참여했는데, 소비자들이 곤경을 헤쳐 나가는 방법을 공유하는 시간이 있었다. 그곳에서 나는 프리실라라는 커리어우먼을 만났다. 프리실라는 버니지아 주의 소도시에 살고 교회에 다니며, 인생을 즐긴다. 그녀는 젊었을 때 결혼을 했고 그 후에 일을 시작했다. 그녀는 훌륭한 인생을 살기 위해 필요하다 싶은 일은 모두 했다고 한다. 그런데 모든 게 무너져 내렸다.

프리실라는 조용히 말을 했다. "이혼을 했더니 신용도가 떨어졌어요." 그녀는 잠시 말을 멈추더니 계속 이어갔다. "그리고 일자리도 잃었지요." 그렇지 않아도 결혼생활 실패로 좌절에 빠져 있는데 신용도와 자금은 떨어지고 빚은 늘어갔으며 수입은 없었다. 흔히 그렇듯이 프리실라 역시 이혼으로 인해 감정적·경제적으로 궁지에 빠졌지만 그녀는 끝까지 포기하지 않았다. "결국은 버지니아 주 사무소에서 좋은 일자리를 찾게 되었습니다."

그러나 취업을 하고 나서도 경제 상태는 엉망이었다. 그녀는 경제적 수렁에서 빠져나오는 것을 다음 목표로 삼았다. 그날 발표를 한 다른 사람들과 마찬가지로, 프리실라도 의지할 곳이 전혀 없었다. 문제를 외면하고 싶었다. 그냥 되는 대로 내버려두는 게 편할 터였다. 그러나 그녀는 힘든 선택을 해야 한다는 것을 알았고 그 선택에 정면으로 부딪혔다. 프리실라는 이야기를 이어나갔다. "나는 집 근처에 있는 소비자 금융 회사를 찾아가서 대출이 가능한지 문의했어요. 밀린 청구서를 결제하고 빚을 감당할 수 있는 단위로 나누고 싶었지요. 신용도도 높이고요." 프리실라는 대출 과정이 만족스러웠다고 말하면서 그 회사에서 있었던 일에 대해 이야기했다. "저는 그곳 직원과 제 예산을 꼼꼼히 검토했습니다. 제 청구서를 모두 모아보고 그 직원의 도움을 받아 빚을 통합했습니다. 채권자에게 전화해서 채무를 적절히 처리하는 방법도 배웠지요."

"물론 쉬운 일은 아니었지만 상황을 직면하고 채무를 정리하자 기분이 정말 좋았어요." 프리실라가 이야기했다. "드디어 몇 년 동안 밀린 청구서를 결제할 수 있었어요. 그 후로는 신용도가 높아지고 예산도 균형을 되찾았습니다. 사치스럽게 살 수는 없지만 다시 물건을 사면서 살아갈 수 있게 되었어요. 제 자금과 인생을 통제할 수 있게 된 거죠.” 그녀는 기자 회견장의 강단에서 내려서면서 환한 웃음을 지었고 사람들이 모여들어 그녀의 성공을 축하했다. 책임을 지고 신중한 경제적 결정을 내리는 것이 얼마나 중요한지 다시 한 번 실감할 수 있는 사례였다.

## 다시 토니에게로

토니 커피스는 삶이 공평하지만은 않다고 말한다. 하지만 그는 한 발을 내딛기만 해도 발전할 수 있다는 것을 알고 있다. “힘든 상황에 처해 있을 수도 있겠지요. 저도 그랬습니다. 무엇을 어떻게 해야 할지 막막하실 겁니다. 그래도 매일 무언가 해야 합니다. 무엇이든 좋으니 하십시오. 정말 하기 싫은 일이라도 일단 시작해야 합니다. 자기 인생에 책임을 져야 합니다. 돈을 벌어서 빚을 갚으려면 하기 싫은 일을 해야 할지도 모릅니다. 하지만 그러다 보면 새로운 사람을 만나게 되고 자기도 모르게 일이 잘 풀려서 좋은 일이 생길지도 모르지요. 무슨 일이든 하다 보면 새로운 일이 생깁니다. 그런 게 인생의 징검다리지요.”

토니의 말을 듣다 보니, 노먼 빈센트 필Norman Vincent Peale(미국의 유명한 신학자이자 자기계발의 대가_편집자주)의 조언이 생각났다. “행동을 하면 자신감이 회복되고 강화된다. 두려움 때문에 행동을 하지 않으면 두려움은 더욱 커진다. 행동이 한 번에 성공할 수도 있고, 추가적인 행동이나 조정이 필요할 수도 있다. 그러나 아무 행동이라도 하는 것이, 아무 행동도 하지 않는 것보다는 낫다.”[8]

# 가치의 판단

**PART 06**

가격은 치르는 것이고
가치는 얻는 것이다

가격은 치르는 것이고
가치는 얻는 것이다.

워렌 버핏(Warren Buffet)_기업인 · 투자가

베트남 전쟁 중 베니 테일러는 비엔 호아에 기지를 둔 제173공
중강습여단에서 낙하산병으로 복무했다. 그는 1966년 3월의 작전에서 입
은 부상으로 퍼플 하트 훈장(전장에서 부상을 입은 군인에게 수여한다_편집자
주)을 받았다. 베니는 다시 걸을 수 있게 되자 바로 전선으로 복귀했다. 내
가 베니에 대한 이야기를 들은 것은, 그가 자신의 독특한 가정사 때문에
열린 행사에 참석하려고 켄터키 주를 찾았을 때였다. 말쑥한 중절모를 쓴
60대의 베니를 보자, 옛 블루스 거장 머디 워터스Muddy Waters와 티본 워
커T-Bone Walker가 떠올랐다. 그의 짙은 목소리는 가을바람에 휩쓸려 땅을
스치는 낙엽 소리 같았으며 깊은 호소력을 지닌 가수의 목소리였다. 혹시
나 해서 물어보았더니 역시나 가스펠 음악을 좋아하고 성가대에서 노래
를 한다고 한다. 그는 과묵하고 소박하면서도 매우 온화하다. 아이들과
애완견들이 무척 따를 것 같은 성격이다. 그가 입을 열면 이야기를 귀로

듣는 게 아니라 마음으로 듣게 된다. 베니는 대공황 때 벌어진 은행 강도 사건에서 그의 가족이 펼친 활약상에 대한 이야기를 즐겨 한다. 그가 켄터키 주를 방문한 것도 바로 이 이야기를 하기 위해서였다.

## 선택의 가치

1938년에 베니의 외할아버지 아서 밈스는 켄터키 주 거스리에 사는 우편물 경비원이었다. 1월 5일, 아서는 2만 5,000달러가 든 우편 가방을 어깨에 메고 운반하고 있었다. 연방 준비 은행 앞으로 가는 돈이었다. 그는 양손을 자유자재로 사용해 총을 쏠 수 있었기 때문에 그 임무에 발탁되었다. 아서는 매일 우편물을 메고 걸어서 기차역을 왕복했고, 그날도 여느 날처럼 두 명의 다른 무장 경비원과 함께 임무를 수행하고 있었다. 그러나 그날은 여느 날이 아니었다.

"외할아버지가 여느 때와 마찬가지로 돈을 기차역으로 운반하고 있었는데, 갑자기 모든 게 잘못됐습니다." 베니가 당시 상황에 대해 이야기했다. "외할아버지가 다른 경비병들과 함께 기차역 건물로 가고 있는데, 차 한 대가 달려오더니 남자 셋이 뛰어나왔습니다. 놈들은 외투 밑에 권총과 기관총을 숨기고 있었지요. 기관총이 불을 뿜었고, 외할아버지가 쓰러지셨습니다. 현장에서 즉사하셨지요. 보안관은 다리에 총알을 세 발 맞고 쓰러졌습니다. 강도들은 돈이 든 우편 가방을 둘러메고는 세 번째 경비원을 차에 태우고 기차역을 빠져나갔습니다. 그리고 마을을 벗어나자 인질을 버리고 도주했지요.

"이 사건은 전국적으로 관심을 끌었습니다. 그때까지만 해도 미국 역사상 최대의 우편물 강도 사건이었기 때문입니다." 당시 우정 장관의 연례 보고서에는 베니의 외할아버지에 대하여 다음과 같은 내용이 실렸다. "켄터키 주 거스리의 흑인 우체부 아서 밈스가 1938년 1월 5일, 호송 중이던 우편물을 보호하다가 살해당했음을 슬픔과 경의를 담아 고하는 바이다." 대대적인 수색으로 강도 중 두 명을 생포했고, 그들은 연방 검찰의 기소로 55년의 형을 선고받고 알카트라즈에 수감되었다. 베니의 외할아버지를 살해한 세 번째 남자는 연방 요원에게 쫓기다가 사살되었다.

강도들이 법의 심판을 받자, 거스리 마을 사람들도 기뻐했다. 강도 사건이 일어난 지 70년이 지난 2008년 거스리에서는, 그날 미국의 우편물을 지킨 용감한 이들을 기리기 위해 매년 1월 5일에 그 악명 높은 사건을 재연하는 행사를 개최하기 시작했다. 첫 번째 재연 행사가 개최된 후, 그 소식이 베니의 누나에게 전해졌다. 그녀는 거스리 마을에 연락을 취했다. 그러자 마을 측에서는 베니의 가족을 다음 재연 행사에 귀빈으로 초대했다. 가족은 진심으로 기뻐했다. "그 사건은 우리에게 매우 중요합니다." 베니가 말했다. "우리 삶의 일부이고, 우리 가족사의 감동적인 부분이지요. 그런데 마을에서 우리를 행사의 일부로 받아들이고 인정해주었어요. 우리에겐 정말 대단한 일이었습니다. 마을 사람들이 우리 외할아버지를 존경하고 기린다니 정말 감사했지요. 마을은 물론, 우리 가족에게도 아주 중대한 일이 될 것이었습니다."

캘리포니아, 인디애나, 플로리다, 노스캐롤라이나 등지로부터 베니의 친척들이 행사에 참석하기 위해 켄터키로 모여들었다. 베니가 이 행사를 놓칠 리 만무했다. "저는 아이가 열한 명인 가족 안에서 열 번째 아이였습니다. 저에게는 이 행사가 무척 중요했어요." 한 가지 문제는 당장 여비가 없다는 점이었다. 베니는 자립심이 강한 성격이었다. 스스로의 힘으로 이 문제를 해결하는 것이 중요했던 그는 가족에게 도움을 청하고 싶지는 않았기에 소액 할부금융을 이용했다. "저는 대출금으로 행사에 참석할 수 있었습니다. 그랬더니 혼자서 해냈다는 생각에 뿌듯하더군요. 자립심이 제게는 중요하거든요."

베니는 이제 은퇴하여 소박한 삶을 살고 있다. 그러나 베니의 관점에서 보면 보람되고 풍요로운 삶이다. 자신이 소중하게 여기는 경험, 여행, 친구, 가족의 영역에서 풍요로움을 느끼기 때문이다. 베니는 인디애나 주의 고등학교 동창회에 참석하고, 거스리에서 매년 가족을 만나고, 가끔씩 다른 형제자매들을 찾아간다. 그가 강한 자립심을 지니게 된 것은 삶의 난관에 정면으로 맞서 이길 수 있다는 믿음이 있었기 때문이다. 이것은 군용기에서 적진으로 뛰어내려 자기 자신은 물론 전우들까지 지킨 경험을 통해 배운 것이다. 베니는 거스리에 가기 위해 소액 대출을 받았지만 그 가치는 헤아릴 수 없는 것이었다. 덕분에 그는 외할아버지가 남긴 자랑스러운 유산에 더 가까워질 수 있었고, 훌륭한 가족의 일원이라는 소속감도 더 견고해졌다.

# 가격은 치르는 것이고,
# 가치는 얻는 것이다

삶을 풍요롭게 하는 요소가 무엇인지는 매우 개인적이고 주관적인 문제이다. 한 사람의 삶에 의미와 의욕을 불어넣어 주는 경험이 다른 사람에게는 전혀 중요하지 않거나 소중하지 않을 수 있다.

나는 사람들이 매우 흥미롭고 다양한 방법으로 삶의 의미를 찾는다는 것을 알게 되었다. 풍요로운 삶의 비결에 대한 이야기는 사막의 모래알만큼이나 많고도 다양하다. 사막을 멀리서 보면 광활하고 균일한 풍경으로 보이지만, 가까이서 보면 모래알 하나하나가 다 다르다는 것을 알 수 있다.

베니 테일러의 경우와는 매우 다르지만 우리 외할아버지의 삶은 나에게 많은 영향을 미쳤다. 외할아버지는 가격과 가치에 대한 중요한 가르침을 주셨다. 어린 시절 나는 여름방학이면 멤피스 외곽에 있는 외할아버지 댁을 찾았다. 나는 숲과 호수, 널따랗고 무성한 평원이 있는 남부의 자연을 탐험하고 다니며 여유로운 시간을 보냈다. 근엄하면서도 자상하셨던 외할아버지는 가끔씩 나를 데리고 사냥이나 낚시를 하러 가셨는데, 할아버지와 함께한 것들 중 내가 가장 좋아한 것은 동틀 녘에 하는 낚시였다. 비록 물고기는 좀처럼 미끼를 물지 않고 모기만 자꾸 내 몸을 물어댔지만 말이다. 그래서 낚시를 하고 나면 며칠 동안 온몸이 간지럽기 일쑤였다.

가끔 우리는 시내에 나가 장을 보거나 다른 볼일을 보았다. 그 어린 나이에도 나는 외할아버지가 사는 물건은 항상 품질이 좋다는 것을 알 수 있었다. 외할아버지는 여유가 되는 한도 내에서 최고급품을 사셨고, 그

   부의 심리

러다 보니 가격도 항상 싸지만은 않았다. 누구에게 보여주거나 자랑하기 위해 그런 것이 아니었다. 가치 또한 가격만큼 중요하다는 것을 아셨기 때문이었다.

이 철학은 외할아버지가 다른 사람을 대하는 태도에도 적용되었고 교류하는 사람들에 대한 기대치에도 적용되었다. 외할아버지는 계급이나 지위에 관계없이 모든 사람의 가치를 존중하셨다. 현실적인 분이셨고 조용하지만 낙천적인 태도로 주위 사람에게 힘을 주셨으며, 무엇보다도 정직성을 중요하게 여기셨다. 그렇기 때문에 사람들은 외할아버지를 존경하고 외할아버지에게 최선을 다했다. 외할아버지는 멤피스와 근교 지역에서 명망이 높은 분이었다. 외할아버지가 가치를 보는 안목을 어디서 어떻게 배우셨는지는 모르겠지만, 그것은 평생 외할아버지와 외할머니 두 분의 삶에 큰 도움이 되었고 나 역시 가치를 보는 안목을 무형의 유산으로 물려받았다. 그분들께 그것을 배운 것은 축복이었다.

'치른 만큼 얻는다.' 이것은 간단하지만 잊기 쉬운 가르침이다. 하지만 치르는 가격이 항상 물건의 가치와 같지는 않다. 워렌 버핏도 비슷한 말을 한 적이 있다. 남들은 다 가격이 떨어진 주식을 사고 있는데 당신은 왜 사지 않느냐는 질문을 받았을 때, 그는 이렇게 답했다. "가격은 치르는 것이고, 가치는 얻는 것입니다."

**물건을 살 때 가장 중요하게 생각하는 요소는 무엇인가?**

- 가격?
- 서비스?
- 편의성과 유용성?
- 품질?
- 경험?

우리는 가치와 가격을 혼동하기 쉽다. 우리 사회에서는 일반적으로 가치가 높은 물건은 가격도 비싸다. 예를 들어 사파이어 반지의 가격은 자개 반지보다 수백 배 비싼데, 이런 차이에는 현실적인 이유도 있고 지각적인 이유도 있다. 물건의 가격을 결정하는 데는 여러 가지 요인이 작용한다. 재료의 희귀성과 재료 입수의 난이도, 물건을 생산하고 배송하고 판매하는 데 소요되는 노동과 에너지의 양 등이다. 상인과 마케터는 이런 관계를 이해한다. 또 가치가 높은 물건일수록 가격이 더 높을 것이라는 통념(대체로 옳지만 늘 옳지는 않은)이 있다는 사실도 잘 알고 있다. 바로 그런 이유에서, 내 친구 로버트가 성공한 사업체를 팔려고 내놓았는데 사겠다는 사람이 잘 나타나지 않자 한 마케팅 전문가가 호가를 높이라고 권했다. 로버트는 코웃음을 쳤다. 낮은 가격에도 회사를 팔지 못했는데, 어떻게 더 높은 가격에 팔 수 있겠는가? 하지만 마케팅 전문가는 포기하지 않고 2주 동안만 가격을 높여보라고 권했고 결국은 로버트도 설득당해 그렇게 하기로 했다. 그런데 가격을 높인 지 일주일도 안 되어 회사를 사겠다는 사람이 나타났다.

그렇다면 우리가 물건의 가치를 판단하는 기준은 무엇인가? 우리가 상품을 구입할 때, 또는 두 가지 상품 중 하나를 선택할 때는 여러 가지 요인을 고려한다. 이때 가격이 가장 중요한 요인인 경우는 거의 없다. 외할아버지가 내게 몸소 보여주셨듯이, 가치가 가격보다 더 중요한 경우가 많다. 이 사실은 마케팅 연구에서도 확인된 바 있다. 최근에 영국의 고객 경험 개선 대행사인 리테일 아이즈Retail Eyes에서 실시한 조사에 따르면, 최저가를 기준으로 상품을 구입하려는 소비자는 5명 중 1명도 되지 않았다. 리테일 아이즈의 CEO인 팀 오글은 이렇게 말했다. "고객은 경험을 하면서 무의식 속에서 가치 방정식을 처리하고 있다. 그 방정식에는 가격만이 아니라 전체 경험이 포함된다."[1]

그러나 가치도 절대적인 것은 아니다. 돈의 가치조차도 돈의 양에 따라 결정되는 것이 아니다. 돈의 가치는 우리가 돈을 어떻게 사용해 삶에 즐거움과 의미를 부여하느냐에 따라 결정된다. 진정한 가치는 우리 각자가 자신의 상황을 기준으로 판단할 수밖에 없다. 무언가로 인해 당신의 경험과 삶이 풍요로워졌는지를 판단할 수 있는 사람은 오직 당신뿐이기 때문이다.

## 선택권의 중요성

부의 심리에 대해 알게 된 사실이 또 하나 있다. '선택권'이 있다는 것을 알면 부의 심리를 형성하는 데 큰 도움이 된다는 사실이다. 자신의 목표, 필요, 가치에 맞는 해결책을 마음대로 선택할 수 있다는 사실을 알고 있으면 경제적 이점뿐 아니라 심리적 여유도 얻을 수 있다. 선택의 여지가 없다고 생각되거나 자신의 이해利害가 얽힌 일을 남이 결정했다는 느낌을 받으면 자존감이 약화되고, 나아가 의미 있는 풍요를 일구는 능력도 약화된다. 선택의 여지가 없다는 것은 큰 고통의 원인이 될 수 있는 것이다.

대출상품을 선택하는 것은 우리가 해야 할 중요한 선택사항 중 하나이다. 오늘날, 여러 국가의 경제가 어마어마한 빚과 경제적 부담으로 허덕이고 있다. 물론 수많은 개인과 사회가 경제적 어려움을 겪게 된 데는 대출과 빚의 역할이 컸다. 그러나 대출이 부를 축적하는 좋은 수단이 될 수 있다는 사실은 틀림없다. 멜리사 코이드와 레이첼 슈나이더는 2010년의 하버드 경영대학원 심포지엄을 위한 논문에서 이 점을 간결하게 서술했다. "대출은 다른 부 축적 활동의 기초가 되는 투자 또는 구매를 가능케 한다." 극히 사소해보이는 투자도 부 축적 활동이 될 수 있다. 예를 들면 더 높은 급여를 주는 회사에 통근하기 위해 차를 수리하는 일이라든지, 코이드와 슈나이더가 지적하듯 세탁소에 가는 데 소요되는 시간을 육아나 교육에 투자할 수 있도록 세탁기를 구입하는 일 등이 그러하다.[2]

투자하거나 구매할 일이 생겼을 때,
그때부터 돈을 모으기보다는 대출을 받는 것이 좋다.
그래야 경제적인 풍요를 더 빨리 이룰 수 있다.

멜리사 코이드(Melissa Koide)와 레이첼 슈나이더(Rachel Schneider)

## 부의 심리 형성하기

앞서 언급한 싱어재봉회사의 할부 판매를 기점으로 지금의 즉각적이고 간편한 회전식 신용대출에 이르는 대출의 변화를 살펴보면서, 나는 한 가지 사실을 포착했다. 바로 전통적인 할부금융(1920년대 자동차 등의 내구소비재 보급으로 미국에서 급속히 발전한 소비자 할부대출. 융자 목적은 물론 소비자의 예산과 상환능력에 대한 검토가 수반되며, 정해진 기한 내 분할 상환해야 한다)이 부의 심리를 형성하는 데 유용한 역할을 할 수 있다는 사실이다. 할부금융을 이용하면 정해진 기간 안에 구체적인 목표를 갖고 책임감 있게 부채를 상환할 수 있다. 할부금융은 다른 측면에서도 책임감을 길러준다. 《아메리칸 드림의 재원: 소비자 금융의 문화적 역사Financing the American Dream: A Cultural History of Consumer Credit》라는 책에서 저자 렌돌 콜더Lendol Calder는 "할부로 상환을 하는 대출자는 스크루지도 놀랄 정도의 돈 관리 습관을 갖게 된다. 제시간에 돈을 상환하기 위해서는 자제력과 선견지명을 가지고 꾸준히 저축해야 하기 때문이다."[3]

돈을 정기적으로 상환하면 문제상황을 책임감 있게 대처했다는 것에서 자부심이 생긴다. 흥미롭게도 전통적인 소비자 할부금융은 채무불이행율과 연체율이 매우 낮다. 콜더는 또한 "소비자 부채의 95.5퍼센트가 완납된다."라고 지적한다.[4] 할부금융은 흥미롭거나 새로운 대출 방법은 아닐지도 모르지만, 책임감과 자제력이 요구되는 방법인 만큼 재정 관리 능력을 기르는 데 도움이 된다.

## 아무리 좋은 의도일지라도

나는 부의 심리를 연구하면서 금융학 교수, 입법자, 자문위원, 대출상담사는 물론, 균형적이고 안정적이며 풍요로운 삶을 영위하고 있는 사람들을 두루 만났다. 그리고 이를 통해 깨어 있는 재정적 결정과 책임감 있는 대출이 부를 창조하기 위한 기본 요건임을 알게 되었다. 채무에 대한 시각은 역사적으로 많은 변화를 겪었다. 성서 속 시대로부터 최근의 월스트리트 파동에 이르기까지, 경제 위기가 닥쳤다 하면 부채가 쉬운 표적이 되곤 했다. 최근의 전 세계적 경제 위기에서 부채가 차지한 역할을 생각하면 대출기관과 금융서비스 업체의 영업을 보다 엄격하게 규제하여 법적인 안전장치를 강화해야 한다는 목소리가 나오는 것도 무리가 아니다. 그러나 진정 삶을 윤택하게 해주는 대출상품(일반 담보대출, 자동차대출, 신용조합대출, 은행대출, 전통적인 할부금융 등)은 개인적·집단적 재정 문제를 낳은 불건전한 대출 관행과 동일한 규제를 적용받아서는 안 된다.

이 책을 쓰기 위해 조사를 하면서 만난 사람들 중 가장 박학다식하며 큰 깨달음을 전한 사람은 해럴드 블랙Harold Black 박사이다. 박사는 테네시 대학교의 명예교수로서 금융기관에 대해 가르치고 있다. 나는 블랙 박사를 비롯한 여러 사람들로부터 최근 각 주의 입법기관이 이자율을 보다 엄격하게 규제하려는 동향을 보인다는 이야기를 들었다. 블랙 박사는 일반인이 다양하고 적법한 대출상품을 이용할 수 있어야 한다고 주장한다. 그리고 (언뜻 보기에는 모순되는 것 같아 보일 수도 있으나) 그는 정부의 엄격한 이자율 규제를 우려하고 있다.

이자율 규제에 대한 논쟁은 아리스토텔레스 시대부터 존재했다. 그런데 그 논쟁이 지금 우리와 무슨 관계가 있는 것일까? 그러한 규제는 의도가 아무리 좋을지라도 책임감 있는 대출을 유도하는 금융상품에 악영향을 미칠 수 있다. 블랙 박사의 주장에 따르면, 이자율 규제가 실시되면 소비자 할부금융사가 소액 대출로 수익을 낼 수 없게 된다고 한다. 테네시 대학교에서 만난 그는 이렇게 말했다. "사람들이 돈을 필요로 할 때는 다 그럴 만한 이유가 있습니다. 그러므로 돈이 필요하면 합법적인 곳이든 아니든, 대출을 받을 수 있는 곳을 찾게 되지요. 소비자 할부금융 산업이 살아남기 어려울 정도로 규제가 심해지면 산업 자체가 사라집니다. 합법적인 대출처가 없어지면 사람들은 전당업자나 사채업자 등 불법적인 대출처를 찾습니다. 그렇게 되면 스트레스가 심해지고 경제적으로 더욱 궁핍해지지요. 부채 부담이 커지다 보면 가족 내 갈등도 심해져서 이혼율도 높아집니다. 그리고 얄궂게도, 규제가 약화되어 다시 합법적인 대출을 받을 수 있게 되면 스트레스가 완화되고 부채도 줄어들기 시작하지요.”

**나의 부채를 점검해보자**

자신의 부채를 정확히 알아야 하므로 부채 내역을 적어보자. 이 작은 단계가 당신이 더 나은 결정을 내리는 데 도움을 줄 것이다.

부의 심리를 형성하는 데 있어, 그리고 풍요로운 삶을 일구기 위한 실질적인 작업을 하는 데 있어서 선택의 자유는 매우 중요하다. 오랜 세월에 걸쳐 효과가 입증된 대출상품인 할부금융은 개인적·집단적 차원에서 우리를 괴롭히는 경제적 문제에 대한 해결책이 될 수 있다. 그런데 규제에 급급해 이 중요한 상품을 없애버리는 결과를 낳는 것은 아닐까? 대부분의 사람들은 상황의 심각성을 모르고 있는 듯하며 입법자 또한 예외가 아니다. 그러므로 이에 대한 교육이 필요하다. 책임감 있는 대출을 가능케 하는 금융상품이 없으면, 경제적으로 발전하고 목표를 달성하고 미래를 위해 모험을 할 수 있는 여지에 제한이 생긴다.

## RC 콜라와 문파이

또한 전통적인 대출을 통해 융통되는 돈은 지역 경제를 활성화하기도 한다. 나는 내슈빌로 가서 테네시 주 하원의원인 조니 쇼Johnny Shaw의 사무실을 찾았다. 쇼 하원의원은 만면에 미소를 띠고 나를 맞아주었다. 명망 높은 입법자로서 테네시 주 입법부에서 여섯 번째 임기를 수행 중인 그는 여러 공직을 역임했으며, 몇십 년 동안 성공한 라디오 방송국을 운영하고 있다. 그리고 30년이 넘도록 같은 교회에서 목사로 사역하고 있다. 우리는 탁탁거리며 타는 벽난로 앞에 앉아 이야기를 시작했다. 오랫동안 방송인으로 일해서인지 쇼 하원의원은 매우 침착하고 또렷한 어조로 말을 했다. "두 번째 임기부터는 하원 세입세출위원회의 위원이었습니다. 이 일을 하면서 경제의 원리를 이해하는 계기를 마련할 수 있었지요."

내가 쇼 하원의원을 만난 날은 하원에서 새 회기가 시작된 지 얼마 되지 않았을 때였다. 나는 잠시 휴식을 취하고 있는 그에게 개인사를 이야기해 달라고 부탁했다. "저는 테네시 주 파이에트군의 래코니아라는 작은 마을에서 태어났습니다. 그곳은 상점이 한 곳, 조면기(목화의 씨를 빼거나 솜을 트는 기계_옮긴이주)가 딱 한 대 있을 만큼 작은 마을이었죠. 주말마다 시내로 나가 RC 콜라와 문파이(RC콜라는 1904년 첫 출시된 콜라 브랜드, 문파이는 1917년 테네시 주의 한 베이커리에서 개발한 파이로 초코파이의 효시라 할 수 있다_편집자주)를 먹었는데, 지금 생각해도 그때만큼 행복했던 때가 많지 않았던 것 같아요. 평생 못 잊을 나날이지요."

소작농의 아들로 태어나 힘들게 살았다고 할 수 있을 어린 시절을 즐겁게 회상하던 쇼 하원의원은 소리 내어 웃으면서 고개를 흔들었다. "우리 부모님은 소작인이었습니다. 우리는 정말 가난하게 살았어요. 하지만 우리는 우리가 가난한지도 몰랐어요. 그때는 다들 그렇게 살았으니까요. 저는 시골 농장에서 바르게 성장했습니다. 부모님은 우리를 아주 바르게 키우셨지요. 상상도 못할 정도로요! 어릴 때부터 해도 되는 일과 안 되는 일이 확실

 부의 심리

했습니다. 부모님이 매우 엄하셨거든요. 지금 생각하면 정말 감사한 일입니다. 사실 그 덕분에 제가 이 위치에 설 수 있었다고 할 수 있지요.”

“제가 열여덟 살쯤 되었을 때, 아버지가 투표권을 행사했습니다. 그랬더니 우리 가족더러 이사를 하라더군요. 투표를 하면 그 지역에 살 수 없다는 것이었습니다. 그래서 우리는 천막촌으로 이사를 해야 했습니다. 파이에트 군郡의 천막촌에 대한 글을 읽으신 적이 있을 겁니다. 그런데 하나님의 보살핌으로, 그 주 어느 날엔가 아버지는 길에서 한 농장주를 만났고 그 분이 하드먼 군에 살 곳을 마련해주었습니다. 덕분에 우리 가족은 간신히 천막촌 신세를 면할 수 있었지요.”

‘천막촌’과 쇼 하원의원의 출신을 이해하려면 간단한 역사 강의가 필요하다. 1959년과 1960년, 테네시 주의 두 개 군郡에서는 유권자로 등록을 하거나 등록을 시도한 흑인 소작인이 협박을 당하고 땅에서 쫓겨났으며 상인들의 블랙리스트에 올랐다. 쫓겨난 가정들은 천막촌으로 이주해 흙바닥에서 살아야 했다. 식품이나 휘발유 구입도 금지되었다. 천막촌은 땅도 없고 돈도 없고 식량도 없지만 투표권을 행사하고 싶었던 흑인 가족들의 터전이 되었다. 그곳에 2년이나 사는 사람도 있었다. 전국의 매체가 이들의 이야기를 보도했고, 결국 케네디 정부가 이 문제에 관심을 갖게 되었다. 그리고 그 결과 공민권법하에 최초의 연방 소송이 제기되었다.[5]

“하드먼 군은 바로 옆에 있는 군이었습니다.” 쇼 하원의원이 말을 이었다. “저는 그곳에서 고등학교를 졸업했고, 지금도 하드먼 군의 볼리바에 살고 있지요. 잠시 멤피스 주립 대학교에 다니면서 결혼도 했지만 아버지가 돌아가신 후 학교를 중퇴하고 집에 돌아가 어머니를 도와 밭일을 해야 했습니다. 그 후 공직에서 일을 했지만 곧 성직자의 길을 걷게 되었지요. 교회에서 처음 목사로 사역하기 시작했을 때 내슈빌에 있는 미국 침례 신학교에 입학했습니다. 더 좋은 목사가 되는 법을 배우러 가는 것이라고 생각했지요. 그렇지만 그건 학교에서 배우는 게 아니라 인생에서 배우는 것이더군요."

목사로서, 또 지역 사회 활동가로서 봉사하기 시작했을 때 조니 쇼는 사업을 하고 싶다는 생각을 했다. "고등학교 때 시간제로 라디오 관련 일을 한 적이 있었습니다. 그때 라디오 방송국을 경영해야겠다고 결심했지요. 그러던 어느 날 제가 근무했던 그 회사에서 연락이 왔습니다. 라디오 방송국을 팔고 싶은데 혹시 살 생각이 있냐고 묻더군요. 다행히 전에 거래를 했던 할부금융사 덕분에 계약금을 마련할 수 있었습니다. 그래서 융자금을 받자마자 라디오 방송국을 샀지요. 그때부터 방송국을 꽤 성공적으로 운영하고 있습니다."

나는 이렇게 대단한 사람이 소비자 할부금융의 도움을 받아 사업을 시작했다는 점에 적잖이 놀랐다. 그리고 쇼 하원의원, 베니 테일러 등 할부금융을 이용했던 사람들의 이야기에는 공통점이 있음을 깨달았다. 바로 대출을 통해 자립심을 가질 수 있었다는 점이다. 쇼 하원의원도 내가 연구를 통해 내린 결론을 뒷받침해주었다. "할부금융을 이용하면 품위 있게 돈을 빌릴 수 있습니다. 금융상품 전체를 하나의 파이라고 가정한다면, 각각의 금융상품은 파이 조각이라고 할 수 있겠지요. 사람마다 필요로 하는 조각이 다릅니다. 저 같은 사람, 교사, 노동자, 자녀가 많은 가정에는 각각 다른 조각이 필요하지요."

"이처럼 다양한 금융상품을 이용하면 절대 가능하지 못할 것이라, 갖지 못할 것이라 생각했던 것들을 꿈꿀 수 있게 됩니다. 그리고 그로 인해 자동적으로 미래를 개척하게 됩니다. 대출이란 반드시 이행해야 하는 의무를 만드는 것이니까요. 그 과정에서 대출을 더 받아 끊임없이 미래를 개척할 수도 있습니다. 대출이란 그런 것이지요." 쇼 하원의원은 말을 이어 갔다. "성공한 사람들은 대부분 융자금을 이용해 성공을 일구었습니다. 융자금을 제대로만 이용하면 편안하게 미래를 일구는 동시에 삶에 필요한 것, 원하는 것도 누릴 수 있지요."

> **중요한 팁**
>
> 빚을 갚을 때는 하나를 먼저 갚은 후 다시 하나씩 차례대로 갚아나가는 것이 좋다. 하나를 다 갚고 나면 성취감이 생기고 다음 목표와 씨름할 의욕이 솟아나기 때문이다.

이어서 쇼 하원의원은 할부금융이 지니는 보다 큰 가치에 대해 이야기했다. 바로 할부금융이 마을과 지역 사회에 미치는 가치이다. "할부금융사에서 돈을 빌리는 지역 주민들은 그 돈을 지역 사회에서 사용합니다. 냉장고를 사려고 빌린 돈이든 에어컨이나 학생복을 사려고 빌린 돈이든, 융자금은 지역 사회에서 소비됩니다. 지역의 사업체는 그 돈을 직원에게 급여로 지급하고, 직원은 또 지역 사회에서 물건을 삽니다. 따라서 대출을 받으면 자신의 미래와 함께 지역 사회의 미래도 쌓아올리는 셈이 되지요."

# 성공, 나에게 소중한 가치를 찾는 것

　　마지막으로 나는 이 현명한 공직자에게 그의 성공 철학을 물어보았다. 그는 이렇게 대답했다. "우선 자신에게 소중한 일이 무엇인지 알아야 합니다. 제게 소중한 것은, 하고 싶은 대로 할 수 있다는 생각을 품는 것이었지요. 또한 결심이 확고히 굳어야 합니다. 일단 하기로 작정한 다음 온 힘을 다해 열심히 하면, 아무도 막을 수가 없거든요."

　　"저는 가난한 사람도 부자가 될 수 있다고 믿습니다. 그러려면 우선 자신에게 소중한 일이 무엇인지 알아야 하고, 그 다음에는 하고 싶은 일을 해야 합니다. 이 말은 곧, 가장 소중한 것을 찾은 다음에 끝까지 밀어붙여야 한다는 겁니다. 일단 온 힘을 다하다 보면 뭔가를 배우게 됩니다. 그게 바로 제가 살아온 방식이지요. 말하자면 일을 하면서 교육을 받는 셈인데 이것은 매우 소중한 배움입니다. 소중한 일을 하면서 꿈을 좇으면 누구나 삶에서 교훈을 얻을 수 있습니다. 삶은 훌륭한 스승이거든요."

> 저는 가난한 사람도 부자가 될 수 있다고 믿습니다.
> 그러려면 우선 자신에게 소중한 일이 무엇인지 알아야 하고
> 그 다음에는 하고 싶은 일을 해야 합니다.
>
> 조니 쇼

# 어떻게 극복할 것인가

## PART 07

개인이 무의식적으로 축적한 부채가
합쳐져 낳은 결과는 끔찍했다
수백만 명의 개인에게도,
우리 경제 전체에도

현재를 산다는 것은
과거를 놓아버리는 것, 미래를 기다리지 않는 것입니다.
숨을 쉬는 한 순간 한 순간이 선물임을 알고
삶을 의식적으로 사는 것입니다.

오프라 윈프리(Oprah Winfrey)

어떤 이들은 J. C. 와츠J. C. Watts를 미식축구 선수로 기억하고 있다. 그는 고등학교 때 운동을 시작해 오클라호마 대학교의 스타 쿼터백이 되어 팀을 이끌고 오렌지볼(미국의 대학 미식축구 경기_옮긴이주)에서 연승을 거두었다. 어떤 이들은 J. C.를 그의 고향인 오클라호마 주 유폴라에서 통합 초등학교에 입학한 최초의 흑인 학생 중 한 명으로 기억하고 있으며, 또 어떤 이들은 그를 미국 의회의 전 의원으로 기억한다. J. C.는 미식축구 선수 생활을 마친 후 1995년에서 2002년까지 하원의원으로 재직했다. 어떤 직함으로 그를 기억하든, J. C. 와츠가 대단한 사람인 것만은 분명하다.

그의 이야기에서 가장 놀라웠던 것은 가족과 전혀 다른 정치적 입장을 취하기로 결정한 부분이다. 그가 살던 가난한 시골 마을에서는 주민 대부분이 민주당을 지지했다. 또한 그가 소중히 여기는 사람들 중에는 민주당 지역 지도자와 활동가도 있었다. J. C.도 활동가였지만 그의 정치관은 달랐다. "저는 다른 입장을 취할 용의가 있었습니다. 중요한 문제를 새로운 관점에서 바라보고 싶었거든요." 1990년 처음으로 선거에 출마했을 때, 그는 자신의 독자적인 정치관을 믿고 공화당 후보로 출마하는 모험을 감행했다. 그리고 선거에서 승리하여 흑인으로서는 최초로 오클라호마 주 대표로 선출되었다. 그 후 J. C.는 미국 하원에서 공화당 지도자 자리에 올랐는데, 이 역시 흑인으로서는 미국 의회 역사상 최초의 일이었다.

## 기회, 위험 그리고 책임

"위대한 사람은 자신을 책임지는 사람입니다." J. C.와 나의 의견이 일치하는 부분이다. 그의 이야기에는 부의 심리의 중요한 측면이 드러난다. 더 큰 목표를 이루기 위해서는, 책임을 받아들이는 것에서 더 나아가 모험을 해야 한다는 것이다. 이렇게 경제가 어려운 때일수록 더욱 그렇다. "지금은 숨을 때가 아닙니다." J. C.는 현재의 경제 위기에 대해 이렇게 말한다. "지금은 몸을 사릴 때가 아닙니다. 스스로에게 투자하고, 개인으로서 또 국가로서 전진할 방법을 찾아야 할 때입니다. 지금 전 세계가 중대한 순간에 봉착해 있습니다. 이 중요한 때에 우리는 과감하게 모험을 하고 기회를 잡아야 합니다. 자신의 잠재력을 마지막 한 방울까지 짜내지 못한다면 스스로의 가치를 깎아먹는 것입니다."

"저는 두 번이나 대학을 중퇴할 뻔했습니다." 그가 회고한다. "그런데 아버지께서 계속 다니라고 하셨지요. 힘든 시기였습니다. 사실 저는 1977년, 대학교 1학년 때 결혼을 했습니다. 우리 부부에게는 아이가 있었고, 우리는 입에 풀칠이라도 하려고 최선을 다했지요. 부모님은 매달 돈을 주실 형편이 아닌 데다 우리가 자초한 일은 우리가 해결해야 한다고 생각하셨지요. 빈털터리나 다름없던 우리가 할 수 있는 것은 그저 최선을 다하는 것뿐이었어요. 사실 지금 생각해보면 도대체 어떻게 살 수 있었는지 이해가 안 될 정도지만요. 그러다가 둘째가 생겼고 냉장고가 필요했지요. 수입이 적을 때는 가끔씩 무리를 해서라도 대출을 받아야 했어요. 저는 할부금융사를 찾아가 냉장고를 구입하는 데 필요한 돈을 빌렸습니다. 덕분에 아이들이 시원한 우유와 신선한 음식을 먹을 수 있게 되었지요. 그 일로 우리는 책임감을 배웠습니다. 지금도 그 경험에 감사하고 있습니다. 대출을 받을 수 있었다는 데도 감사하고요."

"한 걸음, 한 걸음이 그렇게 짐스러운 상황에서 무리해서 전진하자니 정말 힘들었습니다. 하지만 우리는 힘든 때일수록 더 성장하고 배우는 법이지요. 사람은 모두 전진하고 성장하고 변화하길 원합니다. 발전하고 싶어 하지요. 개인이든 국가든 힘든 시기라고 해서 멈춰서는 안 됩니다. 우리는 미래에 대비하고, 사람들을 위해 기회를 만들고 지켜야 합니다. 정치판에서는 책임감이라는 개념이 곡해되곤 합니다. 하지만 제게 책임감이란, 나와 관련된 모든 일의 공통분모는 나 자신임을 깨닫는 것입니다. 좋은 선택이든 나쁜 선택이든, 자기가 한 선택에는 책임을 져야 합니다. 제가 몸담았던 미식축구팀, 교회, 사업체 등 성공적으로 운영되고 있는 단체는 알고 있습니다. 만약 지금 성공을 거두고 있지 못하다면, 무엇을 바꿔야 하는지 자문해야 한다는 것을요."

  

나는 J. C.와의 대화를 계기로 기회와 위험, 그리고 그 두 가지가 부의 심리에 미치는 영향에 대해 생각했다. 이번에는 프레데릭 밀러 박사를 만날 차례였다.

## 경제적 선택권이 미치는 영향

밀러 박사를 처음 만났을 때, 그는 오클라호마 대학교에서 퇴직 절차를 밟는 중이었다. 그는 상법과 소비자법 분야에서 거둔 자신의 업적(자신이 집필한 원고나 책)에 에워싸인 채 사무실에 앉아 있었다. 여기저기 쌓인 출판물과 원고 더미에는 밀러 박사 본인을 비롯한 위대한 지성들의 작품이 기록되어 있었다. 그런 대단한 업적에 비하면 밀러 박사는 겸손하다. 그는 몇 년간의 여행으로 몸이 좀 뻣뻣해지고 무릎 건강도 썩 좋지 않지만, 정신만큼은 면도날처럼 날카롭다.

나는 우리 개인이 돈 또는 풍요와 맺는 관계에 사회적·문화적 변화가 어떤 영향을 미치는지 점점 궁금해지던 찰나였다. 요즘 우리는 이미, '대불황'이라고 불리게 된 경제 위기로부터 서서히 회복하고 있다. 경제의 지진이라 해도 좋을 대불황은 사실상 모든 사람의 삶에 영향을 미쳤다. 우리가 어쩌다가 이런 좋지 않은 상황에 이르렀는지 의아해하는 사람들이 많다. 내가 밀러 박사에게 듣고 싶었던 것은 이 의문에 대한 견해였고, 그중에서도 대출과 대부가 사회에 미치는 영향이 궁금했다. 밀러 박사는 역사 이야기를 들려주었다. 경제적 선택권이 매우 제한된 시절이 있었다고 한다. 과잉 대출을 받고 과소비를 하는 경우에도 마찬가지겠지만, 경제적 선택권이 제한되어 있으면 부를 축적하기가 매우 어렵다.

"과거에는 특정 계층만 대출을 받을 수 있었습니다. 그 결과, 어떤 사람들은 매우 안락하게 살 수 있었지요. 반면 대출을 받지 못하는 사람들은 가난에서 벗어나기 힘들었습니다." 부유하지 못한 사람들은 돈을 빌릴 곳이 거의 없다시피 했다. 일반인은 소비자 할부금융을 이용해 특정 상품을 구입할 수는 있었지만 현금을 쉽게 빌릴 수 있었던 것은 부유층뿐이었고, 그로 인해 결정적인 격차가 생겼다. 돈을 빌릴 수 없으면 기본적인 욕구 충족에서든 미래에 대한 투자에서든 운신의 범위가 크게 제한된다.

"금융시장은 사실상 법으로 분리되어 있었습니다." 밀러 박사가 말을 이었다. "이자로 일정 액수 이상을 징수할 수 없다고 정해둔 고리대금법이 존재했지요. 그러나 이 법에는 예외가 많았고 은행도 예외 대상이었습니다. 은행이 관심을 갖는 고객이라면 법적인 한도와 관계없이 대출을 받을 수 있었지요. 하지만 1920년대에 제정된 소액 대출법을 통해, 은행이 선호하는 고객이 아니더라도 현금을 빌릴 수 있게 되었습니다. 대신 규제는 더 엄격해졌지요."

밀러 박사와 이야기를 나누면서 내가 전반적인 부 축적에 대해 알게 된 사실을 다시 한 번 확인할 수 있었다. 바로 대출이 중산층의 안정과 번영을 촉진한다는 점이다. 누구나 대출을 받을 수 있게 되면서 경제적 격차도 줄어들었다. 그런데 지금은 어떻게 된 것일까? 우리가 개인으로서, 또 집단으로서 돈이나 대출과 잘못된 관계를 맺고 있는 것일까? 그래서 대출을 이용해 더 나은 삶을 살 수 없게 된 것일까?

    부의 심리

# 번영의 꿈을 좇다

우리가 불황에서 회복하고 있는 지금, 아직도 실직이나 주택담보대출 채무불이행, 불안한 주식 시장의 여파를 겪고 있는 사람이 많다. 2008년의 경제 위기로 풍요에 대한 중산층의 꿈은 큰 타격을 입었다. 그리고 앞 장에서 이야기했듯이 대출이 여기에 핵심적인 역할을 했다. "미국의 중산층이 무너지고 있습니다." 2009년 1월에 미국 부통령 조 바이든이 한 말이다. "이 나라의 척추인 중산층을 일으켜 세우는 것이 우리의 임무입니다." 저술가 클레어 서대스는 〈타임〉에 기고한 글에서 이를 다음과 같이 냉소했다. "차 두 대짜리 차고가 있는 단독 주택(중산층 가정의 비유)에서 환호성이 들리는 것 같았다."[1]

우리 모두, 경제 위기 이전의 무절제한 소비와 대출에 익숙하다. 미국인뿐 아니라 전 세계 사람들이 무서운 속도로 무리한 소비를 하고 있었다. 주택 구입이 단적인 예다. 비우량 주택담보대출이 이번 경제 파국에서 어떤 역할을 했는지는 모두 잘 알고 있다. 일반 시민들은 은행과 공모하여 감당할 수 없을 만큼 부채를 쌓아가고 있었다. 2009년 초 클레어 서대스는 현 상황을 이렇게 말했다. "미국 중산층의 21퍼센트가 한도까지 돈을 써버렸다. 개인 파산은 2008년 대비 33퍼센트 증가했고, 주택담보대출 채무불이행은 비우량 대출자를 넘어 신용도가 높았던 대출자에게까지 번지고 있었다."[2]

그때까지만 해도 이런 무절제한 대출과 소비의 결과에 대해 어느 누구도 이야기하고 싶어 하지 않았다. 지금 돌아보면 의아할 수밖에 없다. 우리가 어쩌다가 개인으로서, 또 집단으로서 감당할 수 없는 부채를 축적하게 된 것일까? 그렇게 극단으로 치닫다 보면 대대적인 경제 붕괴가 찾아온다는 것이 역사적으로 증명되었는데도 말이다.

## 무의식적인 부채를 인식하고 통제하는 방법

### 무의식적인 부채 양산의 다섯 가지 징후

1. 대출로 물건을 구입한 후, 이를 잊어버리고 사용하지 않은 적이 있다.
2. 방마다 TV, 최신 가전제품 등이 있지만 청구서를 납부하기는 힘들다.
3. 돈을 얼마나 쓰는지 모르고 대출로 물건을 구입한다.
4. 신용카드를 한도까지 사용했는데 무엇을 샀는지는 기억나지 않는다.
5. 이미 내 손에 없는 물건의 대금을 아직도 내고 있다.

### 무의식적인 부채를 통제하는 세 가지 방법

1. '이 물건이 필요한 것인가, 갖고 싶은 것인가?'를 자문한다. 그냥 갖고 싶은 것이라면 예산에 맞는지 확인한다.
2. 충동구매를 피한다. 사고 싶은 물건이 있더라도 일단 구입을 보류한다. 나중에 생각나지 않는다면 필요 없는 물건이다.
3. 목표 달성을 위한 계획을 세운다. 배우자나 연인, 친구에게 자신의 계획에 대해 이야기한다.

## 펜 좀 빌려도 될까요?

역사적으로 볼 때 대출은 언제 어디서나 사회생활에 큰 도움을 주었다. 부와 대출은 떼려야 뗄 수 없다. 우리는 매일같이 어떤 형태로든 물건을 빌리고 빌려준다. 손 좀 빌려줄까요? 설탕 한 컵만 빌릴 수 있을까요? 우산 좀 빌려도 될까요? 펜 좀 빌려도 될까요? 잠깐만 시간을 내주시겠어요……. 주고받음에는 신뢰가 필요하며, 이러한 상호의존은 사회가 정상적으로 기능하는 데 반드시 필요하다. 따라서 대출과 대부는 뿌리부터 인간적이고 사회적인 활동이며 부 축적에 없어서는 안 되는 수단이다.

대출은 산업혁명 이후 미국 경제가 폭발적으로 성장하는 데 핵심적인 역할을 했다. 1800년대에는 중간 소득층이 돈을 빌릴 수 있게 되면서 중산층이 등장하기 시작했다. 초창기의 할부금융상품은 미국의 중간 소득층이 나아갈 수 있는 발전의 길을 닦아주고 넓혀주었으며, 곧 그와 비슷한 대출상품이 속속 등장해 수백만 명의 일반 시민이 자동차를 비롯해 예전에는 형편이 안되어 사지 못했던 물건을 살 수 있게 만들었다. 이런 구매력은 미국뿐 아니라 전 세계적 규모로 삶의 질을 개선했고 사람들이 더 큰 성공을 꿈꿀 수 있게 해주었다. 더 큰 부와 번영으로 가는 문을 열어주었다. 또한 오늘날의 소액 대출은 전 세계에서 더 나은 삶을 바라는 사람들에게 경제적 발전의 문을 열어주고 있다.

## 백미러 보기

그러나 21세기에 들어서면서 대출 관행에 심각한 문제가 생겼다. 2000년대 말에 일어났던 부채 증가와 경제 붕괴에는 여러 가지 요인이 동시에 작용했으며, 그 중심에는 분수에 넘치는 소비를 허용하고 심지어는 권장하는 문화가 자리해 있었다. 우리는 백미러도, 앞길도 보지 않은 채 돈을 빌리고 물건을 구입했다. 하지만 뒤에서는 부채가 산더미처럼 쌓여가고 있었고 대규모 실직으로 인해 부채 상환 능력은 점점 위태로워지고 있었다. 많은 사람들이 무의식적으로 빚을 지고 돈을 쓰는 습관에 젖어 있었다. 일단 잘사는 게 가장 중요하다며 조만간 닥칠 결과나 청구서에 대해서는 생각하지 않는 사람도 있었다. 2000년에 똑똑하고 세련된 친구가 내게 했던 말이 아직도 생생하게 기억난다. "내가 아는 사람들은 다 산더미 같은 빚을 지고 있어. 요즘은 다들 그렇게 산다고." 그녀는 주택 순가치 담보대출을 한도까지 써버리고 우편으로 오는 신용카드 가입 권유를 모두 받아들이고 있으면서도 걱정할 필요가 없다고 말했다. 똑똑한 사람들조차 그저 소비자이기만 하면 누릴 수 있었던 호시절의 밀물에 쉽사리 휩쓸린 것이었다.

### 의식적인 부채를 확인하는 방법

**의식적인 부채는**

1. 내가 발전할 수 있게 해준다.
2. 상환 일정과 상환액이 정해져 있다.
3. 미래의 수입이 아니라 현재의 수입을 바탕으로 한다.
4. 충동구매에서 비롯된 것이 아니다.
5. 해당 상품이나 서비스를 다 쓰기 전에 상환이 끝난다.
6. 기본적인 생활을 희생하지 않고도 삶의 질을 향상시킨다.
7. 돈 관리에 도움이 된다.
8. 계획된 예산의 일부이다.
9. 구입하는 데 걸리는 시간보다 더 오랫동안 기분을 좋게 해준다.해 이야기 한다.

하지만 그때부터 균열은 나타나기 시작했다. 당시에 차를 몰고 교외의 거리를 지나다 보면 커다란 고급 주택들이 늘어서 있는 모습을 볼 수 있었다. 그러나 한 부동산업자는 정작 들어가 보면 가구가 거의 없고 휑한 집이 많다고 털어놓았다. 집 주인이 집을 사느라 자금을 다 써버려서 돈이 바닥나기 직전이었던 것이다. 이 부동산업자의 말에 따르면, 돈이 어떻게든 계속 들어올 것이라 믿고 집을 사는 고객이 많다고 했다. 부채 상환은 먼 훗날의 일이라 생각했던 것이다.

그동안 우리는 돈을 빌리고 사용하고 관리하는 방식이 얼마나 중요한지 외면하고 있었다. 균형이 어긋난 상태인 것이다. 과거의 대출은 발전의 밑거름이 되었지만 현재 우리 문화에서는 부채를 의식적이고 현명하게 사용하지 않는다. 물론 모든 사람이 무분별의 수렁에 빠지는 것은 아니지만, 수많은 개인이 무의식적으로 축적한 부채가 합쳐져 낳은 결과는 끔찍했다. 수백만 명의 개인에게도, 우리 경제 전체에도.

## 시계추는 흔들린다

나는 친구, 동료, 고객 그리고 세상을 관찰하면서 인간 본성에 대한 흥미로운 사실을 깨달았다. 실수를 하면 방향을 바로잡으려는 본능 때문에 오히려 과잉반응을 함으로써 반대 방향으로 지나치게 멀리 가곤한다는 것이다. 이는 상당히 원초적인 심리이다. 돈에 대한 문화적 태도에 있어서도 이런 과잉 보상 본능이 작용하는 것으로 보인다. 그러나 좌우로 요동치는 자동차처럼, 실수를 보상하려고 하다가 오히려 길을 벗어날 수도 있다.

무의식적인 소비와 대출로 인해 경제 위기가 찾아왔다는 인식 때문에 이제 문화의 시계추(양극단을 오가는 것의 대표적 상징)가 정반대로 기울었다. 얼마 전까지만 해도 과도한 소비와 대출을 어느 정도 허용하고 뒷일은 무시하라고 부추기는 분위기였다면 지금은 완전히 바뀌었다. "몸을 사리고 꼭 필요한 것 외에는 한 푼도 쓰면 안 된다. 안전을 기해야 한다. 미래는 불확실하다. 경제 상황이 나아질 때까지 돈을 모으면서 조용히 사는 게 좋다. 무슨 일이 있어도 빚을 져서는 안 된다. 방어진을 치고, 모험을 삼가라."

> 좌우로 요동치는 자동차처럼,
> 실수를 보상하려다가 오히려 길을 벗어날 수도 있다.

몇몇 유명 재무 전문가들은 대출을 피하라고 강력하게 권고한다. 지출을 하기 전에는 항상 "필요한 것인가, 갖고 싶은 것인가?" 하는 질문을 스스로에게 던져보라고 말한다. 이때 '필요한 것'이란 생활필수품(의식주, 교통 등과 관련한 것)과 저축, 은퇴 계획을 말한다. 다른 지출은 모두 '갖고 싶은 것', 즉 방종하고 나쁜 것으로 취급된다. '대출'과 '부채'는 입에 담지도 못할 말이 되어 버렸다.

옛날의 이상적인 가치와 관행을 되찾아야 한다고 주장하는 전문가들도 있다. 하지만 십중팔구, 그런 시절은 존재하지 않았을 것이다. 최근의 하버드 경영대학원 출판물에서는 다음과 같은 내용이 언급되었다. "경제적 미덕이 꽃을 피우던 황금시대에 대한 속설이 떠돌고 있다. 그 속설에 따르면, 옛날에는 사람들이 분수에 맞는 생활을 하며 정말 다급한 상황에서만 대출을 받았다고 한다. 빚은 수치스러운 것이었고 주택 구입이나 농기구 구입처럼 '생산적인' 일에만 대출을 이용했다는 것이다. 애수에 잠기면 역사를 객관적으로 바라보기 힘들다. 광란의 20년대Roaring Twenties(엄청난 호황이 일었던 미국의 1920년대를 표현하는 용어. 전례 없는 경제 성장과 문화·생활 양식의 변화가 일어났지만 그만큼 불평등과 갈등이 난무했으며 이윽고 1929년 대공황이 일어났다_편집자주), 1960년대의 신용카드 부채 증가, 2005년~2008년의 주택담보대출 붐에 휩싸였을 때에도 저술가들은 그 황금시대를 애도했다…… 그러나, 상행위가 시작된 이래로 대출은 항상 존재했다."[3]

물론 극단적인 권고에서도 배울 점은 있다. 소비와 대출을 실행에 옮기기 전에 잠시 신중하게 생각해보는 것은 절대적으로 현명한 일이기 때문이다. 그것이야말로 의식적인 의사 결정이라 할 수 있다. 우리가 조금 더 의식적으로 행동할 수 있게 만드는 변화라면 이는 반갑고도 필요한 변화이다. 실제로 미국을 비롯한 여러 국가가 곤경을 겪게 된 것은, 수많은 사람들이 깊디깊은 재정財政의 수렁으로 무분별하게 뛰어들었기 때문이다.

그러나 시계추가 반대쪽으로 지나치게 치우친 것은 아닐까? 무의식적인 소비와 대출로 인한 피해를 보상하려는 일념에 해로울 정도로 금욕하며 허리띠를 졸라매고 있는 것은 아닐까? 치과의사인 밥 머스터는 이 문제가 우리 일상생활에, 즉 우리의 치아에 어떤 영향을 미치는지를 직접 경험했다. 2011년 7월, 〈데이튼 데일리 뉴스Dayton Daily News〉에 기고

한 글에서 머스터는 이런 말을 했다. "많은 가정이 경제적 어려움을 겪고 있다는 것은 이해하지만 예방 치료를 받는 편이 장기적으로는 오히려 경제적이다." 그리고 덧붙여 설명한다. "6개월에 한 번씩 이를 청소하는 것은 자동차 엔진 오일을 교체하는 것과 같다. 엔진이 폭발하지 않게 해주는 것이다. 나중에 한꺼번에 손보는 것보다는 꾸준히 예방 치료를 받는 편이 훨씬 저렴하다." 같은 글에서 오하이오 주 트로이의 마이클 디커슨 박사는 "조금만 계획적으로 돈을 쓰면 미래에 더 큰 비용이 발생하는 것을 막고 장기적인 문제를 예방할 수 있다."라고 말했다.[4] 허리띠를 너무 졸라매면 장기적으로 돈이 더 많이 들 수도 있다. 길에서 벗어났을 때 반대쪽으로 너무 많이 가서는 원점으로 되돌아오기 어렵듯이, 과잉 보상으로는 균형을 되찾을 수 없다.

오늘날, 불확실한 미래를 헤쳐나갈 만큼 돈이 없고 앞으로도 없을 것이라는 두려움에 시달리는 사람이 많다. 두려움은 본질적으로 사람을 위축시킨다. 또한 무한히 증식하며 균형적이고 건설적인 판단을 방해한다. 19세기의 유명한 구두쇠인 헤티 그린과 러셀 세이지는 손해를 두려워한 나머지 극단적으로 욕구를 억누르면 어떤 지경에 이를 수 있는지를 보여주는 예이다(다음 장에서 이 인물들이 얼마나 극단적으로 검약을 실천했는지를 알게 될 것이다). 두려움 때문에 돈을 쓰지 못하면, 풍요로운 삶을 일구는 것이 오히려 더 힘들어진다.

의식적으로 생각할 때 비상시를 위해 돈을 모아두는 것은 현명한 일이며, 저축에서 오는 안정감은 매우 귀중한 것이다. 그러나 탄탄한 부의 심리를 형성하기 위해서는 저축과 투자의 균형을 맞춰야 한다. 물론 경제적

                                          부의 심리

완충 장치를 마련해두는 것도 좋다. 하지만 그것만으로는 성장하고 뻗어 나가고 행동하는 것만큼 자존감에, 그리고 풍요로운 삶을 일구는 능력에 강한 영향을 미칠 수 없다.

반짝 호황 뒤에 불황이 찾아오는 것을 보고 우리는 가진 것이 많다고 부유한 것은 아님을 알게 되었다. 물론 빚이 많다고 부유한 것도 아니다. 그러나 극단적으로 자제하거나 모험을 두려워하면 앞으로 나아갈 수가 없다. 경제적으로 금욕하면서 투자와 대출을 무조건 기피하면 개인의 삶에 발전이 없는 것은 물론 경제 전반에도 부정적인 영향을 끼칠 수 있다. 책임감 있는 대출, 그로 인해 형성되는 사회적 신뢰는 경제생활에 없어서는 안 되는 것이다. 절대적인 금욕이든 무절제든, 극단적인 태도로는 풍요로운 삶을 일구기 어렵다.

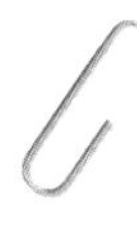

탄탄한 부의 심리를 형성하기 위해서는
저축과 투자의 균형을 맞춰야 한다.

## 어떻게 극복할 것인가

그렇다면 우리가 자초한 불행을 어떻게 극복할 수 있을까? 한마디로 말하면 '의식하기'로 극복할 수 있다. 우리의 처지, 동기, 목적을 자각하고 돈을 의식적으로 관리하는 것이 그 비결이다. 의식이 있는 사람은 자신에게 의미 있는 일이 무엇이며, 그 의미를 실현하기 위해서 어떻게 해야 하는지를 판단한다. 그리고 발전하기 위해서는 때로 위험을 감수해야 한다는 사실을 받아들인다. 그런 후에 그 위험이 정확히 어떤 것인지, 자신이나 타인에게 해를 입히지 않고 위험을 감수할 수 있는지를 현실적으로 따져보고, 그럴 만한 가치가 있다고 판단되면 모험을 시도한다. 또 돈을 빌려야 할 때에는 언제 어떻게 갚을 것인지를 생각하고 빌린다.

무리한 모험이 과연 합리적이고 의식적인 행동인지는 어떻게 판단할 수 있을까? 조니 쇼 하원의원이 과감하게 라디오 방송국을 사들이기로 한 것은 합리적이고 책임감 있는 결단이었을까? 베니 테일러는 외할아버지를 추모하는 행사에 참석하기 위해 대출을 받을 때 과감한 결단을 내렸다. 레티샤 반 드 푸테의 가족은 더 나은 삶을 살기 위해 사업에 투자할 때 과감한 결단을 내렸다. 이들의 투자는 충동적이거나 위험하거나 과중하지 않았다. 신중하고 낙관적인 이 사람들은 모험을 했지만, 단순히 ‘갖고 싶은 것’을 손에 넣으려고 그처럼 행동한 것이 아니다. 그것은 미래를 위한, 의미 있는 삶을 위한 의식적인 투자였다. 이들은 남에게 뒤지지 않으려고 결단을 내린 것이 아니다. 그럴 가치가 있다는 내면의 목소리를 듣고 결단을 내린 것이다.

### 돈 문제는 중요하다

제프 버치는 미국 군인을 상대로 돈에 대해 의식적인 결정을 내리는 방법을 교육한다. 그는 지난 20년간 군 생활이라는 특수한 상황에서 현역병을 대상으로 돈을 관리하는 방법을 가르쳤다.

제프는 이렇게 말한다. “군인은 언제든 임무를 수행할 수 있도록 준비되어 있어야 합니다. 군사적 준비성과 경제적 준비성은 떼려야 뗄 수 없는 관계입니다." 경제적으로 준비되어 있다는 것은, 돈을 모으고 신용을 쌓고 대출을 현명하게 사용하는 등 신중하게 돈을 관리하는 것을 의미한다. "군에서는 이것이 더욱 중요합니다. 안정적인 돈 관리는 현역병의 의무입니다. 그 의무를 이행하지 못하면 불명예 제대를 하게 될 수도 있지요. 이유는 간단합니다. 빚이 많으면 스트레스를 받게 되고, 스트레스를 받으면 집중하기가 어렵습니다. 현역병이 다른 데 정신이 팔려 있으면 임무에 충실할 수가 없지요. 단순하게 들릴 수도 있지만, 안정적인 예산 관리와 탄탄한 신용은 군인의 준비성에 있어서 중요한 측면입니다. 나아가 현역병이 탄탄한 경제 기반 위에 서 있으면 일국의 군대가 집중력과 군사력을 유지하는 데 도움이 됩니다."

균형, 책임, 절제.
누구든지 이 세 가지를 지침으로 삼아 풍요로운 삶을 일굴 수 있다.

제프는 또 이렇게 말한다. "통념과 달리, 경제 분야에서의 교육 및 지식 수준은 군인이 오히려 일반인보다 높습니다. 군인은 책임감도 강하지요. 그들은 당장이라도 전선에 투입될 수 있도록 늘 준비하고 있기 때문에 삶의 모든 측면이 최대한 균형을 이루고 있어야 합니다. 돈과의 관계에서도 절제력이 있어야 하지요. 절제라는 것은 주의를 기울이고 제어하는 것을 의미하며, 이 경우에는 돈을 어떻게 쓰느냐를 제어하는 것을 말하지요."

균형, 책임, 절제. 누구든지 이 세 가지를 지침으로 삼아 풍요로운 삶을 일굴 수 있다. 제프는 군인에게 균형이란 무엇인지를 설명했다. "현역 군인들은 언제든지 전투에 투입될 상황에 놓여 있지만 두려움에 시달리며 살지는 않습니다. 저는 재정적인 면에 관해서 미래를 생각하지 않고 맹목적으로 무절제하게 돈을 써서는 안 된다고 조언합니다. 다만, 가끔은 내키는 대로 소비할 정도의 여유는 남겨놓는 것이 좋습니다. 지나치게 긴축적인 생활을 하면 사는 것 같은 느낌이 들지 않을 수도 있거든요." 제프는 이렇게 말을 끝맺었다. "군사적 준비성과 마찬가지로 경제적 준비성의 핵심은 침착한 태도로 경계를 게을리하지 않는 것입니다. 그런 마음가짐으로 돈을 관리하면 편안한 삶을 살면서도 불확실한 미래를 대비할 수 있습니다." 군인 특유의 정확한 표현으로 돈과의 바람직한 관계가 어떤 것인지 설명한 것이다.


## 의식적인 결정의 기준

　　소비자법 전문가인 밀러 박사는 돈의 가치를 아는 사람이다. 그에게 살아가면서 건강한 투자를 한 적이 있다면, 그것이 무엇이냐고 물어보았다. 이에 대해 그는 여름휴가와 가족에 대한 이야기를 들려주었다.

"제가 가입되어 있는 단체에서는 매년 여름마다 모임이 열립니다. 둘러앉아서 법에 대해 토론하는 모임이지요. 그 모임이 없었다면 제 삶이 지금처럼 풍요롭지 않았을 것입니다. 그 이유 중 하나는 제가 그 모임에 늘 아내와 두 아들을 데려갔기 때문입니다. 일주일 이상 집을 비워야 할 때 아내와 아이들을 데려가지 않으면 가족과 함께하는 시간과 잊지 못할 추억이 그만큼 줄어드는 것이지요.” 그는 소리 내어 웃더니 이야기를 계속했다. 여름마다 모임에 참석하면서 여비가 부족했던 적이 몇 번 있었다고 한다. “당시 저는 가난한 법학과 교수였기 때문에 모아둔 돈으로 온 가족의 여행경비를 충당할 수 없었습니다. 그럴 때면 신용카드로 경비를 마련했지요. 물론 갚을 수 있다는 확신은 있었습니다. 대개는 환급을 받았으니까요. 그래도 단기적으로 빚을 지게 되는 셈이었는데, 그 정도 가치는 충분히 있었습니다. 가족이 함께 간다는 것이 제게는 중요했으니까요.”

밀러 박사의 아내인 52세의 마샤를 만났을 때, 마샤는 대출을 받는 것이 남편에게는 중요한 일이었음을 공감했다. 그가 매우 의식적인 결정을 내렸던 것이 분명했다. “프레드는 정말 검소하고 신중해요.”라고 마샤가 설명했다. “깨알 같은 주의사항도 꼼꼼히 읽죠. 유전인 것 같아요. 프레드의 할아버님께서 대공황 때 큰돈을 잃은 후로 아주 검소한 생활을 하셨대요. 그래서 가족 몰래 사무실 책 속에 현금을 보관하셨다고 하더군요. 할아버님이 돌아가시고 나서야 가족들이 돈을 발견했어요. 책을 기증하려고 포장하고 있었는데 책 사이에서 돈이 팔랑팔랑 떨어졌대요. 당시에는 큰돈이었지요.” 물론 프레드는 책에 돈을 숨기지는 않는다. “그이는 같은 차를 15년 동안 타는 사람이에요.”라고 마샤는 웃으면서 말을 이어갔다. “프레드는 무엇을 하든 신중하게 검토해본 후에 하지요.”

그렇다면 대출금으로 휴가를 떠난 일은 어땠을까? 밀러 박사는 “그런 경험을 위해 돈을 빌리는 것은 진정 유익한 대출의 예라고 생각합니다. 저와 가족에게는 중요한 일이었습니다. 아이들이 전국에서 온 친구들을 사귀고 구경도 많이 했으니까요. 물론 그때 함께 오지 않았으면 가족과 함께 보내는 시간도 그만큼 줄어들었을 테고요. 제게는 가치가 있고도 남 았지요." 마샤도 이에 동의했다. "정말 즐거운 여행이었어요. 아직도 그때 사귄 친구들과 친하게 지낸답니다." 그리고 덧붙였다. "프레드는 우리가 대출을 갚을 수 있다는 확신을 갖고 있었어요."

미국을 비롯한 전 세계의 부모들처럼, 밀러 부부도 아이들에게 더 나은 삶을 선물하기 위해 과감한 결단을 내렸다. 밀러 부부는 목표가 컸기 때문에 약간은 무리를 해야 했다. "주택 순가치 담보대출을 받아서 아이들을 대학에 보냈어요. 그런 다음에 집값을 다 갚았지요. 두 아들이 대학과 대학원을 졸업하고 각각 학위를 두 개 받는 데 20년이 걸렸어요. 우리는 아이들에게 야구처럼, 세 번이면 아웃이라고 농담을 하곤 했죠. 교육비가 많이 들긴 했지만 그럴 가치가 있었어요. 저는 학교에서 교사로 일했고 프레드는 일주일에 7일을 일했어요. 아이들도 나름대로 돈을 벌었지요. 물론 애들이 졸업하는 날이 오긴 할까, 이렇게 살다가 죽는 거 아닐까 싶었던 적도 있었어요." 마샤가 웃음기를 담아 말했다. "하지만 결국 해냈지요. 아이들은 빚 없이 학업을 마칠 수 있었어요. 우리는 아이들이 자랑스러워요. 둘 다 지금 잘 살고 있거든요. 돌이켜보면 훌륭한 투자였지요." 이 이야기에서 가장 놀라웠던 것은 밀러 부부가 얼마나 고생스러울지 뻔히 알면서도 아이들을 뒷바라지하기로 결심했다는 사실이다. 모험을 두려워할 필요가 없다. 고생할 각오만 하면 되는 것이다.

대화를 나누고 얼마 지나지 않아, 밀러 박사와 마샤는 아들 가족과 가까운 곳에 살기 위해 미네소타 주로 이사했다. 밀러 부부의 집은 아늑하고 아름다웠으며 전 세계를 여행하며 수집한 기념품들로 가득했다. 나는 밀러 박사에게 부에 대한 견해를 물었다. "재산이 부의 기준이 아니라는 관점을 갖는 것이 중요하다고 봅니다. 캐딜락이 있느냐 쉐보레가 있느냐, 저택이 있느냐 아파트가 있느냐가 부의 기준이 되어서는 안 됩니다. 하고 싶은 일을 마음껏 할 수 있느냐가 기준이 되어야지요." 우리는 아메리칸 드림에 대해서도 이야기했다. 아메리칸 드림이 비록 최근에 수모를 겪고 있긴 하지만, 삶을 발전시키고 풍요롭게 살고자 하는 사람은 아직 그 정신을 느낄 수 있다. "아메리칸 드림에는 자신의 장점을 토대로 더욱 발전하고자 하는 희망이 담겨 있다고 생각합니다."

밀러 박사는 "풍요란 성공의 증거로서 흔히 자기가치감의 반영이며, 그것이 가져다주는 보상은 성공을 이룬 것에서 얻어지는 자신감과 사회에 공헌했다는 느낌"이라고 말했다.

## 앞으로 나아가기

뻗어나가고, 성장하고, 탐험하고, 경계를 확장하고 싶은 것은 인간의 본성이다. 그 본성이 사람들을 신대륙으로 인도했으며 지금까지도 온 세상 사람들에게 풍요의 꿈을 심어주고 있다. 그러므로 그 지속적이고도 담대한 욕구를 억압하는 것은 바람직하지 않다.

오늘날 우리는 여러 가지 방법을 통해 자신과 사랑하는 사람의 삶을 풍요롭게 할 수 있다. 여기에는 금전적인 방법도 있고 비금전적인 방법도 있다. 단, 풍요로운 삶을 위해 투자할 때는 투자의 방법도 중요하지만 투자를 통해 얻는 의식과 경험이 훨씬 중요하다는 사실을 잊지 말아야 한다. 진정 풍요로운 삶을 살기 위해서는 의식적으로 구매하고 대출하고 투자해야 하며, 무엇보다도 의식적으로 살아야 한다. 의식적으로 돈을 사용하면 개인이나 집단의 행복을 위협하지 않고 발전할 수 있으며, 성장의 원동력과 활력을 얻을 수 있다. 이런 관점을 받아들이면 보다 쉽게 부의 심리를 형성할 수 있다.

# 주는 것의 힘

**PART 08**

우리는 받는 것으로 살림을 꾸리고
주는 것으로 삶을 꾸민다

　　2005년, 리에게 1년 동안 비영리단체에서 봉사할 기회가 생겼다. 내가 처음 리를 알게 된 때부터 지금까지 그는 여유가 될 때마다 어떤 방식으로든 그 단체에 기부를 하고 있다. 기부금을 내거나 1년에 몇 차례 진행되는 행사에서 자원봉사자로 참여하는 식이었다. 그러나 이번 새 프로젝트는 특별한 일이었기 때문에 부담이 클 것이었다. 제안을 받아들이면 잦은 출장으로 인해 가족과 보내는 시간이 줄어들 것이고, 비영리단체 프로젝트 때문에 자신의 홍보 대행사 일이 뒷전으로 밀리게 되어 수입도 상당히 감소할 것이었다. 그래도 리는 이 단체를 믿었고 자신의 시간과 에너지를 투자해서 이 단체의 목표 달성에 이바지하고 싶었다. 리는 아내와 함께 신중하게 상의한 끝에 이 제안을 받아들이기로 했다. 리가 집안일에 신경을 쓰지 못하는 만큼 아내가 더 열심히 일을 하기로 했고, 나중에 함께 노력해서 수입 손실을 메꾸고 경제력을 회복하기로 했다. 떨어져 있는 시간이 길어질 것이고 경제적으로도 큰 희생을 각오해야 했지만, 부부는 서로 합의하여 그 일을 받아들였다는 사실이 뿌듯했다.


## 삶은 조화롭다

리는 의욕적으로 프로젝트를 시작했지만, 집을 떠난 지 몇 달이 지나자 지치기 시작했다. 프로젝트는 정말 고되었다. 한밤중에 비행기를 타고 집으로 돌아오던 리는 이것이 과연 잘한 결정이었는지를 생각하게 되었다. 그리고 몇 시간 동안 고민한 끝에, 봉사에 대한 자신의 신념이 무엇보다도 중요하다는 판단을 내렸다. 이 프로젝트를 통해 받은 것을 돌려줄 수 있을 테고 자신이 아니면 이 일을 진행하기 어렵다는 것도 알았다. 그는 프로젝트에 전념하고 다시는 그 결정을 의심하지 않기로 했다.

네 번째 달에 리는 시애틀에서 지연된 비행기를 기다리다가, 10년 동안 함께 일한 고객의 전화를 받았다. 고객은 리에게 사무실로 오라고 했다. 당장 시작하고 싶은 큰 프로젝트가 있는데, 그것에 대해 논의하자는 것이었다. 분명히 큰 거래가 될 터인데, 리는 어떻게 거절해야 할지 몰라 난처함에 빠졌다. 하지만 리는 비영리단체와 약속을 했고, 그로 인해 자기 회사의 매출에 손실이 생긴다 하더라도 그 약속을 지키고 싶었다. 그는 고객에게 이미 다른 프로젝트를 진행 중이라고 말하고 예의상 집에 도착하면 한 번 찾아가겠다고 말했다. 그 제안은 거절할 생각이었지만 나중에 또 일을 받을 가능성은 열어두고 싶었기 때문이다.

리가 고객의 사무실에 도착해서 회사의 부사장과 이야기를 하려고 앉자, 부사장은 아무 말 없이 수표 한 장을 꺼내 탁자 위에 놓더니 리 쪽으로 밀었다. 수표 액수를 본 리는 슬픈 미소를 지으며 비영리 프로젝트의 대표를 떠올렸다. "마음 같아서는 정말 받고 싶습니다. 게다가 정말 후한 금액이군요. 그런데 저는 적어도 일 년간은 다른 일에 집중해야 합니다. 그보다 더 길어질 수도 있고요. 이 프로젝트를 그때까지 미뤄도 된다면 제가 하고 싶지만 저 없이 진행하신다 해도 이해할 수 있습니다."

"지금 바쁘셔도 상관없습니다." 부사장이 대답했다. "시간이 날 때 해주시면 됩니다. 다른 사람과 하기보다는, 당신이 아무리 바빠도 당신과 하고 싶습니다." 리는 고개를 젓고는 일을 받아들이고 싶지만 그럴 수가 없다고 솔직히 말했다. 그러고는 수표를 밀어냈다. 그런데 놀랍게도 부사장은 고개를 젓더니 수표를 받지 않았다. "돈은 그냥 받으세요. 현금으로 바꿔버리세요." 부사장은 미소를 짓고는 이야기가 끝났다는 듯 고개를 끄덕였다. 리는 당황했다. 출장으로 너무 바빠서 이 일은 도저히 할 수가 없을 터였다. 고객을 실망시키고 싶지 않았지만 그렇다고 해서 지금 하는 일을 소홀히 하고 싶지도 않았다. 그러니 어떻게 이 돈을 받을 수가 있겠는가?

리는 부사장과 몇 분간 실랑이를 했다. 리가 아무리 다른 사람에게 일을 맡기라고 해도, 부사장은 한사코 일단 수표를 받고 시간이 날 때 일을 하라는 것이었다. 부담 가질 필요도 없고 지금 하는 일을 소홀히 할 필요도 없다고 덧붙였다. "천천히 해도 됩니다." 부사장은 계속 그렇게 말할 뿐이었다. 리는 진지하게 질문했다. "하지만 제가 이 일을 못하게 되면 어떡합니까? 지금 하는 일이 너무 많아 그 일까지 할 여유가 안 되면요?"

부사장은 대답했다. "일단 돈은 받으세요. 이게 옳은 일이라면 결국 잘 풀릴 거라 믿습니다. 정 안 되면, 그냥 돈을 가지세요! 이 일 때문에 지금 하시는 일에 소홀해지셔서는 안 되겠지만, 이 프로젝트를 다른 사람에게 맡기느니 기다려서라도 당신에게 맡기고 싶습니다. 지금 할 수 있든 없든, 이 프로젝트는 당신 겁니다." 말을 마친 부사장은 리를 밖으로 안내하려고 일어섰다.

호기심이 생긴 리가 물었다. "왜 이렇게까지 제게 일을 맡기려고 하십니까?" 그러자 부사장이 설명했다. "6년 전에 회의를 하다가, 당신이 우리 회사의 발전에 도움이 되는 제안을 한 적이 있습니다. 그 제안을 이해하는 데 참 오랜 시간이 걸렸지만, 이제는 준비가 되었습니다. 이 프로젝트는 처음부터 당신 아이디어였던 겁니다. 그렇기 때문에 꼭 당신에게 일을 맡기고 싶은 겁니다." 리의 기억이 천천히 그때의 회의로 돌아갔다. 자신이 그런 제안을 했다는 사실을 오랫동안 잊고 있었던 것이다. 리는 부사장과 함께 걸어 나가면서 수표를 다시 보았다. 지금까지 자원봉사를 하느라 포기한 수입과 정확히 일치하는 액수였다. 또 프로젝트를 완료할 경우 수표를 한 번 더 받을 것이므로 모두 합치면 평상시의 1년 매출보다 훨씬 큰 액수가 될 것이었다. 리는 이 상황에 대해 아내와 비영리단체장과 의논을 했다. 어느 누구도 불만이 없었다. 일을 받아들일 경우에도 비영리단체를 위해 프레젠테이션과 회의를 하면서 틈틈이 전화만 하면 될 것이었다. 아내와 비영리단체장의 격려와 후원에 힘입어 리는 일을 받아들였다. 그리고 다음날 가벼운 마음으로 비행기를 탔다.

비영리단체의 일은 예상보다 훨씬 성공적이었다. 그래서 알래스카, 유럽, 호주 등지로 몇 달 더 출장을 다니게 되었고 처음에 합의한 것보다 시간도 훨씬 많이 투자해야 했다. 그러나 그동안 리는 제안받은 사업 프로젝트를 완수했고, 어느 날 밤 집에 돌아오자 약속대로 거액의 수표가 그를 기다리고 있었다. 아내는 '고생했어요!'라는 쪽지와 함께 그의 책상 위에 수표를 올려놓았다. 수표 밑에는 출장에서 만났던 사람들에게서 온 감사장이 쌓여 있었다. 감사장에는 진심에서 우러난 고마움이 담겨 있었다. 그러나 리는 오히려 감사한 마음이 들었다. 삶이 놀라울 만치 조화롭고 우아하게 풀렸기 때문이다. 리는 "하나님보다 더 베풀 수 있는 사람은 없다."라는 말을 들은 적이 있다. 리에게 이 말은 열린 마음으로 나누고 베풀면 축복은 고스란히 자신에게 되돌아온다는 의미로 다가왔다. 기대를 하기 때문이 아니라 오히려 기대하지 않기 때문에.

## 나눌수록 넉넉해지다

풍요로운 삶의 즐거움 중 하나는, 되돌려줄 수 있다는 것이다. 이는 곧, 자기 인생을 진정 풍요롭게 일구었기에 타인과 나눌 여유가 생긴다는 것이다. 곤경에 처한 친구를 돕는 것에서부터 모교에 기부를 하거나, 의료연구에 참여하거나, 스카우트에서 봉사 활동을 하거나, 교회 등의 비영리단체를 후원하는 것에 이르기까지 나눔의 형태는 매우 다양하다. 나누면 자부심이 고취되고 자신과 타인에 대한 책임감이 강해진다. 남과 나눌수록 풍요로 통하는 문이 넓어진다는 것은 부의 심리에서도 매우 흥미로운 측면이다. 우리는 나눔을 통해 넉넉하고 보람찬 인생을 경험할 수 있다. 그것이야말로 가장 소중한 재산이 아닐까? 사심을 버리고 나눔으로써 인간으로 크게 성장할 수 있다. 많이 나눌수록 많이 성장한다. 우리가 발전함에 따라 받는 능력과 돌려주는 능력도 함께 발전하며, 둘은 상승 효과를 일으켜 풍요로운 삶을 만드는 데 필요한 추진력을 생성한다.



기분이 우울할 때는 다른 사람을 위해 무언가를 해보자.
친절을 베푸는 것은 자신에게 선물을 하는 것이나 마찬가지다.

'베푼다'는 말이 돈과 관련해 사용되면, 흔히 기부나 자선을 떠올린다. 이것은 경제적 이타주의의 중요한 일면이다. 기부자가 물질적인 보답을 바라지도 않고 받지도 않는 나눔의 좋은 예이다. 이 같은 자선 활동은 개인과 사회에 여러 가지 이로움을 준다. 수백만 명이 교육을 받고 수많은 사람들이 질병과 재해를 이겨내는 데 도움을 받는다. 그러나 나누는 방법은 그 외에도 많다. 돈뿐만 아니라 시간이나 재능을 기부할 수도 있다. 가장 중요한 것은 열린 마음과 너그러운 정신이다. 그 넉넉함이 타인의 삶은 물론 자신의 삶도 발전시킬 수 있다.

진짜 부자는 꾸준히 나눈다. 성공한 사회와 국가, 회사, 개인은 나눔이 본질적으로 얼마나 이로운 것인지 알고 있다. 받은 것을 어떤 형태로든 세상에 돌려주는 것이 얼마나 소중하고 의미 있는 일인지 알기에 꾸준히 자선단체와 비영리단체에 기부를 하는 것이다.

# 불행한 초상을 남긴 사람들

부의 심리를 연구할 때는, 이 심리를 가지지 못한 사람들을 관찰하면 많은 것을 배울 수 있다. 19세기 후반, 러셀 세이지는 자본가이자 철도 재벌로서 엄청난 부를 축적했다. 돈을 무척 아끼는 것으로 유명했던 그는 대부를 해주면서 과도한 이자를 물리려 했다가 유죄 선고를 받고 벌금형을 받았다. 1891년 세이지의 암살 기도가 일어나기도 했는데, 그의 직원이었던 윌리엄 레이드로는 당시의 사건에서 세이지가 자신을 인간 방패로 사용하려 했다며 그를 고소했다. 그러나 세이지는 자신의 직원이 남은 일생 동안 장애를 안고 살게 되었음에도 보상을 해주지 않으려고 싸웠다. 그리고 윌리엄 레이드로가 소송에서 두 번이나 승소했음에도 불구하고 그에게 단 한 푼의 보상금도 주지 않았고, 결국 윌리엄 레이드로는 다른 사람들의 도움을 받아 살아갈 수밖에 없었다. 이후 세이지는 전 재산을 두 번째 아내에게 물려주었는데, 자신의 막대한 재산이 나중에 어떻게 쓰일지 알았더라면 아마 무덤에서 벌떡 일어났을 것이다. 7,000만 달러에 달하는 세이지의 유산을 물려받은 아내는, 그 돈으로 러셀 세이지 재단을 설립하는 등 자선사업을 펼쳤다.

헤티 그린 또한 막대한 재산과 함께 불행한 구두쇠의 초상을 남겼다. 월스트리트에서 중요한 자리에 오른 최초의 미국 여성이었던 그린은 기이할 만큼 인색하기로 유명했다. "그린은 진기한 존재였다. 록펠러, 모건, 카네기 등 부자는 모두 남자였던 금박시대(남북전쟁 이후의 대호황기를 가리키는 말_옮긴이주)에 혼자 힘으로 엄청난 돈을 모은 여성이었다. 그리고 한편으로는 어느 모로 보아도 매우 불쾌하고 탐욕스럽고 옹졸하고 못된 여성이었다고 한다."[1]

그린은 아버지의 손에서 엄격한 퀘이커(개신교의 한 교파) 교도로 자랐다. 그녀의 아버지는 겸손과 금욕의 교리는 극단적으로 받아들이면서, 자선의 교리는 거부하는 사람이었다. 아버지는 헤티가 더러운 누더기를 입으면 칭찬을 했고 헤티 역시 자신의 금욕적인 생활을 자랑스러워했다. 그녀는 어마어마한 부자가 된 후에도 가급적 돈을 쓰지 않으려 했고, 집세와 세금을 내기 싫어서 친척 집에 얹혀살았다. 항상 낡은 옷을 입었으며 아침 신문을 읽은 다음에는 되팔려 했다고 한다. 어릴 때 아버지에게 받은 금욕 교육이 평생 간 것이다!

한 번은 이모인 실비아가 200만 달러에 달하는 유산을 자선단체에 기부하기로 했다는 이야기를 들은 그린은, 법정에서 유언장의 효력에 이의를 제기하며 그 이전에 작성된 문서를 근거로 이모가 전 재산을 자신에게 남겼다고 주장했다. 그러나 그 문서가 위조된 것으로 판명됨에 따라 그린은 소송에서 졌다. 게다가 그린은 자신의 열네 살짜리 아들이 썰매를 타다가 사고로 무릎뼈가 탈구되었을 때 아들을 제대로 돌보지 않았다. 진료비가 너무 비싸다고 생각한 그린은 극빈자로 위장하여 무료 진료를 받으려고 했는데, 무료 진료소 사람들이 자신을 알아보자 화가 나서는 아들을 직접 치료하겠다며 그냥 집으로 데려간 것이다. 결국 아들은 진료가 늦어지는 바람에 다리를 절단해야 했다.

그린은 그 많은 재산을 가졌음에도 행복하지 않았다. 돈에 극단적으로 집착한 나머지 자신의 명성뿐 아니라 인생도 망쳤다. 그녀는 투자를 잘못했다는 이유로 상냥한 남편을 떠났다. 어느 누구도 믿지 않았으며 친척들이 유산을 노리고 자기를 암살할지도 모른다는 두려움에 늘 시달렸다. 헤티 그린이 현대에 살았다면 강박적인 수집벽이 있는 정신병자로 취급받을지도 모른다(당시만 해도 부자가 이상한 짓을 하면 괴짜였고, 일반인이 이상한 짓을 하면 미치광이였다). 어쨌든 헤티 그린은 남에게, 그리고 자신에게 베풀지 않으면 삶이라는 보물을 낭비하게 된다는 교훈을 주는 좋은 예이다.

세이지와 그린 같은 구두쇠가 큰 재산을 모을 수 있다는 것이 불공평해 보일 수도 있다. 그렇게 엄청난 자산을 보유한 사람이 인색하고 쩨쩨하다는 건 우리의 직관뿐 아니라 자연의 섭리에도 어긋나는 듯하다. 그러나 이는 흔히 있는 일이다. 넓은 아량이 돈을 많이 버는 데 필수적인 요소는 아니기 때문이다. 그러나 그런 사람이 진짜 부자라 할 수 있을까? 아니다. 그런 사람이 든든한 친구와 가족, 동료에게 사랑받고 존경받을까? 그런 자산이 없다면 이들은 세상의 돈을 다 갖고 있으면서도 기쁘지 않은, 진정으로 풍요롭지 않은 사람일 뿐이다. 이것이 바로 부의 그림자 상이다. 이런 사람은 두려움과 불안에 사로잡힌 채, 또는 분노와 증오에 젖어 가진 것을 지키는 데 급급할 뿐 삶의 진정한 보물을 얻지 못한다.

> 다른 사람을 넉넉하게 하지 않고서는 넉넉해질 수 없다.
> 풍요에 보탬이 되는 사람은 풍요를 누리게 된다.
>
> G. 알렉산더 오른도르프(G. Alexander Orndorff)

 

# 부의 선순환

우리는 훌륭한 삶(모든 것이 균형을 이루고, 행복으로 충만하며, 만족할 만한 재력을 갖춘 삶)을 일구기 위해서는 나누어야 한다는 사실을 본능적으로 알고 있다. 우리는 나눔으로써 보다 큰 성취감을 느낄 수 있으며 삶과 부가 원활하게 흐르도록 할 수 있다.

"주는 대로 받으리라."는 격언이 부의 심리의 근간을 설명해준다. 남에게 베푸는 것은 몇 배가 되어 돌아온다. 남에게 큰 사랑을 주면, 우리 삶에 더 큰 사랑이 찾아온다. 남에게 경제적으로 더 많이 베풀면 경제적 기회가 더 많이 생긴다. 한마디로, 남과 나누면 우리 삶도 넉넉해진다. 결과적으로 자기가치감이 높아지고 그에 따라 목표 달성 능력도 강해진다. 어려운 일을 해내면 자존감이 고취되듯이, 창의력이 필요한 일이나 다른 사람에게 도움이 되는 일을 할 때에도 자존감이 고취된다. 나눔은 이것과도 관계가 있다. 타인이 문제를 해결하거나 상황을 개선할 수 있게 도와줌으로써 우리는 자기가치감을 증대시키고 부의 순환을 확대할 수 있다. 우리 사회의 모든 사람을 행복하게 하는 선순환을 만드는 것이다.

얼마 전 내 친구 한 명이 병원 대기실에 있다가 우연히 병원 관리자와 한 가족의 대화를 듣게 되었다. 그 가족의 보험회사가 진료비 지급을 거부했다는 내용이었다. 그 가족의 어머니가 진료를 받아야 했는데 관리자는 미납 진료비 200달러를 납부하지 않으면 추가 진료를 받을 수 없다고 말했다. 대화는 조용했지만 그 이야기를 듣는 가족의 얼굴에는 긴장한 기색이 역력했다. 그들은 결국 체념했는지 수표책을 가지고 돌아오겠다는 말을 남기고 병원을 나가기 시작했다. 내 친구는 안타까운 마음에 도와주어야 할까 고민했다. 200달러 정도는 그가 감당할 수 있는 금액이었다. 그런데 친구가 지갑에 손을 뻗는 순간, 대기실에 있던 다른 여성이 일어서더니 그 가족을 따라 밖으로 나갔다.

몇 분 후 여성은 그 가족과 함께 들어왔다. 그녀는 접수처로 걸어가더니 100달러짜리 지폐 두 장을 꺼내서 미납 진료비를 치렀다. 병원 관리자는 감사하다는 듯 미소를 활짝 지었다. 그 가족은 벅찬 감동과 고마움을 느끼는 듯 보였고, 어머니가 어떻게 그 감사를 표현하면 좋을지 물었다. 아낌없이 베푼 여성은 고마워할 필요가 없다며 돈을 갚더라도 받지 않겠다고 단호히 말했다. 그저 그들도 어려운 처지에 놓인 사람을 만나면 그 사람을 도와주라고 말했을 뿐이다. "대기실은 벅찬 기쁨으로 가득했어. 마치 하늘이 열리면서 대기실에 있던 사람 모두에게 선물을 내리기라도 한 것처럼 말이야. 그 기쁨이 손에 잡힐 것만 같았지." 그 경험에 대한 친구의 평이다. "모두들 미소를 띠고 있었고 조금 더 여유로워진 것 같았어. 대기실 가득 사랑이 피어났고 우리 모두 그걸 느낄 수 있었지."

### 기대 없이 베푸는 마음의 대가

다른 사람을 돕기 위해 노력하다 보면, 성공이 그리 멀리 있지 않다는 사실을 깨닫게 되기도 한다. 부가 없어도 나누고 봉사할 수 있지만, 나누고 봉사하면 온갖 형태의 부가 생겨난다.

미네소타 주 덜루스 출신의 유대계 미국인 병사 알렉스 루리는 젤데스라는 독일 마을에 가게 되었다. 제1차 세계대전이 막바지로 치닫고 있던

1917년의 어느 금요일 밤, 외롭고 고독했던 그는 그곳의 유대인들이 어떤 사람들인지 보려고 마을의 유대교회당에 들어갔다. 그러나 미국과 독일은 적국이었고 명목상 적인 사람들 가운데 서 있자니 루리는 마음이 불편했다. 그런데 그때 헤어 로제나우라는 남자가 다가와 루리에게 인사를 건네고 그를 편안하게 응대해주었다. 뿐만 아니라 그 남자는 예배가 끝난 뒤 루리를 집으로 초대해 유대교의 전통인 안식일 만찬을 대접했다. 독일인 가족의 따스한 친절 속에서 만찬을 즐긴 젊은이는 깊은 감동을 받았다. 헤어 로제나우와 그의 가족 덕분에, 알렉스 루리는 고향에서 멀리 떨어진 적국에 있었음에도 혼자가 아니라는 느낌을 받을 수 있었다. 루리는 전쟁이 끝나기 전에 다시 이 가족을 만나지 못했다. 그리고 마침내 덜루스로 돌아온 그는 큰 친절을 베풀어주었던 헤어 로제나우에게 감사의 편지를 썼다. 이유는 알 수 없지만 헤어 로제나우는 답장을 하지 않았고 대신 그 편지를 책상 서랍에 넣었다. 그리고 그대로 21년이 흘렀다.

베푸는 습관을 들이면 베풀고 싶은 마음이 더욱 커진다.

월트 휘트먼(Walt Whitman)_시인(1819~1892)

그동안 로제나우의 딸은 성인이 되어 오이겐 빈베르크라는 남자와 결혼을 했고 1938년 세 아이의 어머니가 되었다. 당시는 독일의 유대인들에게 고달픈 시절이었다. 이제 할아버지가 된 헤어 로제나우는, 가족과 독일의 유대인들에게 닥칠 어두운 미래에 불안해하고 있었다. 그러던 어느 날 열한 살짜리 손자 지그베르트가 헤어 로제나우의 책상을 뒤지다가 외국 우표가 붙은 봉투 하나를 발견했다. 손자는 그 봉투를 꺼내들고 물었다. "외할아버지, 저 이거 가져도 돼요?" 아이는 할아버지의 허락을 받고 봉투를 집으로 가져가 어머니에게 보여주었다. 오래전 미국 군인이 보낸 감사의 편지를 읽은 로제나우의 딸에게 좋은 생각이 떠올랐다. 때마침 부부는 점점 위험해지는 독일을 떠날 방법을 찾고 있었던 것이다. 그래서 그녀는 알렉스 루리에게 편지를 써서 가족이 미국으로 이민할 경우 보증인이 되어 달라고 부탁해보기로 했다. 물론 별 기대는 하지 않았다. 이미 큰 장애물이 있기도 했다. 봉투에 회신 주소가 없었던 것이다. 그래서 주소란에 '미네소타 주 덜루스, 알렉스 루리'라고만 써서 편지를 부쳤다.

헤어 로제나우의 가족이 늘어나고 있던 20년 동안, 알렉스 루리는 부유한 사업가가 되어 꽤 큰 도시인 덜루스에서도 유명세를 떨치고 있었다. 덕분에 우체부가 그를 쉽게 찾아서 편지를 배달할 수 있었다. 루리는 즉시 답장을 해서, 빈베르크 가족이 미네소타 주로 이주할 수 있게 돕겠다고 했다. 빈베르크 가족은 1938년 5월 미국에 도착했고, 로제나우 부부도 곧 뒤를 따랐다. 빈베르크 부부는 덜루스에서 기반을 잡기 위해 열심히 일했다. 때로는 입에 풀칠을 하려고 각자 두 가지의 일을 병행해야 할 때도 있었다. 그럼에도 그들은 독일의 유대인들에게 닥친 파멸의 길을 피할 수 있었다는 데 감사했다. 헤어 로제나우가 바라는 것 없이 친절을 베풀었기에, 가족 전체가 목숨을 구할 수 있었던 것이다. 미국에 온 후 그의 가족은 대대로 번창했고, 이제는 증손까지 태어났다. 한 개인이 낯선 사람에게 베푼 친절이 값을 따질 수 없는 선물이 되어 돌아온 것이다.[2]

# 흐름 유지하기

나는 심리치료사이자 경영인교육자로 사람들을 만나면서, 줄 줄 몰라서가 아니라 받을 줄을 몰라서 문제인 사람이 많다는 사실을 알게 되었다. 많은 사람들이 남을 돕고 싶어 하고, 도움이 얼마나 소중한지를 잘 알고 있다. 실제로도 받기보다는 주기가 더 쉽다는 사람이 많다. 그러나 받기를 망설이면, 주기를 망설일 때만큼이나 부의 흐름에 지장을 줄 수 있다. 우리는 열린 마음으로 기꺼이 받는 만큼, 딱 그만큼만 풍요로운 삶을 살 수 있다. 따라서 균형 있고 풍요로운 삶을 살기 위해서는, 주기도 하고 받기도 해야 하는 것이다.

사람들은 때때로 나중에 부족할 것이 두려워 나누기를 망설인다. 그것이 비록 현실적인 사고에 충실한 듯 보일지 몰라도 실은 자기충족적 예언이 될 수 있으며, 나아가 자기파괴적이기까지 하다. 돈을 우리 사회, 우리 경제, 우리의 삶에 흐르는 에너지라고 생각해보자. 우리는 노동력과 서비스, 아이디어를 주고 그 대가로 돈을 받으며, 마찬가지로 돈을 주고 그 대가로 무언가를 받는다. 돈은 본질적으로 중립적이다. 돈은 일종의 에너지로서 결코 완전히 사라지지 않는다.

부의 심리를 지니기 위해서는, 무슨 일이 있어도 부족함이 없을 거라고 믿어야 한다. 내 친구 디드라는 이 교훈을 뼈저리게 실감했던 때를 기억한다. 디드라가 오하이오 주 신시내티에서 교사 일을 시작한 지 얼마 되지 않았을 때였다. 하루는 빨래를 하려고 빨래방에 가서 세탁기에 동전을 넣고 나니, 다음 월급날까지 쓸 돈이 5달러밖에 남지 않았다고 한다. 그런데 디드라가 서서 빨래를 개는 동안 한 젊은이가 다가오더니 '가장 궁핍한 아이들'이라는 자선 행사의 기금 마련을 위한 복권을 내밀었다. 그 이름만 봐도 눈물이 날 것 같았다. 복권은 5달러였고, 디드라는 가만히 서서 잠시 고민했다. 일단 당장 먹을 음식과 기름은 있으니 괜찮을 것 같았다. 그래서 디드라는 그 남자가 갖고 있던 마지막 복권을 샀다.

디드라는 복권에 당첨됐다는 전화를 받았을 때, 경품이 무엇인지도 몰랐다. 묻지를 않았던 것이다. 최근에 그녀는 학생들에게 열기구를 타보고 싶은데 자기 형편에는 너무 비싸다는 이야기를 한 적이 있었다. 오하이오강 위를 떠가면서 알록달록한 가을 나무를 구경하면 얼마나 설렐지 상상한 적도 있었다. 혹시나 저렴한 표가 있을까 싶어 전화도 몇 통 해보았지만, 모두 디드라의 형편에 비해 너무 비쌌다. 그런데 놀랍게도 디드라가 그날 복권에 당첨되어 받은 경품은 열기구 탑승표였다. 뿐만 아니라 언론 취재, 샴페인, 기념사진 촬영까지 포함되어 있었다. 얼마 지나지 않아 디드라는 맑고 화창한 날에 가을 풍경 위를 누비고 있었다. 실제로 열기구를 타보니 상상했던 것보다 더 좋았다. 그렇다면 디드라가 치른 비용은? 열린 마음, 나누고자 하는 뜻, 그리고 마지막 5달러짜리 지폐 한 장이었다. 디드라는 괜찮을 거라고, 부족함이 없을 거라고 믿었다. 건강한 자존감이 있었기에 스스로 부를 창출하는 능력도 믿을 수 있었던 것이다.



    부의 심리

## 자신과 타인에게 투자하기

나는 주인이 맡긴 돈을 잃어버리지 않으려고 돈을 땅속에 묻는 성경 속 하인의 이야기를 가끔 생각한다. 이와 대조적으로, 다른 하인 두 명은 그 돈을 투자해서 몇 배로 불린다. 주인은 세 명의 하인이 자신의 돈을 어떻게 사용했는지 알고는, 겁이 많은 하인을 내쫓고 그가 땅에 묻었던 돈을 나머지 두 명에게 나눠준다. 이 이야기의 교훈은 생산적으로 사용하지 않는 것은 결국 잃게 된다는 것이다. 돈을 땅속에 묻는 것은 오늘날의 경제에서 침대 밑 신발상자에 돈을 넣어두거나 저금리 예금계좌에 돈을 넣어두는 것과 비슷할 것이다. 돈을 잃을까 봐, 또는 필요할 때 모자랄까 봐 묻어둔다는 면에서 본질적으로 같기 때문이다.

남에게 주기 위해서는 그 흐름이 우리에게 돌아오리라 믿어야 한다. 가진 돈을 사용하기가 두려워서 다른 사람에게(또는 자신에게) 투자하지 않고 묻어버리면 첫 번째 하인처럼 될 수도 있다. 다른 사람에게 주기에는 부족하다고 생각하면 실제로 부족하게 될 수 있다. 그렇다고 해서 저축을 하면 안 된다는 말은 아니다. 현명하게 저축하고 미래에 대비할 수 있다면 삶의 순리를 믿고 현명하게 베풀고 투자할 수도 있을 것이다.

들어오는 것과 나가는 것이 균형을 이루지 않으면 침체가 일어난다. 돈을 쌓아두려고만 하면, 역동적인 삶의 흐름을 차단하게 된다.

## 베푼 것은 되돌아온다

내 친구 한 명은 운 좋게도 도널드 트럼프와 긴밀히 일을 할 기회가 있었다. 친구의 말에 따르면, 그는 삶과 사람에 대한 진심 어린 애정을 온몸으로 발산하는 사람이라고 한다. 그는 주변의 선의에 감사할 줄 아는 따뜻하고 열정적인 사람이다. 하루는 내 친구가 공항에서 도널드 트럼프를 만나 리무진을 함께 타고 자신이 기획한 연설행사에 가고 있었다고 한다. 차 안에서 그들은 트럼프가 수만 명의 사람들 앞에서 하게 될 연설에 대해 이야기하고 있었다. 그런데 공항 바로 앞에서, 한 무리의 젊은이들이 트럼프의 주의를 끌려고 손을 흔들며 소리치고 있는 모습이 눈에 띄었다. 트럼프는 운전사에게 차를 세우라고 했다.

친구는 트럼프가 창문을 열고 손을 흔들겠거니 생각했다. 그런데 그는 차에서 내려 몇 분을 할애하며 젊은이들에게 사인을 해주고, 포기하지 말고 목표를 향해 노력하라는 격려의 말을 건넸다. 친구는 감명받았다. 트럼프가 경제적으로 아낌없이 베푼다는 것은 원래 알고 있었지만, 작지만 진심 어린 행동에서 가진 것에 진정 감사하며, 우리 모두에게 소중한 것, 바로 시간을 아낌없이 베푸는 사람임을 알 수 있었던 것이다. 풍요로운 삶은 한 순간 한 순간 받은 것을 돌려주는 모습에서 드러난다.

### 받은 것을 돌려주려면 어떻게 해야 할까?

조이스 셜리는 사우스캐롤라이나 주에 있는 한 교회의 식품 저장실에서 일주일에 한 번 봉사 활동을 한다. 조이스의 열여섯 살짜리 조카 리비도 함께 봉사를 한다.

"우리는 통조림과 건조식품, 동네 텃밭에서 재배한 신선한 야채를 나눠줘요. 어느 누구도 빈손으로 돌려보내지 않죠." 조이스가 이야기한다. "저는 사람이 좋아서 이 일을 해요. 제가 사는 곳에는 이 음식이 없으면 굶주릴 사람이 너무 많아요. 주로 노인과 실직자지요. 그분들은 정말 고마워하세요. 도움을 주면 저도 기분이 좋아지지요."

   부의 심리

# 작은 변화

우리가 인식하든 인식하지 못하든, 다른 사람과 나누면 우리도 발전한다. 어떤 이유에서든 삶이 정체되고 고착된다면 나눔으로써 극복할 수 있다. 인생이 잘 흘러가지 않고 상황이 바람직하지 않다면 그때야말로 타인과 더 나눠야 할 때이다. 나누고 베풀면 에너지와 영감, 의욕이 솟는다. 베푸는 것은 자신이 세상에 긍정적인 영향을 미치고 있음을 확인하는 확실한 방법이며, 자기 삶을 발전시키기 위해 나누고 베푼 행위는 또 다른 나눔으로 이어지고 계속된다. 그러다 보면 그저 기분이 좋기 때문에 나누게 된다. 보답을 바라지 않고 주게 된다. 재미있는 점은 보답이 멀리 있지 않다는 것이다. 우리가 베푸는 것은 항상 우리에게 돌아온다.

경제적으로든 다른 형태로든 정체가 일어나는 흔한 이유 중 하나는 권리의식이다. 누군가가 우리를 부양해야 한다는 태도를 취하면 발전이 멈추고, 받는 것에 대해서 감사하거나 기뻐하지 않게 된다. 돈은 계속 들어올지 몰라도 그 부를 진정으로 누리고 나누는 능력은 줄어들 것이다. 권리의식을 버리고 겸손한 태도로 타인의 가치, 지성, 잠재력을 존중한다면 풍요의 흐름을 시작할 수 있다.

우리는 일상에서 만나는 모든 사람들에게 크든 작든 나눔을 행할 수 있다. 진심 어린 칭찬이나 친절한 행동으로 시작해보자. 더 자주 미소 짓고 다른 사람을 더 정중하게 대하고 배려하는 것부터 시작하자. 자신감을 높이고 부를 창출하는 능력을 키우려면 안전지대에서 벗어나야 한다. 어떻게 나누면 자신도 함께 발전할 수 있는지 실험해보자. 작은 변화로도 큰 차이가 생길 수 있다. 나눔이란 본질적으로 풍요로움이라는 특성을 지니고 있기에 어떤 식으로 베풀든 더 큰 풍요를 느끼게 될 것이다. 우리는 서로 연결되어 있으므로 어떤 식으로든 나누고 베풀면, 궁극적으로 자신에게 선물을 하는 셈이 된다.

## 신뢰에 답하여 자존감 높이기

나눔은 재물을 아낌없이 주는 것이라기보다는 다른 사람에게 힘을 주고 자유를 주는 것, 건설적이며 받는 사람의 자존감을 높이는 방식으로 주는 것이다. 이상적으로는 다른 사람에게 그냥 주는 것이 아니라 그를 높여주는 것이어야 한다. 물론 재물을 베풀어야 할 때도 있겠지만 다른 사람에게 줄 수 있는 최고의 선물은 그 사람의 역량과 독립성을 키워주는 것이다. 다른 사람이 한 걸음 앞으로 나아갈 수 있도록 돕겠다는 마음으로 선물을 준다면 모든 사람이 더 큰 풍요를 누릴 수 있다.

타인에게 줄 수 있는 최고의 선물은
그 사람의 역량과 독립성을 키워주는 것이다.

아낌없이 주고 감사히 받으면 삶이 풍요로워진다. 많이 줄수록 많이 받는다는 것을 깨달으면 삶은 기하급수적으로 발전하며, 우주는 우리가 베푸는 것을 몇 배로 되돌려준다. 열린 마음으로, 조건 없이 줄수록 더욱 그



부의 심리

렇다. 무조건적으로 감사히 전하는 선물은 주는 사람과 받는 사람 모두에게 힘을 준다. 쌍방의 자기가치감을 높여주고 받는 사람에게는 신뢰를 전달한다. 타인을 향한 무조건적인 베풂은 받는 사람이 선물을 받을 가치가 있는 소중한 사람이라고 말하는 것과 같다. 그의 존재를, 그의 삶과 이상의 중요성을 인정하는 것과 같다.

진정한 부의 핵심에는 나눔의 정신이 있다. 균형 잡힌 삶을 살기 위해서는 부가 축적됨에 따라 나눔의 정신도 커져야 한다. 바꾸어 말해, 조화와 균형을 유지하기 위해서는 들어오는 것이 많아지면 나가는 것도 많아져야 한다는 것이다.



젊은 시절 나는 나눔이 진정한 풍요를 불러온다는 원칙을 알지 못했다. 내가 돈을 버는 것은 내 욕구를 충족하기 위함이었다. 천성적으로 이기적인 사람은 아니었지만, 주는 것의 힘에 생각이 미친 적이 없었던 것이다. 그리고 몇 년 전에야 경제적인 부는 나누지 않으면 공허한 성공에 지나지 않는다는 사실을 깨달았다. 이 깨달음을 얻는 데 특별한 계기가 있었던 것은 아니다. 깨달음은 오랜 경험과 관찰을 통해 서서히 찾아왔다. 나는 아낌없이, 감사히 나누는 것은 곧 스스로에게 베푸는 것임을 알게 되었다. 선물은 결국 주는 사람에게 돌아올 수밖에 없기 때문이다.

# 삶 재창조하기

**PART 09**

우리에게는 한 번의 삶이 주어진다
상황이 우리 마음을 정해줄 때까지
기다릴 것인지
일단 행동을 하고 그럼으로써 살 것인지
결정하는 것은 우리다

우리에게는 한 번의 삶이 주어진다.
상황이 우리 마음을 정해줄 때까지 기다릴 것인지,
일단 행동을 하고 그럼으로써 살 것인지 결정하는 것은 우리다.

오마 브래들리(Omar Bradley)_미 육군 장군(1893~1981)

마이클 스턴은 일을 시작하고 10년 동안은 아버지처럼 살았다. "아버지는 일을 좋아하지 않으셨습니다. 일은 생계를 유지하고 우리를 부양하기 위한 수단에 지나지 않았지요. 제가 보람찬 삶을 일구는 방법을 배운 것은 가족에게서가 아닙니다." 마이클은 남들이 부러워할 만한 직업을 갖고 있었고 그에 걸맞은 연봉도 받고 있었지만, 일과 삶에서 더 큰 보람을 얻길 원했다. 그는 이렇게 설명했다. "몇 년 동안 재미없는 일을 한 끝에 진정으로 하고 싶은 일을 찾았습니다. 그때 저는 월스트리트에서 컴퓨터 및 시스템 분석가로 일하고 있었습니다. 그러나 당시 30대 중반이었던 저는 척추 지압사가 되고 싶었습니다."

"그래서 일을 그만두기로 했지요. 당시에는 엄청난 도박이었습니다. 몇 년간의 안정된 삶을 뒤로하고 다시 학생이 되어야 했으니까요. 게다가 이사를 하고 학비를 대기 위해서 대출을 받아야 했습니다. 겁이 났지요. 그게 벌써 20년 전의 일인데, 그 후로는 뒤를 돌아보지 않고 달렸습니다.”

마이클은 결국 척추 지압사로 개업을 했을 뿐만 아니라 그 분야의 최첨단 기술을 개척하는 데도 기여했다. 그는 그렇게 자신을 재창조한 것이 “인생에서 가장 중요하고 위험한 결정이었지만, 그럴 용기를 낸 것이 다행이었다.”라고 말했다.

마이클 스턴 박사는[1] 미네소타 주에서 개업의로 진료를 하고 있을 때 만난 메리라는 환자에 대한 이야기를 나에게 들려주었다. 그 이야기를 듣다 보니 마이클이 자신의 삶을 재창조하기로 결심한 것이 이 세상에 얼마나 큰 축복인지 알 수 있었다. 메리는 심한 뇌진탕으로 걷기와 말하기 등 정상적인 활동을 할 수 없게 된 환자였다. 부상 당시 그녀는 저자이자 프로듀서, 강연자였다. 어느 날 그녀가 가족과 함께 저녁 식사를 하고 있었는데 무거운 전등이 머리로 떨어졌다. 처음에는 큰 혹이 생기고 머리가 아픈 정도였지만, 다음날 아침에 일어났을 때 끔찍한 고통과 기능 장애가 찾아와 그 후 1년을 침대에 누워서 보내야 했다. 깨어 있는 시간에 할 수 있는 일이라곤 고통으로 울부짖는 것이 전부였다. 남편은 메리를 수많은 신경과 전문의에게 데려갔지만 차도가 없자 다른 분야의 의사들에게 데려가기 시작했다. 그녀는 셀 수 없을 정도로 많은 진료를 받았고 대부분은 보험 처리가 되지 않았다. 그렇게 몇 달이 지났지만 메리는 여전히 혼자 힘으로 걷지 못했고 말을 해도 뜻이 거의 통하지 않았다. 사고 일 년 후, 의사들은 남편에게 메리의 뇌 손상이 영구적인 것 같다고 말했다.

너무나 걱정이 되었던 한 친구가 마이클에게 메리의 상태를 말했고, 마이클은 메리의 집을 찾아가 그녀를 진찰하겠다고 자청했다. 마이클은 그동안 수련한 기술로 메리를 치료했고, 그녀는 마이클이 찾아갈 때마다 조금씩 나아졌다. 그리고 몇 주가 지나자 신체 기능을 완전히 되찾았다(오히려 사고 전보다 더 나을 정도였다. 치료의 영향 때문인지 전에는 끔찍이 싫어했던 수학을 좋아하게 된 것이다). 이제 부상에서 완전히 회복된 메리는 가족과 지역사회 활동에 참여하고 있으며, 일도 다시 시작했다.

현재 마이클 스턴 박사는 명망 높은 의사로서 신문기사에 이름을 올리며 많은 환자들을 진료하고 있다. 그가 치료한 환자만 해도 유명한 운동선수와 연예인을 비롯해 수천 명이 넘는다. 또한 박사는 척추 지압 대학에서 학생들에게 지압 요법을 가르친다. 마이클이 과감한 모험을 선택한 덕분에 세상이 더 살기 좋아진 것이다.

## 관심을 쏟으면 자란다

시간은 귀중한 자원이다. 우리에게는 항상 시간이 부족하다. 그 결과 매일의 일과를 처리하는 데 급급할 뿐 시간을 내서 인생 계획을 세우지 않는다. 아니, 연 단위 계획조차 세우지 않는다. 보통은 꿈에 대해 생각해보지도 않기 때문에, 자신의 꿈을 간단하게 무시해 버린다. 우리에게 주어진 선물에 감사할 시간은커녕, 자신이 원하는 삶을 일구고 만들어가기 위한 시간조차 내지 않는다.

정신이 딴 데 팔려 있으면 현재의 소중한 경험을 놓치게 된다. 어릴 때는 하루가 굉장히 길었고 일 년은 미지의 세계로 향하는 기나긴 길처럼 느껴졌다. 시간이 그처럼 무한하게 느껴졌던 이유를 지금 돌이켜보면 한 순간 한 순간에 충실했기 때문이 아닐까 생각한다. 좋아하는 일에 완전히 몰입하면 지금도 같은 느낌을 받을 수 있다.

오늘날은 멀티태스킹이 일반적이다. 첨단의 전자기기에도 나름대로 장점이 있긴 하나, 온갖 기기로 대화를 하고 인터넷 서핑을 하고 게임을 하다 보면 조용히 생각할 시간을 갖기가 점점 어려워진다. 그 결과 우리 는 만성적으로 산만하고 부주의하다. 쏜살같이 흘러가는 시간을 따라 삶 이 우리를 스쳐 지나가고 있는 것이다.

## 실현하기

열정을 품는 것은 좋은 출발점이지만 그것만으로는 부족하다. 구체적인 목표 를 정하고 목표 달성을 위한 구체적인 계획을 세우는 것이 중요하다. 여기에 도움을 줄 수 있는 여섯 단계의 행동지침을 소개한다.

1단계　열정을 글로 써서 현실로 만든다.
2단계　끝에서부터 생각한다. 꿈을 이룬 후의 자기 모습을 상상해본다. 그런 다음 걸음을 거꾸로 밟아가며 어떻게 그 자리에 오게 되었는지 확인한 다.
3단계　《부자 아빠 가난한 아빠Rich Dad, Poor Dad》의 저자 로버트 기요사키 Robert Kiyosaki의 조언을 따른다. "그럴 형편이 안 돼."라고 말하지 않 고 "어떻게 하면 그럴 형편이 될까?"라고 말한다.
4단계　즉시 실행 가능한 조치를 세 가지 쓴다.
5단계　다음 달에 실행할 수 있는 조치를 세 가지 쓴다.
6단계　지금 실행한다.

뭔가에 관심을 쏟으면 자라나기 마련이다. 그러므로 풍요를 일구고 싶다면 의식적으로 풍요에 관심을 쏟아야 한다. 우선 삶의 전반을 진지하게 살펴보는 것부터 시작하자. 그러면 지금 있는 곳이 어디인지, 지금까지 이룬 것이 무엇인지, 앞으로 어디로 가고 싶은지를 알 수 있다.

사람들은 인생을 바라볼 때 시간의 순서대로 물리적 삶을 나누어 보는 경향이 있다. 예를 들면 인생을 출생기, 유아기, 아동·청소년기, 노년기 등으로 나누는 식이다. 물론 한 사람 한 사람의 삶은 복잡하고 고유한 것이기 때문에 이처럼 대략적인 단계만으로는 각 단계에서 일어나는 다양한 인간 경험을 모두 포착하기 어렵다. 그럼에도 우리 모두의 삶에는 보편적인 경험의 주기가 존재하며, 돈과의 관계가 성장하고 발전하는 경제적 주기('기복'이라고도 할 수 있겠다)도 그에 포함된다.

## 삶의 네 가지 시기

나는 삶을 학습·창조·완성·자유의 네 가지 시기로 나눈다. 이 시기가 반드시 성장이나 노화 같은 삶의 단계와 연결되는 것은 아니다. 이 주기는 나이를 먹어감에 따라 순서대로 찾아올 수도 있고 한 사람의 일생에서 여러 번 반복될 수도 있으며, 심지어는 서로 겹칠 수도 있다. 이 주기는 삶의 유동성을 시사하며 우리가 처음으로 돌아가 자기 자신과 경제생활을 재창조할 수 있다는(그리고 때로는 재창조해야만 한다는) 점, 기회와 도전에 항상 열려 있어야 한다는 점을 시사한다.

**학습**

학습기는 완전히 새로운 일을 시작하는 시기이며, 초심자 특유의 순진함을 지니고 있는 시기이다. 마치 어린아이처럼 자신을 열고 모든 것을 받아들인다. 다음에 있을 일에 대비하기 위해 스펀지처럼 새로운 정보를 흡수한다. 시간 순서로 보면 우리가 이 시기를 처음 거치는 것은 출생 후부터 약 8세에 이를 때까지로, 세상에 대한 정보를 급속도로 받아들이지만 배운 것에 대해 아직 판단을 하지는 않는다. 타인에게 의존하고 있으며 홀로 큰 결정을 내릴 준비가 되어 있지 않다. 8세에서 18세까지는 학습을 계속하면서 빠른 속도로 흡수하지만 판단력과 결정력을 기르면서 인생의 다음 시기에 대비한다. 경제학적인 측면에서 보면 학습기는 일생 동안 여러 차례 찾아올 수 있다. 직장을 옮기거나, 직업을 바꾸거나, 사업을 시작하거나, 출산과 같이 새로운 준비를 필요로 하는 일을 시작할 때가 그 예이다.

**창조**

창조기는 세상에 뛰어들어 새로운 책임을 맡는 시기이다. 이때 우리는 혼자 설 수 있는 삶을 준비하기 시작한다. 이 시기에는 완벽하게 혼자 힘으로 살아가기에는 자원이 부족할 수도 있다. 독립을 준비하기 위해 부모님으로부터 도움을 받거나 대출을 받아야 할 수도 있다. 물려받은 돈이 있는 것이 아니라면, 이 시기에는 돈을 벌기 위해 일을 하고 자리를 잡고 저축을 하기 시작한다. 자신의 미래에 투자를 하고, 의식적인 대출을 받음으로써 앞으로 나아가는 데 필요한 일을 할 수도 있다(대출을 받아 자동차를 사는 것이 한 예가 될 것이다). 시간 순서로 보면 이 시기는 학업을 마친 후 찾아오며, 처음으로 부모님 집에서 나와 사는 등 진정한 독립을 이루기 시작한다. 이 시기는 나이로 보면 30대까지 계속될 수도 있고, 학습기와 마찬가지로 나이가 든 후 직업을 바꾸었을 때 찾아올 수도 있다.

## 완성

완성기는 한 분야에서 완전히 자리를 잡아 혼자 일어서는 시기이다. 삶의 전성기로서, 일에 숙달되어 전력으로 생산을 하고 돈을 버는 시기이다. 창조기에서와 같은 부담이 없으므로 은퇴 후 또는 삶의 다음 단계를 대비해 저축을 하거나 투자를 하여 부를 축적할 수 있다. 아직 생산을 하고 있지만 지금까지 이룬 것의 결실도 누리고 있다. 독립해 있으며, 자신의 경제적 안정을 스스로 책임진다. 이 시기에는 자녀를 비롯한 다른 사람을 도와줄 여유가 생긴다. 나이로 보면 이 시기는 40대와 50대를 아우르고, 경우에 따라 더 길어질 수도 있다.

## 자유

전업으로 근무할 필요가 없어지면서 다음에 무엇을 할지 선택할 자유가 생기는 시기이다. 텃밭을 가꾸고 여행을 하거나, 중요한 대의를 위해 봉사하거나 새로운 직업을 탐색할 시간이 생긴다. 또한 하루 일과를 원하는 대로 짤 수 있다. 지금까지 이룬 것을 되돌아볼 수 있고 새로운 일을 해보고 싶다는 소망이 생길 수도 있다. 이 시기에는 지역의 아동복지센터에서 봉사를 하거나 어려운 사람들을 위해 생활 및 직업 기술을 활용하거나, 가족에게 더 많은 시간을 투자하기로 마음먹을 수도 있다. 이 시기의 본질은 선택의 자유가 커진다는 점이다. 그래서 경제력과 관계없이 원하는 대로 살아갈 수 있다.

# 모험을 받아들일 것

우리는 살면서 어느 때나 삶의 네 시기를 겪을 수 있다. 예를 들어 나이와 관계없이 언제든지 자의에 의해서든 타의에 의해서든 새로운 일이나 모험을 시작할 수 있다. 요즘에는 나이가 든 후(심지어는 60대 이상도) 새로운 직장에 취직하거나 새로운 직업을 시작하는 것이 희귀한 일이 아니다. 그런 경우에는 전체 주기가 다시 시작된다. 학습기를 다시 경험하고, 일이 잘 풀리면 새로운 삶을 창조하는 시기로 넘어가고, 그 다음에는 새로운 직업에서 자리를 잡는 완성기로 넘어간다. 주기가 반복될 때마다 전보다 더 많은 경험과 자제력, 집중력을 발휘할 수 있다. 새로운 주기를 시작한다고 해서 이미 경험한 것이 사라지지는 않기 때문이다.

오늘날의 세상은 극히 유동적이고 역동적이다. 우리가 인터넷을 이용하는 방법을 가리키는 '초고속 연결'이라는 말은 자신의 욕구뿐만 아니라 변화하는 경제 및 문화의 요구에 발맞추는 자질을 가리키기도 한다. 그리고 이 초고속 연결은 내적인 요건이기도 하다. 급격한 변화 속에서도 자신의 소망과 욕구에 언제나 충실해야만 풍요라는 목표를 향해 꾸준히 나아갈 수 있기 때문이다.

삶의 네 시기를 이해함으로써 우리는 각 시기를 스스로에게 유리하게 이용할 수 있으며, 개인의 발전에는 끝이 없음을 실감할 수 있다. 처음부터 다시 시작하면 모르고 있었던 자신의 능력을 발견할 수 있다. 특별한 이유가 있는 것이 아니라면 가끔씩 자신의 새로운 모습을 상상하고 창조하는 것, 나아가 풍요로운 삶을 위한 새로운 길을 찾기 위해 모험을 받아들이는 것이 필요하다.

**대담한 재치**

나는 한 연설행사에서, 한 남자의 새 출발에 대한 이야기를 들은 적이 있다. 50대인 이 남자는 같은 연배인 아내와 함께 수천 명의 청중 앞에 섰다. 그는 2008년의 불황으로 인해 오랫동안 일했던 직장에서 일자리를 잃었다는 이야기로 말문을 열었다. 예전의 성과와 경력이 있었기 때문에, 그는 금방 새 일자리를 찾을 자신이 있었다. 그런데 괜찮은 일자리를 찾지 못한 채 2년의 세월이 흘렀다. 고용주들은 그에게 나이가 너무 많다고, 또는 경력이 너무 많다고 말했다. 부부는 생활을 위해 예금을 다 쓰고 대출도 한도까지 받았으며, 끝내는 먹을 것을 걱정해야 하는 지경에까지 이르렀다. 결국 남은 것이라고는 집과 빚뿐이었다. 그런 와중에 그는 오로지 판매 실적에 따라 돈을 버는 영업일에 대한 이야기를 듣게 되었고, 흥미를 느꼈다. 자기 사업이라는 점도 마음에 들었다. 단, 이 일을 위해서는 교육비로 500달러를 투자해야 했다. 아내에게 이 말을 꺼내자 아내는 조심스러운 태도를 보였다.

이야기가 여기까지 진행되자, 아내는 고개를 젓고는 남자를 바라보더니 말했다. "투자금이 아무리 적어도 도저히 사업을 시작할 수 없는 상황이었어요." 아내는 남편이 그냥 아무 일자리나 구했으면 싶었다. 남편이 그 이야기를 한 다음 날, 아내는 그날의 근무와 끊임없는 걱정으로 지친 채 집에 돌아왔다. 그러고는 집이 왜 이렇게 춥냐고 남편에게 물었다. "난로를 팔았거든. 500달러 받았어." 남편의 대답에 청중은 웃음을 터뜨리는 동시에 신음을 내뱉었다. 어떻게 그럴 수가 있지? 도대체 무슨 생각으로? 그때 남자가 말했다. "전 그것이 기회라는 것을 알았습니다. 어떻게든 해야만 했어요. 그해 겨울에 좀 춥긴 하겠지만 저는 열심히 일할 수 있었고 영업도 잘할 수 있었습니다. 게다가 아주 좋은 기회 같았어요.” 그는 청중 속의 모든 아내들에게 사과를 하고, 아내가 그 후로 몇 번이나 용서를 해 줬다며 해명을 했다.

그날 무대 위에서 그의 아내는 고운 옷을 입고 장미 꽃다발을 들고 있었다. 자녀들도 그곳에 있었다. 남자는 새로운 일을 시작한 지 일 년이 채 안 되었음에도 예전 직장에서 벌던 것보다 더 많은 돈을 벌고 있었다. 매출이 일정 수준에 도달해 이 같은 보상의 순간을 맞이하게 된 것이었다. 아마도 돈이 처음 들어오기 시작했을 때 남자가 한 일은 아내에게 좋은 난로를 사주는 것이었으리라. 이 이야기에서 놀라운 점은 남자의 끈기와 용기, 그리고 유별난 창의성과 노력이다. 결코 적은 나이가 아니었음에도 그는 처음부터 다시 시작하고 모험을 할 의지가 있었던 것이다. 그는 기회를 알아보았고 그 기회를 잡았다. 자신이 새로운 일을 하기에 너무 늙었다고 생각하지도 않았다. 돈과의 관계도 안정적이었으며 자부심도 높았다. 그는 단 6분 동안 연설을 했지만 기립 박수를 받았다.

## 빚과 실패의 이야기

한 남자가 스물두 살의 젊은 나이에 직장을 잃었다. 교통이 지금처럼 발달하지 않았던 시대에, 일리노이에서 뉴올리언스로의 장거리 물품 운송을 무사히 완료하면 가게 운영권을 주겠다는 사장의 약속을 받고 젊은이는 성실히 임무를 수행했다. 사장은 약속을 지켰고 젊은이는 몇 달 동안 가게를 잘 운영했다. 그러나 얼마 지나지 않아 사장은 재정난을 겪었고 그로 인해 때문에 가게는 문을 닫을 수밖에 없었다. 그리하여 젊은이는 일자리를 잃게 된 것이다. 다음 해에는 친구들의 권유에 따라 주 의원 선거에 출마했지만, 득표 수가 열세 명 중 여덟 번째에 그치는 참패를 겪었다. 그 후 친구와 함께 다른 가게를 열었지만 경쟁이 너무 심해 실패했다.

빚을 갚을 도리가 없었던 젊은이는 심한 궁지에 몰렸다. 보안관에게 재산을 차압당했고, 얼마 지나지 않아 동업자가 세상을 떠나자 그의 빚까지 떠맡게 되었다. 그러나 젊은이는 빚에 시달리면서도 성실하게 일을 하여 빚을 모두 갚았고, 그 후 지역 우체국장의 자리에까지 이르게 되었다. 그러나 그가 진정 하고 싶었던 일은 법률 쪽 일이었다. 산더미 같은 일로 눈코 뜰 새 없이 바쁜 와중에도 그는 변호사 시험을 치르기 위해 틈틈이 공부를 했고, 결국은 시험에 통과했다.

자신감을 되찾은 그는 다시 주 의원 선거에 출마했고 이번에는 승리했다. 그 후로도 정치인으로서의 지위를 쌓아 가는 과정에서 미국 의회와 상원 선거에서 떨어지는 등 여러 번의 실패를 겪었지만 그는 그 길을 계속 걸어갔다. 그리고 1860년, 미국 대통령 선거에 출마해 당선되었다. 이것이 바로 에이브러햄 링컨의 인생이었다. 인생의 네 시기를 똑바로 거친 것은 아니었지만, 결국은 미국 역사상 가장 존경받는 대통령이 된 것이다.

> 성공하고자 하는 다짐이
> 무엇보다도 중요하다는 사실을 명심해야 한다.
>
> 에이브러햄 링컨(Abraham Lincoln)

# 삶 재창조하기

드니즈 패스트를 떠올리기만 해도 입가에 웃음이 떠오른다. 드니즈는 시인이다. 열여섯 권의 시집을 펴냈으며, 연사로 초청받은 행사에서 시를 엮어 만든 이야기를 들려준다. 드니즈의 시에는 자신의 인생 이야기가 들어 있고 우리 모두가 겪는 인생의 굴곡이 들어 있다. 그녀는 또한 로스앤젤레스 서부 최고의 부동산 중개인이다. 많은 사람들이 부동산 문제를 해결하기 위해 그녀를 만나며, 부동산 문제가 아니더라도 끊임없이 그녀를 찾는다. 드니즈의 전화는 쉴 새 없이 울리며, 잠시 동안이라도 그녀의 사무실에 앉아 있으면 유명인의 이름을 듣는 것이 어렵지 않다. 부동산 불경기인 지금도 드니즈는 여전히 바쁘고 잘나간다. 매년 대단한 성과를 거두어 판매상을 받았고, 네 차례나 '세계 최고의 부동산 중개인 100인'으로 꼽혔다. 또한 드니즈는 베풀 줄 아는 사람으로 자신보다 불행한 사람들을 여러 방면으로 돕는다. 자신도 힘든 시기가 있었기 때문에 그 사람들의 어려움을 이해하는 것이다.

우리 모두는 세상에 선물할 재능을 갖고 있으며, 그 재능을 가장 잘 발휘할 수 있는 자리를 찾아야 한다. 때로는 그 자리를 찾는 데 인내와 끈기가 필요하다. 다행히도 드니즈는 온갖 굴곡을 겪은 끝에 자기 자리를 찾았다. 사업을 통해 그토록 많은 사람들을 돕는 오늘날의 모습을 보면 그녀가 다른 일을 하는 모습은 상상하기가 힘들다.

"저는 웨이트리스로 일하면서 혼자 힘들게 아이를 키우고 있었습니다. 그러다가 딸을 더 잘 키우기 위해 웨이트리스 일을 그만두고 네일 케어 자격증을 따기로 했지요. 그러면 저녁이 아니라 낮에 일할 수 있으니까요. 그러는 동안 잠시 생활보조금으로 살아야 했어요. 교육비는 주에서 지원을 받았구요. 교육을 받은 후에는 좋은 일자리를 얻었고 생활도 자리가 잡혔어요.” 드니즈는 그 같은 도움에 감사했다. 시간이 지나자 단골 고객이 많이 생겨 네일 케어로 번 돈으로 딸을 사립학교에 보낼 수 있었다. 드니즈는 혼자 힘으로 살아갈 수 있게 되었고 그 과정에서 받은 도움에 대해 아직도 감사하고 있다.

드니즈는 여전히 식당에서 일하거나 네일 케어를 하며 혼자 근근이 아이를 키우는 수많은 여성 중 한 명일 수도 있었다. 대학 교육도 받지 못했고 고등학교도 간신히 졸업했다. 그러나 드니즈는 시간을 투자해 자신의 꿈에 대해 생각했다. “산타모니카에서 네일 케어를 하고 있었는데, 새 남편이 제가 정말 똑똑하다고 말하더군요. 남편은 제게 ‘머리를 쓸 수 있는 일을 해보는 건 어때?’라고 말했어요.” 그 말을 듣고 생각을 해본 드니즈는 자신에게는 항상 특유의 기지가 있었음을 깨달았다. 그리고 어쩌면 사람들에게 집을 찾아주는 일을 통해 그 능력을 발휘하고, 언젠가는 자신도 집을 소유할 수 있겠다는 생각에 이르렀다. 그 깨달음을 계기로 특출한 부동산 중개인이 탄생한 것이다.

“저는 자라면서 홀어머니가 집을 압류당하는 모습을 지켜봤어요. 정말 괴로웠지요. 집이 어머니에게 얼마나 중요한지 알고 있었으니까요.” 드니즈는 이야기를 이어갔다. “철이 들고 난 후, 저는 어머니에게 편지를 써서 언젠가는 꼭 성공해서 어머니에게 어울리는 삶을 되찾아 드리겠다고 약속했어요. 그 편지를 접어서 제가 쓴 시집 사이에 끼워 넣었지요. 그런 다음에 선물로 어머니에게 부쳤어요.” 그리고 몇 해 전, 드니즈는 어머니가 이삿짐을 꾸리는 것을 거들고 있었다. 드디어 드니즈가 산 집으로 어머니가 이사하게 된 것이었다. 그때 어머니의 물건 속에서 드니즈가 몇 년 전에 보냈던 시집이 편지와 함께 떨어졌다. 기막힌 타이밍이었다. 드니즈는 자신이 꿈을 두 가지나 이루었음을 깨닫고 감사했다. 자신의 꿈과 어머니의 꿈 둘 다를 이룬 것이다.

드니즈는 전업을 바꿔야 하는 선택의 기로에서, 8년 동안 네일 케어를 하며 인연을 맺은 40여 명의 단골 고객과 헤어져야 한다는 안타까움에 눈물을 흘렸다. 그러나 그녀는 용기를 내어 안정된 세상을 뒤로하고 처음으로 돌아가 새로운 일을 배웠다. 이제 드니즈와 종합건설업자인 남편이 시공해서 판 집만 십여 채가 넘는다. 그녀는 그렇게 큰 성공을 거두고도 자신의 사업은 그저 고객의 인생에 가치를 더해주는 발판이라 여기며 보람을 느낀다. 이것이야말로 그녀가 진정한 부의 심리를 지녔다는 증거이다.

## 우리는 아메바와 어떻게 다른가

성취와 성공의 꿈을 이루는 데 방해가 되는 것은 무엇인가? 나의 관찰에 따르면 그것은 두려움과 타성이다. 실패와 미지未知를 두려워하는 것은 인간의 보편적인 본성이지만, 두려움에 맞서 어떻게 행동하느냐에 따라 우리는 인생의 한 시기에 고착될 수도 있고 더욱 보람찬 삶을 향해 진일보할 수도 있다. 타성은 안전지대에 지나치게 집착하는 데서 기인한다. 우리 대부분은 어떤 사건이 발생하거나 자신의 행복이 위협받는 등 불가피한 일이 생기지 않는 한 심리적 안전지대에서 나오려 하지 않는다.

때로는 고통이나 불편에 대한 회피가 우리가 나아가는 동력이 되기도 하지만, 삶의 전략으로서 이상적인 방안은 아니다.



대학원 생물학 시간에 아메바를 현미경으로 관찰할 기회가 있었다. 이 미세한 단세포 생물의 행동은 정말 흥미로웠다. 전적으로 외부 자극에 반응하여 움직이는 듯했다. 한 치의 어김도 없이 나쁜 자극에서는 멀어지고 긍정적인 자극에는 다가갔다. B. F. 스키너B. F. Skinner의 표현을 빌자면, 이것은 '조작적 조건형성operant conditioning'의 극단이었다. 순전히 본능에 근거한, 원시적이지만 효과적인 생존기제인 것이다. 여기서 한 가지 의문이 생겼다. 인간인 우리는 아메바와 어떻게 다른가?

인간의 고유한 능력 중 하나는, 자신에게 좋은 쪽이든 나쁜 쪽이든 그러한 본능을 무시하는 능력이다. 나는 심리치료사로 일하면서 그 같은 사례를 많이 접했다. 많은 사람들이 잘못된 반응 양식이나 관계에 빠져 길들여지면 안정과 안락함, 기쁨을 느낄 수 있는 일을 하지 않고 바람직하지 않은 상황에 머문다. 이처럼 고통과 불편을 피하려는 생존 본능을 외면하고 무시하는 것이 가능하기에 오히려 하등동물인 아메바보다 더 적응력이 떨어질 수 있다는 것이다.

안전지대를 벗어나서 더 큰일을 하고 더 큰사람이 되기 위해 의지를 불태우는 사람들이 있는 반면(이는 정말 좋은 일이다!), 의욕이 없는 사람은 정체되어 있을 때의 불편이 새로운 것을 배울 때의 불편보다 클 경우에만 새로운 것을 배우고 새로운 행동을 한다. 새로운 것을 찾고 그에 도전하려는 생물학적 본능을 발견하지 못했거나 삶의 어느 시점에선가 잃어버린 것이다.

부의 심리를 가진 사람들은 안전지대에서 벗어나 목표와 꿈을 추구한다. 그들은 목표를 글로 써두고 계획을 세우고 상상을 한다. 수동적인 태도나 틀에 박힌 행동을 고집하지 않으며, 세상을 정복하겠다고 장담하는 아이처럼 도전을 받아들이고 미지의 세계에 맞선다. 열린 마음과 호기심을 잃었다고 할지라도 완전히 포기할 필요는 없다. 어른들에게도 아이들처럼 배우기를 좋아하는 측면이 있기 때문이다. 성공하는 사람은 그것을 잘 활용한다. 우리는 아메바 같은 삶의 방식을 뛰어넘을 수 있다. 원치 않는다고 피하는 것이 아니라, 원하는 것을 향해 움직이는 열정을 되찾을 수 있다.

이 책을 읽으면서 당신은 자신의 역량에 대해, 그리고 항상 이루고 싶었던 꿈과 목표 그리고 기회에 대해 생각해보았을 것이다. 언제 시작할 것인가? 언제 꿈을 실현하기 시작할 것인가? 오늘 시작하면 어떨까? 아니, 바로 지금 시작하면 어떨까? 아무리 작은 발걸음이라 해도 시작은 시작이다. 작은 걸음이라도 여러 번 옮기면 한 번 크게 뛰는 것보다 더 빨리, 더 무사히 목적지에 도달할 수 있다. 물론 첫걸음이 쉽지는 않겠지만 어찌 되었든 한 걸음을 내딛는 것이 중요하다. 토니 커피스가 말했다. "성공하기 위해서는 매일 무언가 해야 합니다. 뭐든지 좋으니 하세요!"

나는 대학원생 시절 3년 동안 정신병원에서 일을 한 경험이 있다. 그런데 그 병원은 환자 재내원율이 매우 높았다(병원에 거대한 회전문이 있는 것은 아닌가 하는 생각이 들 정도였다). 정신질환을 앓는 환자들은 치료를 받고 퇴원하고는, 몇 주 후에 또 찾아왔다. 그러한 일이 끝없이 반복되다 보니 마지막 한 해 동안에는 내가 병원에서 아무리 노력해봤자 무가치하고 하찮은 일일 뿐이라는 생각이 들기 시작했다. 이곳을 나가고 싶지만 어디로 갈 것인가? 생활비를 벌어야 했던 나는 전공과 관련이 있는 다른 일자리를 찾을 수 있을지 의문이었다. 고민 끝에 나는, 어차피 이직을 하려면 시간이 걸릴 테니 그동안은 내 상황을 최대한 활용하기로 마음먹었다. 직장과 환자들에게서 고마운 점을 찾기로 결심한 것이다. 어떻게든 일에서 의미를 찾기 위함이었다.

그런데 결심을 실천하는 순간 상황이 바뀌기 시작했다. 나의 태도도 나아졌을 뿐만 아니라, 얼마 후에는 캠퍼스 근처에 새로 생긴 병원에서 상담 인턴 자리를 제안받았다. 태도가 변함에 따라 내 세상도 변한 걸까? 그럴지도 모른다. 나는 새로운 일자리로 얻은 기회에 진심으로 감사했다. 내게 이상적인 진로이기도 했고 박사 학위를 받은 후 개인 병원을 개업하는 데도 도움이 되었기 때문이다.

자신이 하고 있는 일이 좋은 수익성을 거두면서도 동시에 삶의 의미를 끌어내는 수단이 된다면 가장 이상적인 일일 것이다. 그러나 설사 그렇지 않더라도 우리는 지금 있는 자리에서 배우고 성장할 수 있다. 학습기의 원칙에 따라 새로운 생각과 세계관에 대해 열린 태도를 갖는다면 현재 상황 속에서도 새롭게 시작할 수가 있다. 자신의 가치관과 관심사를 다시한 번 살펴보고 꿈을 추구할 기회를 찾을 수도 있다. 그것이 바로 마이클 스턴과 드니즈 패스트가 해낸 일이며 제인 펄키스가 해낸 일이기도 하다.

## 인생 다시 쓰기

내 친구 제인은 개성이 넘치는 자그마한 체구의 금발 여성이다. 남편이 다니는 회사가 대규모 구조조정에 들어갔을 때 그녀의 나이는 서른아홉이었다. 연간 몇 십만 달러를 벌던 가족은 하룻밤 사이에 무일푼이 되었다. "우리 다섯 식구에게 다시 수입이 생기기까지는 몇 년이 걸렸어요." 제인이 내게 말했다. "우리는 큰 집을 팔고 예금해둔 돈을 찾아서 청구서를 납부했어요. 씀씀이도 줄였지요. 그렇게 힘든 때를 넘겼어요."

제인은 아들 셋을 키우는 전업주부였지만 이제는 젊었을 때의 진취적인 모습을 되찾은 터였다. 온타리오 주에서 여덟 식구와 함께 자란 제인은 어렸을 때부터 일을 했다. "저는 집에 여유가 없다는 것을 언제나 느꼈어요. 그래서 열한 살 때 처음 일을 시작했지요. 내 용돈은 내가 벌어야했고, 번 돈의 일부는 생활비로 쓰시라고 어머니께 드렸어요." 제인은 대학교에서 영양학 학위를 받았지만 졸업한 후에는 결혼과 육아에 전념하기로 했다. 그러다 남편이 실직했을 때 그녀는 여러 가지 가능성을 찾기시작했다. "하루는 친구와 함께 전문적인 영양 상담을 해주는 병원을 찾아갔어요. 병원을 나설 때, 그게 바로 내가 해야 할 일이라는 느낌을 받았어요."

제인은 이야기를 계속했다. "할 일이 너무 많았어요. 정말 무리한 일정과 계획이었지만 지금 생각하면 진짜 잘한 일인 것 같아요. 그 분야 최고의 전문가를 찾아가 교육을 받고 값비싼 장비도 구입해야 했지요. 다음 해에는 개인 상담소를 열었어요. 아직도 훈련과 교육이 필요했기 때문에 2년 동안은 낮에 일을 하고 저녁에는 학교를 다녔어요. 양생養生(병에 걸리지 않도록 건강을 관리하고 증진시켜 장수를 꾀하는 것_편집자주) 영양학 학위를 딴 다음에는 혁신적인 저의 직업을 텔레비전 방송국에 알렸고 덕분에 아침 프로그램에 출연했지요. 바로 그날 모든 게 시작됐어요. 저를 찾아오는 사람이 그렇게 많을 줄은 몰랐어요. 그 후로도 수차례 텔레비전 출연과 라디오 인터뷰를 했고, 사업은 번창하고 있지요."

> 진정한 부란
> 일을 하고 있다는 생각조차 들지 않을 정도로
> 좋아하는 일을 하는 것이다.
>
> 제인 펄키스

간단히 말해, 제인은 자의 반 타의 반으로 인생을 완전히 새로 쓰고 그 결과 기대보다 훨씬 큰 성공을 거두었다. "제가 일으킨 변화로 인해 저는 〈포춘〉 선정 500대 기업에서 건강 세미나를 열 수 있었고, 질병의 영성 심리학 과정을 개발할 수 있었지요. 최근에는 태국에서 강의를 해달라는 초청을 받았어요. 제가 다른 사람을 돕고 있다는 게 정말 좋아요." 그 과정에서 제인은 부에 대한 생각도 새로 썼다. "진정한 부는 가족과 친구의 사랑과 후원을 받는 거죠. 하지만 또 알게 된 것이 있어요. 진정한 부란 일을 하고 있다는 생각조차 들지 않을 정도로 좋아하는 일을 하는 것이라는 사실이죠. 저는 매일 밤 '오늘도 다른 사람의 삶을 변화시켰구나.'라고 생각하며 잠이 들어요. 덤으로 돈까지 벌고요."



# 잠시 서서 장미 향기를 맡아라

풍요를 이루기 위하여 일하지 않아도 되는 경제생활의 자유기는 우리 모두가 추구하는 목표이다. 관심과 에너지 그리고 사랑을 원하는 일에 쏟을 수 있는 자유란 매우 값진 선물이며, 이것은 많은 사람들에게 불가능한 이야기로 들릴지 모른다. 경제가 어려운 때일수록 이 시기에 도달하기가 힘든 것은 사실이다. 그러나 그렇다고 하여 풍요로운 시기의 좋은 단면을 먼 미래로 미룰 필요는 없다. 바로 지금 여기서 현재에 충실하며 하루하루를 소중하게 받아들이면, 가진 것에 기쁨과 감사를 느낄 수 있고 지금까지 이룬 것에 만족을 느낄 수 있다. 잠시 서서 장미 향기를 맡으라는 조언은 예나 지금이나 값지다. 아, 달콤한 장미여. 잠시 쉬면서 너의 아름다움을 감상해야 할 때인가 보다.

자의에 의해서든 타의에 의해서든, 안정적이고 만족스럽다고 생각했던 삶을 새로 시작하는 사람들이 점점 많아지고 있다. 갑작스럽고 힘든 상황 때문에 어쩔 수 없이 그렇게 하게 된 경우라 할지라도, 그 자체는 더욱 풍요로운 삶을 향해 발전할 좋은 기회가 될 수 있다. 오늘날의 불안한 경제와 급변하는 사회 속에서는 유연함과 유동성 그리고 삶은 언제든 다시 시작할 수 있다는 인식이 필요하며, 우리는 그것들을 우리 자신에게 유리하도록 활용해야 한다. 기회가 제한된 것처럼 보이는 순간일지라도 우리 안에는 이를 타개할 힘이 담긴 창의력과 독창성이 잠재되어 있음을 기억하자. 열린 마음, 의식, 목표를 향해 노력하고자 하는 뜻만 있으면 풍요로운 삶을 일굴 수 있다.

부를 추구함으로써 삶에 가치와 의미가 생기는 것이 아니다. 가치와 의미를 추구함으로써 부가 생기는 것이다. 이러한 부는 거액의 은행 계좌를 뛰어넘는 것이다. 이것은 기쁨, 봉사, 보람으로 가득한 양질의 삶을 살아야 경험할 수 있는 부이며, 우리가 궁극적으로 이루고자 하는 진정한 부다. 이러한 부를 이루지 못하면 언제나 굶주리게 된다.

 부의 심리

# 어디에 발을
# 디뎌야 할지 알기

## PART 10

우연은 존재하지 않는다
우리가 아직 모르는 목적이 존재할 뿐이다

우연은 존재하지 않는다.
우리가 아직 모르는 목적이 존재할 뿐이다.

디팩 초프라(Deepak Chopra)_의사, 작가

한 사람이 실제로 부의 심리를 구현할 수 있을까? 백만장자는 커녕 금전적 기준으로는 아무리 봐도 부유하지 않은 사람도 그럴 수 있을까? 데니스 가던이 그런 사람의 훌륭한 예이다.

오토바이가 코앞에서 폭발했을 때, 데니스는 열네 살이었고 디트로이트에 살고 있었다. 그는 부모님의 반대에도 불구하고 친구 몇 명과 함께 오토바이를 몰래 지하실로 가져가 수리하고 있었다. 아이들은 보일러가 가까이 있다는 사실을 모르고 있었다. 얼마 되지 않아 오토바이에서 새어 나온 휘발유가 온수 보일러 밑으로 흘러가 불이 나기 시작했고, 데니스를 포함한 네 명의 친구들 중 셋은 무사히 지하실 밖으로 도망쳤다. 그러나 데니스는 친구 한 명이 아직 안에 있다는 것을 깨닫고 다시 지하실로 뛰어 들어갔다. "지하실에 들어가자, 친구가 불을 보며 놀라 비명을 지르고 있었어요. 화상은 입지 않았더군요. 하지만 제가 친구를 붙잡자 친구는 공포에 질려 뒤로 돌아가더니 제 등 뒤에 달라붙었어요. 그리고 그때 오토바이가 폭발했어요. 저는 몸 앞쪽 전체에 화상을 입었습니다. 친구는 제 등 뒤에 붙어 있었기 때문에 불길을 어느 정도 피할 수 있었어요." 데니스는 몸의 70퍼센트에 화상을 입은 채 병원 화상병동에서 깨어났다. 그는 "몸의 20퍼센트에 화상을 입은 친구는 소아과병동으로 옮겨졌더군요. 저는 너무 불안정한 상태라서 병동을 옮길 수가 없었습니다."

오토바이 폭발 후에 데니스는 병원에서 8개월을 보내며 50차례에 이르는 수술을 받았다. "피부이식을 몇 번이나 받았고 대대적인 재건 수술도 받았습니다. 마취에서 겨우 깰 때면 다시 수술실로 실려 가곤 했어요. 제가 한 일은 그게 다였습니다. 제가 꿈꾸던 열네 살의 계획에는 없던 일이었지요. 저는 야구 선수가 될 생각이었습니다. 그러니 엄청난 문제였지요. 친구들과 거리를 뛰어다니며 공놀이를 하던 아이가 몇 달 동안 병원 침대에 누워 끝없는 수술을 거치는 신세가 되었으니까요." 데니스는 현재 조지아 소방대 화상 재단의 대표이다. 재단에서는 화상 생존자의 회복을 돕고, 다른 사람이 끔찍한 화상을 입지 않도록 화재 안전 교육을 실시한다.

데니스를 비롯해 내가 만나고 인터뷰한 많은 사람들의 이야기에서는 인간이 지닌 풍요의 초상을 엿볼 수 있다. 그것은 바로 모든 형태의 부를 초월하는 내면의 넉넉함이다. 이들의 풍요는 몇 가지 핵심 자질에서 비롯되는 듯하다. 그 자질 중 하나는 난관과 실패에 맞서 그것을 기회로 바꾸고, 난관에서 의미를 찾으려는 의지이다. 또한 그들의 풍요는 자기 삶에 책임을 지고 창의적인 태도로 난관에 맞서 해결책을 찾으려는 의지, 최선이 아니면 용납하지 않으려는 의지에서 비롯된다.


## 자기 삶을 일구는 것은
## 자신의 몫이다

데니스 가딘과 마찬가지로 이 현명한 사람들은 자신의 환경이나 배경이 어떻든, 자기 삶을 일구는 것은 자기 몫임을 알고 있다. 그들은 자신의 가치관에 충실하다. 이 책에서 이야기한 많은 사람들처럼 그들은 자기만의 꿈을 발견하고 추구할 용기를 지니고 있다. 부의 심리를 품은 것이다. 그리고 그럼으로써 인간이라면 모두 지니고 있는 발전 욕구를, 즉 뻗어나가고 성장하려는 욕구를 발동시킨 것이다.

풍요로운 사람들에게는 탐구자의 기질이 있다. 조니 쇼 하원의원이 그렇듯이 작은 것에 감사하는 인생관을 지니고 있다. 그들은 차근차근 앞으로 나아가고, 때로는 모험을 한다. 그리고 그 과정에서 끈기 있게 자존감과 자부심을 함양하고, 또 기꺼이 떨쳐 일어나 싸운다. 반 드 푸테 상원의원처럼 필요하다면 앞으로 나서고, 베트남전 참전 용사인 베니 테일러처럼 다른 사람에게 봉사하며 필요할 때는 도움을 청한다. 그들은 삶이라는 개울에서 굴곡을 거치며 흘러간다. 아낌없이 주고 남을 도우며 자신이 가진 것과 이룬 것에 감사한다. 우아하게 삶에 맞서고 변화, 상실, 차별의 폭풍을 견딘다. 그들은 의식적으로 행동하고 결정하며, 스스로에게 정직하다. 삶의 여러 가지 가능성을 언제나 열어두고 있으며 성공하는 데 필요한 일이라면 무엇이든 한다. 그것은 형언할 수 없는 고통과 두려움에 직면했을 때도 마찬가지다.

**감사하기**

일주일간 매일, 감사한 일 다섯 가지를 써보자.
그런 후에 기분이 어떻게 달라지는지 확인하자.

## 나는 괴물이다

데니스는 과거를 회상하며 말한다. "제가 병원에 있었을 때는, 40년 전이니 그랬겠지만 화상병동에 병실이 하나밖에 없었습니다. 남녀노소를 막론하고 모든 환자가 하나의 병실에 함께 있었지요. 그중 어린아이는 저뿐이었습니다. 저에게 가장 힘든 일 중 하나는 어른들이 고통에 겨워 우는 소리를 듣는 거였어요. 어른들도 그렇게 우는지 몰랐거든요. 이런 생각이 들었습니다. 어른들이 감당 못할 정도면 열네 살인 나는 어떻게 하라고?"

"병동은 어린아이에게 맞게 설계되어 있지 않았지만, 병원에서 제게 특별히 신경을 써줬어요. 물론 제가 귀엽기 짝이 없는 아이라서 그랬겠지만요." 데니스는 농담을 했다. "매일 붕대를 갈 때가 되면 제 붕대를 제일 먼저 갈아줬어요. 다른 환자의 비명을 들으면서 제 차례를 기다리지 않아도 되도록 배려해준 거였죠. 작은 일 같았을지 몰라도 제게는 결코 작지 않았습니다." 데니스는 말을 이었다. "화상병동에는 거울이 없었습니다. 제가 재건 수술에 대해 아는 것이라곤 영화에서 본 게 전부였어요. 영화에 나오는 사람들은 모두 수술을 하고 나면 얼굴이 더 나아지더군요. 의사들은 붕대를 풀 때마다 제게 잘생겼다고 말을 하곤 했습니다. 이상한 일이지만 저는 제 외모가 전보다 더 나아졌나 보다 생각했지요. 그전에는 저를 보면서 잘생겼다고 말해준 사람이 없었으니까요." 그는 서글픈 듯이 이야기했다. "몇 달을 그렇게 보낸 끝에, 하루는 어머니와 형의 부축을 받아 복도를 걷다가 유리문에 비친 제 모습을 똑똑히 보게 됐어요. 순간 정신이 나가버렸지요. 너무 무서웠어요. 저게 나일 리가 없다는 생각이 들었어요. 저는 괴물이 되어 있었던 겁니다."

"저는 그대로 쓰러져 복도에 누운 채 죽고 싶다고 소리를 질렀어요. 결국 병원에서는 저와 어머니에게 진정제를 놓아야 했지요." 데니스는 이야기를 계속 이어나갔다. "세상에, 정말 그런 난리가 없었어요. 그 후로는 인생이 더 나빠질 수 없겠다고 생각했지요. 퇴원한 후에 그게 착각인 걸 알게 됐지만요. 저는 제 외모가 너무 창피해서 집 밖으로 나가지 않았어요. 가정교사들이 집에 와서 저를 가르쳤지요. 하지만 제일 힘들었던 건 처음 보는 부모님의 무력한 모습이었어요. 부모님은 어쩔 줄을 모르셨어요. 저는 매일 밤 자다가 죽게 해달라고 진심으로 기도했어요. 그리고 매일 아침 잠에서 깨어나면 살아 있다는 데 상심하곤 했지요."

데니스는 이제 아이들에게 화상을 입은 사람은 화상 '피해자'가 아니라 화상 '생존자'라고 가르친다. 이 개념에는 화상을 입은 사람뿐 아니라 그 사건에 영향을 받은 가족도 포함된다. 그는 이렇게 설명한다. "가족도 감정적으로, 때로는 정신적으로 상처를 입습니다. 가족 역시 화상 생존자이지요. 부모님은 제가 괜찮아지기를 바라실 뿐이었습니다. 저는 2년 동안 집에 숨어 있었어요. 마침내 집에서 나가기로 결심한 이유는 저 때문이라기보다 부모님 때문이었어요. 제가 학교로 돌아가서 보통 아이처럼 졸업장을 받으면 부모님에게 큰 선물이 될 테니까요. 저는 '난 괜찮아. 내 노력은 헛되지 않았어.'라고 되뇌었지만 사실은 죽을 만큼 무서웠어요."

## 곱하기 10

"학교에 갔을 때, 제가 두려워했던 모든 것이 현실이 되었습니다." 데니스는 이야기를 계속했다. "생각보다 훨씬 힘들었어요. 선생님은 사람들의 눈을 피할 수 있도록 저를 교실 뒤에 앉혔습니다. 또 수업이 끝난 후에 붐비는 복도를 지나지 않아도 되도록 교실에서 먼저 내보내 주었지요. 의도는 좋았지만 모두 잘못된 일이었어요. 제가 처음으로 학교 식당에 가서 앉자, 여학생 하나가 벌떡 일어서더니 소리를 질렀어요. '너, 어떻게 감히 여기 와서 우리 밥맛을 떨어뜨릴 수 있어?' 저는 매일 집에 돌아오면 욕실에 들어가 문을 잠그고 울었습니다."

"하지만 결국 숨으려고 하면 할수록 상황이 더 나빠진다는 것을 깨달았어요. 그래서 결심했습니다. 어차피 눈에 띌 바에야 그냥 떳떳이 보여주자!" 그러자 데니스의 내면에서 변화가 일어났다. 데니스는 야구 코치에게서 긍정적으로 사고하는 방법을 배운 적이 있었다. 그는 그 가르침을 떠올리기 시작했다. "제가 운동 선수였을 때 코치가 말하곤 했어요. '스스로를 믿어야 한단다. 공을 쳐서 울타리 위로 넘기는 모습을 그려보고, 네가 이 경기장에서 최고의 선수라고 스스로에게 말해라.' 저는 그 방법을 제 상황에 적용했습니다. 매일, 사람들에게 나쁜 말을 듣거나 못된 일을 당한 횟수를 세었습니다. 그리고 밤이 되면 그 숫자에 10을 곱했지요. 그런 다음 거울 앞에 서서 그 숫자만큼 '나는 날 사랑해.'라고 말했습니다. 몇 번이고 되뇌었지요. 그러다 보니 어느 순간 그 말을 믿게 되더군요."

"뭐랄까, 긍정적인 사고의 원칙을 의도적으로 실천했던 것은 아니었습니다." 데니스가 설명했다. "그때까지도 저는 고군분투하고 있었습니다. 그저 살아남으려 발버둥치는 아이일 뿐이었어요. 하지만 스스로 외모가 문제 되지 않는다고 생각하니까, 다른 사람에게도 문제 되지 않는 것처럼 느껴졌어요. 그리고 모두가 저를 부정적으로 대하지는 않는다는 것을 깨닫기 시작했습니다. 제 스스로 부정적인 반응을 예상했기 때문에 저도 모르게 부정적인 인상을 주고 있었고, 부정적인 암시만 받아들이고 있었던 것이지요." 그는 과외활동에 참여하기 시작했고 학교의 모든 경기를 보러 갔다. 졸업반 때는 반장 선거에 출마해서 득표 수에서 2등을 차지했으며 반 최고의 성적으로 졸업했다. "우리 가족은 매우 친밀하고 다정하며 사람을 있는 그대로 받아들입니다. 이런 원칙이 제게 힘이 되었습니다. 제가 어머니에게 졸업장을 내밀자 옆에 계시던 외할머니는 너무나 기쁘신 나머지 졸업장을 꼭 움켜쥐셨지요."

데니스는 더는 숨을 수 없다는 것을 깨달았다. 그는 자신을 노트르담의 꼽추에 비유하면서 이런 말을 했다. "졸업한 후에도, 콰지모도가 종탑에 틀어박힌 것처럼 방에 틀어박힐 수는 없었습니다. 이제는 그럴 수 없었어요." 데니스는 대학에 진학해 병원 행정인이 되었고 음악 사업을 해서 성공했다. 잠시 동안은 결혼 생활도 했다. 그는 평범한 삶을 살고 싶었고 화

  부의 심리

상 환자이고 싶지는 않았다. "저는 화상 생존자로 각인되고 싶지는 않았습니다. 성인이 된 후 오랜 세월을 평범해지기 위해 노력했고, 그 결과 제법 성공했습니다. 그런데 행복하지는 않았지요. '행복'이 뭔지도 모르고 있었어요. 제가 가진 것에 감사해야 한다는 걸 알고 있었는데, 어째서 행복하지 않았을까요?"

"병원에서 함께 일을 한 친구에게 전화를 받았을 때 제 인생이 바뀌었습니다. 자기 삼촌이 화상을 입어서 심한 우울증을 겪고 있다더군요. 친구는 '데니스, 네가 삼촌하고 이야기를 좀 해줄래? 달리 어떻게 해야 할지를 모르겠어.' 저는 그때 다른 일로 바쁘던 터라 그냥 전화를 끊고 싶어서 일단 하겠다고 말을 했습니다. 그런데 그 직후 공황 상태에 빠졌지요. 내가 왜 하겠다고 했지? 그 다음에는 화가 나더군요. 이 친구가 나한테 이럴 부탁을 할 권리가 있는 건가……. 하지만 실은 무서웠던 거예요. 이분에게 도대체 뭐라고 말해야 할지 모르겠더군요." 데니스가 이 운명적인 전화를 받은 것은 화상을 입은 지 23년이 지난 후였다.

데니스는 용기를 내어 병원을 찾았다. "환자가 아닌 신분으로 화상병동에 간 것은 그때가 처음이었습니다." 병동 문이 열렸을 때는 식은땀이 흐르며 기절할 것만 같았지만 결국은 만나기로 한 사람을 만났다. "그날 무슨 이야기를 나눴는지는 기억이 안 납니다. 하지만 끝에 그분이 고맙다고 말씀하시면서 저를 보낸 지원 단체에도 감사의 인사를 전해달라고 하시더군요. 무슨 말인지 알 수가 없었습니다. 지원 단체가 있다고? 저는 그때까지도 병원 밖에서 화상을 입은 사람과 이야기해본 적이 없었습니다. 저는 그때 처음으로 제 경험을 활용해 좋은 일을 한 것입니다.

그분은 제게 고마워하셨고, 저는 화상을 입은 사람들끼리 모여서 교류하기도 한다는 사실을 알게 되었습니다. 제 직장에서 3킬로미터 정도 떨어진 곳에서 한 달에 한 번 모이는 단체가 있다는 것도요. 하지만 가지는 않았습니다."

"얼마 후에 그분의 아내로부터 전화가 왔습니다. 남편이 직장에 복귀하기 전에 직장 동료들과 이야기를 해서 마음의 준비를 하게 해달라는 부탁 전화였지요. 저는 내키지 않는 마음을 한 번 더 이겨내고 그분의 직장에 갔습니다. 그곳 사람들은 제게 와줘서 고맙다고 말했고, 그중의 한 남자는 이렇게 물었어요. '학교에서도 연설을 하십니까? 화상을 입고 괴로워하는 아이를 한 명 알거든요.' 저는 거절할 생각으로 입을 열었는데 또 저도 모르게 승낙해 버렸습니다." 그 다음 데니스는 한 학교의 전교생 앞에서 연설을 하게 되었다. 그리고 그 연설을 들은 다른 학교 교사들이 그들의 학교로 데니스를 초청했다.

> 순수하고 선한 마음으로 손을 뻗어 다른 사람을 도우면
> 그 과정에서 당신도 도움을 받을 수밖에 없습니다.
>
> 데니스 가딘

# 좋은 것에만 감사하면 안 돼

"저는 마침내 그 지원 단체의 모임에 참석했습니다. 다른 화상 생존자 아홉 명의 이야기를 듣다 보니, 또 하나의 가족을 찾았다는 생각이 들더군요. 제 경험을 이해할 뿐만 아니라 똑같은 경험을 한 사람들이었으니까요. 혼자가 아니게 된 거지요. 그 모임을 통해 몇백 명의 화상 생존자가 참석하는 집회가 샌프란시스코에서 열린다는 소식을 접하게 되었습니다."

데니스가 그 집회 장소에 도착했을 때, 그는 너무 긴장해서 집회장에 들어갈 수가 없었다. 그때 은퇴한 소방수이자 화상 생존자인 회장이 데니스를 보고는, 한쪽으로 데리고 가 사연을 이야기해보라고 했다. 사연을 들은 그는 데니스를 설득해 집회장으로 데리고 들어갔다. 그리고 집회장에 들어가자마자 회장은 청중에게 첫 번째 연사가 오지 않았음을 알렸다. 데니스는 그 순간을 회상하며 웃음을 터뜨렸다. 다음에 연단에서 들려온 말은 다음과 같았다. "하지만 저는 방금 대단한 사연을 간직한 젊은이를 만났습니다. 여러분도 아마 대단하다고 생각하실 겁니다." 데니스는 무대 위로 불려 올라갔다. "저는 30분 동안 울면서 이야기를 했고 기립 박수를 받았습니다. 그 집회가 끝나기도 전에 전 세계의 온갖 단체로부터 연설을 부탁받았습니다. 그 후로는 전화기가 쉴 새 없이 울리고 있지요."

데니스는 이제 행복하다. "손을 뻗어 다른 사람을 도움으로써 저도 도움을 받은 것입니다. 이것은 보편적인 진리입니다. 인간관계의 법 같은 거랄까요. 순수하고 선한 마음으로 손을 뻗어 다른 사람을 도우면, 자신도 그 과정에서 도움을 받을 수밖에 없습니다. 제가 연설을 하는 것은 마음이 시키기 때문입니다. 저는 동기부여 연설가로 활동하며 전 세계를 몇 번이나 여행했지요." 최근 그는 호주와 남아프리카 공화국에 생긴 최초의 성인 화상 생존자 집단촌에서 연설을 했다. "저는 첫 번째 전화를 받은 후로 제 길을 찾게 되었습니다. 제 외할머니는 매일 병원에 오셔서 몇 시간씩 제 발을 주무르시면서 기도하고 감사하셨습니다. 저는 외할머니가 어떻게 감사할 수가 있는지 이해할 수 없었지요. 대체 무엇 때문에? 외할머니는 이렇게 말씀하셨습니다. '얘야, 너는 모든 것에 감사해야 한단다. 좋은 것에만 감사하면 안 돼. 하나님은 네게 벌을 주시는 게 아니야. 네가 맡은 일을 할 수 있게 준비시키시는 거란다.'"

> 얘야, 너는 모든 것에 감사해야 한단다.
> 좋은 것에만 감사하면 안 돼.
>
> 오데사 스콧

"외할머니의 말씀을 이해하는 데는 몇 년이 걸렸습니다. 그 사건(사고라고는 못 부르겠네요)은 제게 그 경험을 선물하기 위해 일어난 것이라는 사실을요. 그 덕분에 화상을 입은 아이가 제게 고충을 털어놓을 때 저는 '이해한다.'라고 말할 수 있고, 그 아이도 그 말이 사실임을 알 수 있는 것입니다." 부의 심리에 대한 데니스의 통찰은 심오하다. 우리가 삶의 난관에 어떻게 반응하느냐에 따라 삶의 풍요로움과 넉넉함이 결정된다는 것을 체감한 사람이기 때문이다. "남이 저를 대하는 태도를 바꿀 수는 없다는 사실을 받아들이게 되었습니다. 제가 할 수 있는 일이라곤 남을 받아들이고 열린 마음을 유지하며, 남이 저를 대해주었으면 하는 태도로 남을 대하는 것뿐입니다."

　　　　　　　　　　　　　　　　　　　　

부 자체에 대해 데니스는 이렇게 말한다. "부란 목적이 있는 삶을 살고 그 목적을 달성하는 것입니다. 곧 다른 사람의 삶을 변화시키는 것이지요. 저는 남은 일생 동안 화상 생존자들이 자신의 감정과 경험을 서로 나누고, 또 사랑하는 사람에게 털어놓음으로써 상처를 회복하고 혼자 힘으로 살아가는 모습을 보고 싶습니다." 그들이 데니스 가딘처럼 혼자 힘으로 살아갈 수 있다면 세상은 훨씬 풍요로운 곳이 될 것이다.

**힘과 불**

데니스는 매년 수백 명에 달하는 아이들의 삶에 긍정적 메시지를 전하고, 화상을 극복할 수 있도록 돕는다. 조이 빈체크가 그중 한 명이었다. 이제 20대인 조이는 일곱 살 때부터 여름마다 화상 캠프[1]에 가기 시작했고, 지금은 캠프의 상담자로서 받은 것을 돌려주고 있다. 조이가 캠프에 도착하면 어린아이들이 모여들어 "조이, 조이, 조이!" 하고 소리친다. 그러면 185센티미터가 넘는 거구인 조이는 활짝 미소를 지어 보인다.

조이는 아기일 때 화상을 입었다. 욕조에서 물놀이를 하고 있는데 물이 갑자기 뜨거워진 것이다. 얼마 전만 해도 천진난만하게 웃던 아이는 살기 위한 투쟁을 시작해야 했다. 조이의 화상은 깊었고 고통스러운 수술을 견뎌야 했다. 조이는 자신이 고통을 극복하고 힘겨운 10대 생활을 해낼 수 있었던 것은 가족과 데니스의 사랑과 지원 덕분이라고 말한다.

조이의 팔뚝에는 '힘'과 '불'을 의미하는 한자가 문신으로 새겨져 있다. 조이의 설명에 따르면 "힘은 자기가 할 일을 알고 그 일을 하는 것을 말합니다. 자기 삶을 받아들이고 책임을 지는 것이지요. 불은 뭐냐고요? 불은 열정입니다. 좋아하는 일을 찾고 그 일에 전념하는 것을 의미합니다."

조이에게 이 두 글자의 문신은 자기 몸을 스스로 책임지고 있음을 의미한다. 조이는 현재 조지아 공과대학의 인턴으로서 좋아하는 일을 하며 생산적이고 행복한 삶을 살고 있다. 몸의 삼분의 일에 심한 화상을 입었음에도 마음만큼은 완벽히 기능하며 사랑으로 가득하다.

## 설사 달을 맞힐지라도

스튜어트 존슨은 빨리 세상에 발을 내딛고 싶어 안달이 나 있었다. 중상류층 가정에서 태어난 그는 원한다면 수월하게 성공을 이룰 수도 있었다. 그러나 그는 독립심이 매우 강했다. 내면으로부터 다른 길을 택해서 자신만의 무언가를 만들라는 목소리가 들려왔다. 그것도 최대한 빨리. 스튜어트는 사업가가 되고 싶었고, 어린 나이에 홀로 첫 사업을 시작했다.

오늘날 스튜어트는 거대 미디어 기업을 소유하고 있을 뿐만 아니라 CEO와 유명인, 언론인, 정치가 등 성공한 사람들과 함께 일한다. 그는 성취하고자 하는 열정을 바탕으로 기업 제국을 건설했다. 스스로도 큰 성공을 거두었으며, 다른 사람의 성공을 독려하기를 좋아하는 그가 〈석세스〉의 소유주인 것은 극히 자연스러운 일이다. 〈석세스〉는 이름값을 하는 잡지이다. 이 잡지의 표지에는 자기 분야에서 고유한 공헌과 성과를 거둔 사람들이 모델로 등장한다. 몇 명만 예를 들자면 스티브 잡스, 마크 주커버그, 어셔, 마리아 슈라이버, 성룡, 앨리샤 키스, 매직 존슨 등이 있다. 스튜어트는 이 잡지를 통해서 (스튜어트 본인을 비롯해) 성공한 사람들이 살아오면서 깨달은 내용을 공유한다. 스튜어트의 끈기는 그 자체로 본보기가 된다. "저는 10년이 넘는 세월 동안 〈석세스〉를 소유하고 싶다는 꿈을 꾸었습니다." 스튜어트가 말한다. "할 일을 묵묵히 하다 보면 언젠가는 그 잡지를 사들일 기회가 올 거라 믿었지요. 저는 꾸준히 노력했고 결국 4년 전쯤에 기회가 왔습니다."

절대 그만두지 말라.
절대 굴복하지 말라.
절대, 절대, 절대, 절대 포기하지 말라.

윈스턴 처칠(Winston Churchill)

스튜어트의 성공 비결은 무엇일까? "노력, 노력, 그리고 끈기지요!" 스튜어트에게도 난관은 있었다. "처음 사업을 시작했을 때는 금방 돈을 벌기 시작했습니다. 하지만 성공의 맛을 너무 빨리 보았는지 제 능력을 과신하기 시작했어요. 그래서 자만하게 되었지요. 돌을 좀 맞은 후에야 진정한 성공이 어떤 것인지 깨달았습니다." 그는 여러 번 쓰러졌다. 스물한 살이 되기 전에 적어도 예닐곱 번은 실패했다고 한다. 대부분의 사람들은 제대로 출발도 하지 못한 나이에 스튜어트는 이미 실패를 극복하고 있었다. "네다섯 번쯤 실패하고 나니 어머니가 말씀하시더군요. '쉬운 길을 가려고 하지 마. 그냥 취직을 해!' 하지만 저는 실패할수록 더욱 불타올랐고, 사업가가 되어야겠다는 확신도 점점 강해졌습니다. 언젠가는 꼭 성공할 것이라고 믿었지요." 스튜어트에게 실패는 나쁜 것이 아니다. 다른 길로 가야 한다는 신호일 뿐이다. "25년이 지난 지금은, 하룻밤 새 성공했다는 이야기를 듣고 있지요." 그는 이렇게 말하고 웃음을 터뜨렸다.

엄청난 성공을 거둔 사람들에게 둘러싸여 살아가는 스튜어트는(본인도 그중 한 명이지만) 스포트라이트 밖에서 일을 한다. 예민하고 차분한 지성을 통해, 목표를 달성하고 엄청난 성공을 거둔 사람들이 지닌 심리적인 힘을 꿰뚫어 본다. "도널드 트럼프, 수즈 오먼(자산관리 전문가이자 베스트셀러 저자_편집자주), 오프라 윈프리 등 성공한 사람들은 끈기를 지니고 있습니다. 가끔 녹다운이 되기도 하지만 녹아웃이 되지는 않습니다. 그들은 정직하고 성실하게 노력합니다. 주변에 항상 좋은 사람들을 두고, 다른 사람을 진심으로 배려합니다." 스튜어트 또한 이런 자질을 지니고 있다. "제가 이토록 많은 것을 이루고 이토록 많은 사람에게 감화를 줄 수 있었다는 데 감사할 따름입니다. 제게는 좋은 가족과 좋은 친구, 좋은 동료가 있습니다. 매일 아침 일어나서 사업을 하고 재미를 느낄 수 있다는 것은 축복입니다. 부유한 삶이란 변화를 이끌어내기 위해 최선을 다하고 있음을 스스로 아는 삶이라고 생각합니다."

스튜어트는 풍요를 향해 한 발자국 내딛고 싶어 하는 사람들에게 다음과 같이 조언한다. "별을 겨냥해 쏜 화살이 비록 달을 맞히더라도, 시작은 시작입니다. 아예 시도하지 않은 것보다는 훨씬 낫지요. 우리는 현실적인 시각을 가져야 합니다. 어느 날 아침 갑자기 일어나서 '금요일까지는 억만장자가 될 테야.'라고 말할 수는 없어요. 물론 큰 목표를 세우는 것이 작은 목표를 세우는 것보다 어렵지는 않습니다. 그러나 목표가 제발로 찾아오지는 않습니다. 일어나 행동을 해야 하지요.

긍정적인 메시지가 담긴 책을 읽으면 생각이 바뀌고 인생이 바뀐다. 스튜어트 존슨은 열다섯 살 때 다음 세 권의 책을 읽은 것을 계기로 인생이 바뀌었다고 말한다.

- 《부의 비밀Think and Grow Rich》 나폴레온 힐Napoleon Hill
- 《크게 생각할수록 크게 이룬다: 리더의 자기 암시법The Magic of Thinking Big》 데이비드 J. 슈워츠David J. Schwartz
- 《긍정적인 마음가짐을 통한 성공Success Through a Positive Mental Attitude》 나폴레온 힐·W. 클레멘트 스톤W. Clement Stone

**현대인들에게는 다음 책부터 읽기를 권한다.**
- 《결합 효과The Compound Effect》 대런 하디Darren Hardy
- 《작은 승산The Slight Edge》 제프 올슨Jeff Olson

# 부름

조이 빈체크는 로프 코스(탑 사이를 밧줄로 연결하고 안전장치를 이용해 이동하는 레저_옮긴이주)에 올라가는 아이들을 격려하고 있다. 그렇지 않아도 힘든 인생을 심한 흉터까지 안고 살아가기란 쉽지 않다. 그러나 조지아 주의 소나무 숲 한가운데 자리한 이곳 화상 캠프에서는 모두들 그렇게 살고 있다. 그들은 웬만한 사람들도 하기 힘든 일을 해내도록 격려와 응원을 받고 있다. 바깥 온도는 거의 38도에 달하지만 아무도 신경 쓰지 않는 듯하다. 밧줄 타기에 도전하려고 줄을 서 있는 아이들은 안전벨트와 헬멧, 케이블, 밧줄, 그물, 나무와 기둥 사이에 높이 매달려 있는 들보를 이용해 모험과 신뢰를 배우고 서로 독려하는 법을 배운다. 안간힘을 쓰는 아이들의 얼굴에서는 땀이 뻘뻘 흐른다. 필요하면 언제라도 물을 주기 위해 탈수처치반이 대기하고 있지만 아이들은 물러서지 않는다. 난관에 맞서기 위해 이곳에 왔기 때문이다. 무엇이든지 운동경기에 비유하기를 좋아하는 조이는 이렇게 이야기한다. "사이드라인에 우두커니 있어서는 안 됩니다. 이건 자신의 삶이니까요. 자신이 필드에 선수로 출전해 온 힘을 다해 뛰어야 합니다."



"우리에게는 소명이 있습니다." 오프라 윈프리의 말이다. 우리는 각자 세상에서 해야 할 역할이 있다는 뜻이다. "우리가 숨을 쉬며 살아 있는 것은, 인간 사회에 공헌하기 위해서입니다. 우리가 삶에서 해야 하는 일은 최대한 빨리 자신의 소임, 전체에서 차지하는 자신의 역할을 찾아서 그 일을 하는 것입니다. 그걸 할 수 있는 사람은 오직 한 사람뿐이니까요."[2] 조니 쇼 하원의원이라면 이것을 '자신의 목적을 따르는 것'이라고 표현할 것이다.

데니스 가딘과 스튜어트 존슨이 보여주는 풍요의 초상은 매우 다르다. 그러나 놀랍게도, 그 둘의 안에는 공통의 자질이 빛나고 있다. 인생에서 맞닥뜨린 여러 상황에서 남다른 길을 택함으로써 두 사람은 이 세상에 태어난 목적을 찾은 것이다. 나아가 두 사람 모두 그 과정에서 보람찬 삶을 일구었다. 조이 빈체크라면 그 두 사람이 힘을 찾았다고 말할 것이다. 이 것은 우리가 (소명과 관계된) 힘을 찾으면 좋은 일이 일어난다는 사실을 보여준다. 자신에게 중요한 것을 위해 노력하다 보면 기회가 찾아오고, 그에 따라 다른 사람과 나눌 기회도 많아진다. 삶의 모든 것이 연결되면서 분명해진다. 그때가 되면 그냥 느낄 수 있다. "나는 옳은 곳에서 옳은 일을 하고 있구나. 내가 있어야 할 곳에 있구나." 소명을 발견하면, 즉 우리에게 진정한 힘을 주는 그 특별한 무언가를 발견하면 우리는 상상하는 것보다 훨씬 많은 것을 이룰 수 있다.

오프라가 이 가르침을 훌륭하게 표현했다. 그리고 그녀 스스로도 확신하고 있다. "자신의 소명을 받아들이고 이루는 것이야말로, 우리가 주고받을 수 있는 선물 가운데 가장 소중한 것입니다. 그것이 우리가 태어난 이유이며 가장 참된 삶을 사는 방법이기 때문입니다."[3]

# 깨어 있는 선택이 삶을 바꾼다

**PART 11**

문제가 생겼을 때와 같은 사고방식으로는
문제를 해결할 수 없다

문제가 생겼을 때와 같은 사고방식으로는
문제를 해결할 수 없다.



테네시 대학교 캠퍼스 깊숙이 자리한 아담한 사무실이 있다. 그 사무실은 책과 논문으로 가득하고 문화계에서 이름을 날린 흑인 거장들의 사진이 장식되어 있다. 나는 그 사무실의 주인을 만나기 위해 눈보라를 헤치고 테네시 대학교로 향했다. 막 도착해 주차하려는 찰나, 교수의 전용 주차공간에 빨간색 혼다 발키리 오토바이가 서 있는 것이 눈에 들어왔다. 사무실과 오토바이의 주인은 저명한 금융 교육자인 해럴드 블랙 박사이다. 나는 박사에게서 소비자의 선택권에 대해 많은 것을 배우게 될 예정이었다.

그 겨울날 박사를 만났을 때, 그는 흰 셔츠와 푸른 재킷을 입고 빨간 체크무늬 나비넥타이를 매고 있었다. 블랙 박사는 품위가 있으면서도 진솔하고 현실적인 사람이다. 그리고 그는 재즈 애호가인 듯했다. 벽에 재즈의 거장, 마일스 데이비스와 셀로니어스 멍크의 사진이 걸려 있었기 때문이다. 금융 전문가인 박사의 성과와 직위, 저작을 모두 나열하면 무려 23쪽 분량이 넘는다. 미국 대통령에게 전미신용조합감독청의 임원으로 지명된 적도 있으며, 통화감독청의 경제연구분석국의 부국장을 역임하기도 했다.

이야기를 하려고 앉자마자 블랙 박사는 예상치 못한 방향으로 대화를 이끌었다. 내 질문은 다음과 같았다. "블랙 박사님은 금융과 정부에 관련한 경험이 굉장히 많으신데요, 그동안 알게 된 것 중 가장 중요한 것이 있다면 무엇입니까?" "해럴드라고 부르세요." 박사는 이렇게 운을 떼고는 천천히 뒤로 기대어 앉았다. 그러고는 고개를 한쪽으로 기울이고 손가락을 세모 모양으로 모은 채, 부드러운 어조로 이야기를 시작했다. "저는 무식하다고 치부되는 사람들이 실은 똑똑하다고 자부하는 사람들보다 여러 모로 훨씬 똑똑하다는 것을 알게 됐습니다. 독해력이 모자라는 퇴학생들이 복잡한 랩 가사를 단 두 번 듣고 외울 수 있는 건 왜 그러냐는 질문을 받았습니다. 그래서 제이 지Jay-Z에게 〈전쟁과 평화War and Peace〉(톨스토이의 장편소설_옮긴이주)를 랩으로 부르게 하면, 그 아이들이 일주일 내에 줄거리를 익힐 거라는 결론을 내렸지요. 즉, 아이들이 아둔한 게 아니라 전달체계가 지루한 것입니다. 저는 사물을 그 나름의 장점과 기준에 따라 평가하려고 노력합니다. 그리고 그 누구도 얕보지 않습니다."

그가 말을 이었다. "저는 특정 금융상품 또는 서비스의 고객층을 분석해서 그들이 어떤 사람이며 왜 그 상품을 이용하는지 파악하려고 합니다. 저는 생선알이나 회를 먹는 사람을 무식하다고 하지 않습니다. 회라니,

세상에. 저는 익히지 않은 생선은 먹고 싶지 않아요. 하지만 그렇다고 해서 제가 더 우월하다고 생각하지 않습니다. 다른 시각에서 보면 생선알은 캐비아죠."

나는 언뜻 불합리해보이는 이 추론에 실은 깊은 뜻이 있음을 깨달았다. 블랙 박사는 사람들의 경제적 선택권에 큰 관심을 가지고 있다. 그중에서도 사람들이 왜, 어떻게 돈을 빌리는지를 연구한다. 또한 경제적 선택권의 제한이 사람들의 행복에 어떤 영향을 미치는지 연구한다. 박사가 특별히 관심을 갖고 있는 분야 중 하나는 엄중한 이자율 규제를 통해 소비자를 보호하려는 정부의 시책이다. 박사는 이에 의문을 제기했다. "누군가가 높은 이자율로 돈을 빌리려 한다고 합시다. 남이 보기에 이자율이 아무리 높아 보인다 해도, 그 사람이 아예 돈을 빌리지 못하게 해야 할까요?" 박사는 이야기의 요지를 이해시키려고 몸을 앞으로 당겼다. "제가 보기에 그것은 극단적인 우월의식의 발로입니다. 우리에게 좋은 일이 뭔지 대신 정해주겠다는 얘기지요."

## 장님이여, 코끼리를 보았느냐

사람들이 남에 대해, 또 남을 위해 판단을 내리는 이야기는 해럴드 블랙 박사에게도 낯선 일이 아니다. 그리고 놀랍게도 그 같은 경험이 그의 세계관에 긍정적인 영향을 주었다고 한다. 박사의 개인사를 묻자, 그는 고개를 끄덕이더니 눈을 감고 대답했다. "저는 1950년대와 1960년대의 남부에서 자랐고, 마틴 루터 킹Martin Luther King 박사가 아버지의 부목사였을 때부터 그분을 알았습니다. 그때는 그분이 어떤 인물이 될지 아무도 몰랐지요. 그 지역에서 자라고 지역의 행사에도 참여했던 저는, 시민권 운동의 지도자로서 킹 박사를 존경할 따름이었습니다. 테일러 브랜치Taylor Branch의 《바다를 가르다Parting the Waters》를 읽고 나서야 킹 박사가 얼마나 대단한 인물인지 알았지요. 저는 시민권 운동이 무장 항쟁으로 발전하지 않은 것이 늘 신기했습니다. 남부 사람들은 모두 총을 갖고 있었으니까요. 왜 총을 쓰지 않았을까요? 킹 박사의 성품 덕분에, 그리고 간디의 비폭력 철학에 대한 그분의 헌신 덕분에 흑인들은 반대쪽 뺨을 내어준 것입니다."

"시민권 운동 시대를 겪은 저는, 제 주변에서 일어났던 일이 모두 코끼리의 일부였을 뿐임을 이제 알고 있습니다. 엉덩이만 아니었으면 좋겠지만요." 말을 마친 그는 껄껄 웃었다.



장님과 코끼리의 우화 이야기가 나오자 우리는 함께 웃음을 터뜨렸다. 장님은 코끼리의 몸뚱이 중에 자기가 만지는 부분만 경험할 수 있다. 코끼리의 전체 모습은 보이지 않는다. 나와 박사는, 사람들이 코끼리 한 마리가 바로 눈앞에 서 있는데도 자기만의 제한된 시야에 집착하는 경우가 있다는 이야기를 나누었다. 그런 다음 박사가 이야기를 계속했다. "킹 박사와 그 시대에 대한 책을 더 읽자 제 시야도 넓어졌습니다. 저는 아이들에게 캘빈 트릴린Calvin Trillin의 《조지아 주의 교육An Education in Georgia》이란 책을 한 권씩 주었습니다. 제 개인적인 경험이 수록되어 있는 책이거든요."

당시 그저 교육을 받고 싶었을 뿐인 어린 블랙 박사가 경험한 개인사는 실제로 미국의 시민권 운동사에서 중요한 부분을 차지한다. "1962년 9월, 저는 조지아 대학교에 입학했습니다. 최초의 흑인 신입생 네 명 중 한 명이었고, 최초의 흑인 남학생이었지요. 저는 막 열일곱 살이 된 참이었습니다. 그리고 600명의 백인 남자 신입생들과 같은 기숙사에 배정되었지요. 흥미로운 경험이었다고 하겠습니다. 저는 인종 분리가 엄격했던 남부에서 자랐기에, 입학 면접을 보려고 조지아 대학교 캠퍼스에 갔을 때까지 백인과 이야기를 해본 적이 없었습니다."

"그 전해에 조지아 대학교를 대상으로 차별 금지 소송이 제기되었습니다. 학교에서는 인종을 근거로 입학을 거부한 적이 한 번도 없다고 주장했지요. 입학 자격을 충족하는 흑인 학생이 원서를 접수한 적이 한 번도 없었을 뿐이라면서요. 우리는 모두 그것이 거짓말이라는 걸 알고 있었습니다. 원서에는 인종 기입란이 있었고 사진도 붙여야 했습니다. 애틀랜타 주의 부커 T. 워싱턴 고등학교 졸업생의 인종을 모른다는 듯이요(당시 흑백 분리 정책으로 흑인 고등학교가 따로 있었기 때문에, 출신 고등학교만 보면 흑인인지 알 수 있었음_옮긴이주). 제가 대학에 지원했을 때, 저는 면접을 보려고 아버지와 함께 애선스로 갔습니다. 제 평생 가장 놀라운 면접이었지요. 면접관은 우리에게 악수를 청하지도, 앉으라고 말하지도 않았습니다.

그러더니 대학에서 나를 원하지 않는데 왜 굳이 이곳에 오고 싶냐고 물었습니다. 그런 다음에 절 '검둥이'라고 불렀지요. 우리는 그 말을 듣고 벌떡 일어나서 나왔습니다. 아버지는 '다른 학교에 가야겠구나.'라고 말했습니다. 그런데 일주일 후 빨간색과 검정색의 테두리가 있는 편지를 받았지요. 편지에는 '조지아 대학교 입학허가서 동봉'이라고 쓰여 있었습니다. 제가 왜 입학을 허가받았는지 아직도 모르겠습니다."

"우리 가족은 남자 신입생 기숙사인 리드 홀에 도착해서, 붐비는 로비로 걸어 들어갔습니다." 블랙 박사는 이야기를 계속했다. "우리는 마치 홍해를 가르는 모세 같았습니다. 접수처에 앉아 있던 사감은 '블랙 가족이군요.'('당신들이 그 흑인들이군요.'로 해석될 수도 있다)라고 말했지요. 실제로 맞는 말이었고요. 우리는 침대가 하나 있는 방으로 안내되었고, 어머니가 물었습니다. '여기 흑인은 이 아이뿐인가요?' 곧 그렇다는 것을 알게 되었지요. 어머니는 차를 세워둔 곳으로 돌아가면서 말씀하셨어요. '타라. 물건은 나중에 가지러 오면 되니까, 저기 다시 들어가지는 마라.'"

"저는 어머니에게 이왕 왔으니까 그냥 있겠다고 말했습니다. 그때 아버지가 대학에서 흑인을 한 명 입학시킨 이유를 알겠다고 하셨지요. 제가 괴롭힘을 당하면, 대학 측에서 흑인의 안전을 위해서 흑인을 받지 않는다고 말할 수 있기 때문이라는 거였어요. 그래서 저는 남았습니다. 물론 환영받지는 못했지요. 처음 서점에서는 제게 교재를 팔지 않으려 했습니다. 교내 수영장에 처음 갔을 때는 사람을 다 쫓아내고 수영장 물을 빼버리더군요. 그날 밤에 기숙사 집회가 열렸습니다. 당시는 아직 '버스 뒷좌석' 시대(인종차별정책이 존재했던 1950년대 버스 앞좌석은 백인들의 몫이었고 흑인들은 뒷좌석에만 앉을 수 있었다_편집자주)였지만, 저는 강당에 들어가면서 뒤에는 앉지 않겠다고 결심했어요. 그래서 저는 앞쪽으로 걸어갔습니다. 뒤가 점점 조용해지더군요. 그러다가 마침내 한 줄을 골라서 앉았더니, 그 줄에 있던 사람들이 모두 일어나서 자리를 옮기더군요."

"뒤가 떠들썩하자, 제 앞에 앉아 있던 학생들 넷이 뒤를 돌아봤습니다. 그러고는 제게 물었습니다. '너 신입생이야?' 그렇다고 대답했더니, 그 학생들이 말했지요. '우리도야. 같이 앉을래?' 이 아이들이 가장 친한 친구가 되었습니다. 그들은 자신들의 친구에게 저를 소개해주었고, 평화롭게 공부할 수 있는 웨스트민스터 하우스를 알려주었지요. 제 방 창문은 매일같이 깨졌고, 방에는 두 번이나 불이 났습니다. 제 친구들은 더 심하게 괴롭힘을 당했습니다. 그런데도 우정을 저버리지 않았지요. 강당에서의 그날, 하나님이 말씀하신 것 같습니다. 해럴드, 이 자리에 앉거라……."

"어쨌든 악감정은 없습니다. 사실 저는 모교를 후원하고 있고 모교를 좋아합니다. 경영대학 이사회의 일원이었던 적도 있고 자랑스러운 동문상도 받았지요. 가끔씩 운동경기도 보러 가고요. 조지아 대학교는 좋은 곳입니다." 블랙 박사는 미소를 지었다.

## 자기 삶을 결정하는 힘

내가 열심히 귀를 기울이는 동안 박사는 학생 시절의 이야기를 마친 후, 현재 금융시장과 금융기관에 대한 강의를 하고 있는 테네시 대학교에 대한 애정을 이야기했다. 박사는 금융 연구와 공직 생활을 통해 미국의 경제와 부채, 대출에 관하여 독특한 관점을 갖게 되었다. 대화에서 블랙 박사는 사람들에게는 자기 일을 직접 결정할 권리(그리고 능력)가 있어야 한다고 주장했다. 박사는 누구와 어떻게 금융거래를 할지 우리 스스로 결정할 수 있어야 한다고 생각하며, 또한 사람들의 상식을 믿는다. "한 금융기관이 이자율을 지나치게 높인다고 칩시다. 조금만 시간이 지나면 사람들은 그 금융기관을 이용하지 않습니다."

박사는 이자제한법의 부작용으로 합법적인 대출상품이 줄어들 수 있다고도 말한다. 역설적으로 들릴 수 있지만, 대출상품이 줄어들면 총 부채와 파산은 오히려 증가한다는 사실이 여러 연구를 통해 증명되었다고 한다. 박사는 대출을 받을 때 선택의 폭이 넓을수록 좋다고 주장한다. "누구도 다른 사람의 재정에 대해 무엇이 좋은 선택이고 무엇이 나쁜 선택인지 판단할 수 없습니다. 보다 의식적인 선택을 권장하고, 대출상품의 특징과 장단점에 대한 정확한 정보 제공을 독려할 수 있을 뿐입니다."

경제적 결정은
그 결정으로 가장 큰 영향을 받는 사람이
가장 잘 내릴 수 있다.

블랙 박사와의 대화를 통해 나는 선택권이 얼마나 중요한지 다시 한번 실감했다. 그리고 경제적 결정은 그 결정으로 가장 큰 영향을 받는 사람이 가장 잘 내릴 수 있다는 생각을 다시 한 번 확인할 수 있었다. 경제적으로 어떤 결정이 좋고 나쁜지는 당사자가 가장 잘 판단할 수 있다. 선택지와 결과를 제대로 알고 결단을 내리면 자신은 물론 타인의 발전에도 이바지할 수 있다. 우리는 자신의 가치와 꿈을 뒷받침하는 현명한 경제적 결단을 내릴 수 있으며, 이를 위해서는 선택지에 대해 공부를 하고 조금 더 노력하려는 의지가 필요하다. 판단은 문간에 남겨두고, 자신의 역량은 물론 남의 역량도 과소평가하지 말자.

## 깨어 있는 선택이 인생경로를 바꾼다

우리에게 좋은 것이 무엇인지를 다른 사람이 대신 판단하거나 성공을 향한 나의 진로를 남이 정해주기를 바라지 않듯이, 우리 역시 다른 사람의 진로나 잠재력을 완전히 파악할 수 없다. 레티샤 반 드 푸테 상원의원이 아직 레티샤 산 미겔로서 9학년에 올라갈 준비를 하고 있었을 때, 그녀는 시간표에 가정 수업이 있음을 발견했다. 그녀는 대수학 수업을 듣고 싶었는데, 학교에서는 두 과목을 같이 들을 수 없게 되어 있었다. 둘 중 하나를 선택해야 했다. 간단해 보였지만 평생의 진로를 좌우할 결단이었다. "학교에서는 여학생에게 가정 수업을 권장했고, 그 외에도 대학 교육이나 전문직과는 무관한 수업을 권장했습니다. 제도적인 차별이었지요. 고등교육을 받고 전문가가 되느냐 아니냐를 결정짓는 경계선이 바로 9학년에 있었던 겁니다. 저는 약사가 되고 싶었습니다. 그러기 위해서는 대학에 가야 했고, 그러려면 대수학을 들어야 했지요." 결국 레티샤는 도움을 청해야 했다. "부모님이 학교에 말씀을 해주셨어요. 덕분에 저는 대학 교육을 받고 전문가가 되는 진로를 택할 수 있었지요."

레티샤가 대수학을 듣지 않았더라면 지금처럼 아동과 교육을 위해 투쟁하거나, 재향군인 및 군사시설위원회의 회장을 역임하지 못했을지 모른다. 또한 약사가 되어 성공한 메디컬센터를 운영할 수도 없었을 것이다. 레티샤가 돕고 있는 많은 사람들에게는 참으로 다행스럽게, 레티샤는 주위의 기대에 안주하지 않았다. 그녀는 앞을 바라보고, 자기가 원하는 것이 무엇인지 파악하고, 목표를 이루기 위해 노력했다. 물론 쉽지는 않았다. 학교를 졸업하는 데는 많은 노력이 필요했고 가족의 지원도 필요했다. "약대를 다니는 데는 돈이 많이 들었습니다. 특히 교재비가 비쌌지요. 장학금을 받았는데도 대출을 받고 아르바이트를 하고 가족에게 도움도 받아야 했어요. 온 가족이 저를 도왔습니다. 어린 여동생들도 예외가 아니었지요. 라틴 문화권에서는 '킨세아녜라quinceañera'라고 해서 여자아이의 열다섯 번째 생일을 축하해요. 일종의 성인식으로 여자아이라면 누구나 기대하는 큰 파티지요. 제 여동생들은 저를 위해서 파티 비용을 포기했어요."

"저는 항상 싸워왔어요." 레티샤가 말한다. "목표를 달성할 때도 있었고 못할 때도 있었어요. 하지만 항상 죽어라 노력했지요. 제가 아는 건, 무슨 일이 있어도 열심히 해야 한다는 것이었으니까요." 레티샤는 미래에 대해 낙관하며 선택권을 최대한 활용했고 올바른 선택을 했다. 레티샤가 대학에서 졸업했을 때 그 반에서 약학 학위를 받은 여학생은 여덟 명뿐이었다. 학위를 받을 수도 있었을 수많은 여학생들은 대수학을 듣지 않은 것이다.

## 험난한 등반

젊은 사람들도, 아니 어쩌면 젊은 사람일수록 자신의 선택을 정확히 이해하고, 크고 작은 결정이 경제적 행복과 역량에 미치는 영향을 알아야 한다. 내가 에린 와그너를 만난 것은 노스캐롤라이나 주의 중심도시인 롤리에서였다. 그녀는 의회의 의원들을 만나 자신이 사는 주의 금융에 관한 논의를 하기 위해 롤리를 방문했다. 아직 20대인 에린은, 규모는 작지만 성공적인 사업을 운영하고 있는 사업가이다. 상냥하고 야무지며 고객에게 헌신적인 그녀가 지금의 전문성을 가질 수 있었던 것은 (물론 금융학 학위도 가지고 있지만) 금융 사업을 하신 아버지의 영향 덕분이다. 에린은 자신이 알고 있는 많은 것들이 아버지의 무릎에 앉아서 처음 배운 것이라고 말했다. 에린의 아버지는 배움에는 나이가 없다고 생각한 모양이다. 에린도 같은 의견이다. 그녀의 고객 중에는 젊은 층이 많고 에린은 그들을 대상으로 재정 문제에 대한 교육과 상담을 진행한다.

"자기 행동의 결과를 예상하지 못한 탓에 큰 빚을 지게 된 젊은이들이 많아요." 에린이 말했다. "그중 대다수는 단순히 경험이 부족하고 수입과 지출을 관리하는 방법을 막 배우기 시작한 사람들이에요. 아직 신용에 대해 잘 모르다 보니 자신도 모르게 어려운 상황에 처하게 되지요." 에린은 무의식적인 결정과 정보의 부족이 젊은 사람들에게 큰 영향을 주고 있다는 이야기를 했다. "어떤 선택을 할 수 있는지 잘 모르기 때문에 충동적인 결정을 하기가 더 쉬워요. 그 결정이 어떤 결과를 낳을지도 잘 모르지요. 청구서가 날아오기 전까지는요. 저도 같은 세대이기 때문에 왜 그렇게 되었는지 잘 알고 있어요."

에린은 젊은 사람의 신용 상태를 험난한 등반에 비유했다. "경험이 없는 사람에게 가파른 비탈을 오르라고 하는 것과 같아요. 경험이 있는 사람은 어떻게 나아가야 할지, 어디에 발을 디뎌야 할지 알지요. 경험이 없는 사람에게는 길잡이가 필요해요. 길잡이는 분명한 목표를 갖고 등반하는 법을 가르치고 길을 알려줘야 하지요. 적절한 교육과 정보가 있으면 상황은 완전히 달라지니까요." 에린이 말했다. "나이와 무관하게 자신의 목표와 자원을 의식적으로 살펴봐야 할 사람이 많아요. 젊은 사람들이 제 사무실에 들어오면 저는 그들이 속도를 낼 수 있게 도와주지요. 선택의 폭을 알려주고 적절하게 대출을 받아서 효율적으로 상환하는 방법을 가르쳐줘요. 또 목표 달성을 위해, 또는 부채 상환과 신용도 관리를 위해서 어떤 단계를 거쳐야 하는지 이야기하지요. 결정 하나하나가 정말 중요하기 때문에 신중하게 검토하고 계획해서 결정을 내리는 게 중요해요. 그것은 나이와 무관하게 유효한 조언이지요."

## 자신이 해야 하는 일을 하기

나는 교육에 대한 이 같은 생각을 리키 키즈 박사에게 이야기했다. 책의 앞부분에서 이야기했듯이, 리키는 에린과 마찬가지로 부모로부터 돈과 풍요에 대해 배웠고(리키는 식탁에 앉아서 어머니에게 배운 경우이다) 지금은 경제적으로 의식적인 결정을 내리고자 하는 사람들을 교육하고 있다. 실용적인 지침을 제공할 뿐만 아니라 의욕까지 고취시킨다. 그는 미국 전역에서 교육용 프레젠테이션을 진행하고 경제적 안정과 성공을 이루는 법을 가르치고 있으며, 온라인 프로그램을 통해 예산 계획, 목표 달성, 부축적에 대한 도움을 주고 있다.

리키는 자신이 설립한 단체인 리뉴얼 파이낸셜을 통해 이런 개념을 가르친다. "경제 교육은 매우 중요합니다. 식탁에서 돈 관리법을 배우지 못했다면 지금이라도 반드시 배워야 합니다." 그는 충분한 정보와 함께 자신의 경제적 목표를 이루기 위해 무엇이 필요한지를 알면 누구든 올바른 경제적 결정을 내릴 수 있다고 말한다. 잠재적인 장애물과 걸림돌을 예상할 수 있으면 실제로 맞닥뜨렸을 때 대처하거나 피하는 것도 더 쉽다. "상담사는 사람들에게 그냥 할 일을 일러주는 것이 아니라 그들을 교육해야 합니다." 리키의 말이다. "일단 어떤 선택이 가능한지를 알면 자신에게 무엇이 적합한지 스스로 선택할 수 있습니다. 소비자로서 이용할 수 있는 보호제도를 이해하는 것도 큰 도움이 되지요."

젊은 사람들도, 아니 어쩌면 젊은 사람일수록
자신의 선택을 이해하고,
크고 작은 결정이 경제적 행복과 역량에 미치는 영향을 알아야 한다.


## 작은 선택들이 모여 삶을 이룬다

한 무리의 학생들이 다음 수업이 있는 교실로 이동하고 있다. 단정한 셔츠를 입은 아이부터 문신을 하고 골반까지 내려오는 바지를 입은 아이까지, 차림새와 외모는 각양각색이다. 모두들 갑옷이라도 두른 듯 반항적인 분위기를 풍긴다. 그중 누가 성공하고 누가 실패할지 짐작해 보고 싶은 생각이 들지도 모른다. 그러나 외모만 보고 판단하기는 불가능하다. 롤모델이 있거나 좋은 입문서를 읽는 등의 작은 차이가 결정적인 요인으로 작용할 수 있다. 사실 이것은 어느 연령에서나 마찬가지다. 우리 앞에서 풍요의 길을 걸어간 현명한 사람들을 바라보는 것은 스스로를 교육하고 부의 심리를 형성할 수 있는 전통적이고도 강력한 방법이다.

복도의 아이들은 방금 책을 한 권씩 받았다. 정독을 하고 마음에 새긴다면 올바른 선택을 하는 데 도움이 될 책이다. 이 책은 바로 〈석세스〉의 소유주인 스튜어트 존슨이 기증한 《10대를 위한 석세스SUCCESS for Teens》이다. 스튜어트는 아이들이 세상을 살아가는 데 필요한 능력을 발전시킬 수 있도록 돕기 위해 '석세스 재단²'을 설립했다. 석세스 재단의 개발이사인 레아 맥캔은 이렇게 설명한다. "스튜어트는 10대에 데이비드 J. 슈워츠가 쓴 《크게 생각할수록 크게 이룬다: 리더의 자기 암시법》이라는 책을 받았습니다. 그 책이 발전의 원동력이 되었지요. 책을 읽고 나서, 사업과 인생에 도전하기 위해서는 우선 자신을 갈고닦아야 한다는 점을 깨달았다고 합니다. 스튜어트는 그 경험을 다음 세대와 나누고 싶어 합니다. 그래서 우리는 청년단체에 책을 기부하여 아이들이 목표를 설정하고 꿈을 키우고 자존감을 함양하는 데 도움을 주려고 합니다."

---

**목표는 잘 보이는 곳에**

인생에서 이루고자 하는 것을 다섯 가지 써보자.

**예시**  1. 새 차
2. 내 삶을 사랑하기
3. 삶의 목적 달성하기
4. 좋은 일자리
5. 새 집

이것을 매일 볼 수 있는 곳에 붙여두자!

---

스튜어트 존슨은 말한다. "아이들뿐만 아니라 모든 사람들은 알아야 합니다. 성공에는 한 가지 정의만 있는 게 아니라는 사실을요. 그리고 자신이 내리는 결정 하나하나가 모이면 큰 차이가 된다는 사실도 기억해야 합니다. 이것은 공영주택에 사느냐 가장 좋은 동네에 사느냐와는 관계가 없습니다." 우리가 지금 막 10대를 지나왔든 기억도 안 날 만큼 오래전에 지나왔든, 부의 심리를 형성하는 데는 나이가 따로 없다.

> 긍정적이든 부정적이든 매일 하는 작은 일에 따라
> 당신이 어떤 삶을 살지가 결정됩니다.
>
> 스튜어트 존슨

## 내면의 자질

여러분과 공유하고 싶은 토니 커피스의 사연이 아직 하나 남아 있다. 토니와 쌍둥이 동생 마이크가 성공적인 다국적 기업을 설립했으며, 어릴 적에 누나인 아네트와 함께 트레일러의 계단에 버려졌다는 이야기를 기억할 것이다. 토니와 마이크가 친척의 지인에게, 누나가 어머니의 친척에게 각각 입양될 때 양측 가족은 두 남자아이가 열여덟 살이 될 때까지 누나를 만나지 못하게 하기로 합의했다. "제가 열여덟 살이 되었을 때, 우리는 외할아버지를 비롯한 친어머니 쪽 친척 대부분을 만났습니다. 다들 우리를 보고 굉장히 기뻐했지요. 저와 마이크는 얼떨떨했습니다. '이 사람들은 다 누구지?' 하지만 그 사람들에게 우리는 중요한 존재였어요. 두 살 때 이후로는 한 번도 본 적 없는 아이였으니까요. 누나를 만났을 때 처음에는 서로 쳐다보기만 했어요. 그런데 5분이 채 지나기도 전에 평생 알고 지낸 것 같은 사이가 되었지요."

토니와 마이크는 가족에 대해 많은 것을 알게 되었고, 그중에는 아버지에 대한 것도 있었다. "누나가 친아버지의 이름이 토니 아키노라는 걸 알고 있더군요. 그래서 우리는 우선 전화번호부에서 아키노라는 이름을 찾아보았어요. 순전히 호기심 때문이었지요. 그리고 몇 주 후 마이크가 체육관에서 친구와 운동을 하게 되었는데, 마침 그 친구가 이탈리아계였습니다. 마이크가 말했습니다. '야, 얼마 전에 알았는데 나도 너처럼 이탈리아계더라고.' 그러자 친구가 대답했지요. '어떻게 알았어?' 마이크는 최근에 우리가 누나를 만났고, 누나가 친아버지의 성이 아키노라고 말해주었다는 이야기를 했습니다. 그러자 놀랍게도 친구가 토니 아키노라는 사람을 안다고 말했지요. 최근에 그 사람에게서 차를 샀다는 거였어요.

"마이크와 친구는 들뜬 나머지, 부랴부랴 차를 타고 그 자동차 영업소로 갔습니다. 두 사람은 들어가자마자 눈에 띄는 영업사원에게 토니 아키노라는 사람이 여기서 일하냐고 물었지요. 자, 이 두 사람은 방금 체육관에서 나온 상태였습니다. 찢어진 티셔츠를 입고 땀에 절어 있었지요. 영업사원은 불만이 있는 고객이 소란을 피우러 온 줄 알았던 모양입니다. 그래서 이렇게 대답했습니다. '아뇨, 토니 아키노라는 사람은 없습니다. 일을 그만뒀는데, 어디 있는지도 모릅니다.' 두 사람이 돌아서서 나가려던 차에 영업사원이 그 사람을 왜 찾느냐고 물었습니다. 마이크가 대답했지요. '우리 아버지일지도 모르거든요.' 그리고 마이크는 친구와 함께 차를 타고 떠났지요."

영업사원은 마침 토니 아키노와 친했고, 마이크의 친구가 최근에 차를 샀던 사람인 것도 알아보았다. 그래서 그 친구의 자동차 대출 신청서에서 이름과 전화번호를 찾아 토니 아키노에게 알려주었다. "그날 저녁에 토니 아키노가 우리 집에 전화를 했습니다. 처음에는 친구가 장난을 치는 줄 알았어요. 그래서 마이크와 함께 욕을 퍼부어주었지요!" 토니는 이렇게 말하며 웃었다. "'너 누구야? 왜 이래? 장난치지 마!' 그런데 그때 아버지가 말했어요. '아냐, 진짜 나란다. 아버지야. 너희가 나를 찾았다는 이야기를 들었다.' 그 사람이 진짜 아버지라는 것을 깨닫고 우리는 서로 질문을 하기 시작했지요. '키가 얼마예요? 어떻게 생겼어요?' 우리는 얼마간 대화를 한 다음 시간을 정해서 아버지의 집을 찾아가기로 했어요. 그렇게 해서 처음으로 친아버지를 만났습니다."

"우리는 흥미로운 점을 두 가지 발견했습니다. 첫째, 아버지가 거의 평생 동안 우리에게서 2킬로미터도 떨어지지 않은 곳에 살고 있었다는 점이에요. 친아버지를 만나다니 비현실적인 일이었어요. 우리는 궁금한 게 정말 많았습니다. 아버지가 어떤 사람인지 알고 싶었고, 유대감을 형성하고 싶었거든요. 그래서 질문을 퍼부었고 새끼발가락, 성격, 체형 등 모든 것을 비교했지요. 우리는 바로 친해져서 함께 웃기 시작했어요. 만나자마자 서로 좋아하게 된 거예요." 친아버지에게 화가 났느냐고 묻자 토니는 이렇게 대답했다. "아니요, 전혀요. 지난 일은 지난 일이니까요. 우리의 양육 환경이 마음에 들지 않았기 때문에 아버지를 만나고는 '세상에, 이분과 함께 살았다면 훨씬 좋았겠구나!' 하는 생각이 들긴 했어요. 공허감이 들기도 했고 무슨 일이 있었던 건지 궁금하기도 했지요. 하지만 화가 난 것은 아니었습니다. 누구도 증오하거나 탓하지 않았습니다. 우리가 양측 가족을 처음 만났을 때, 우리가 어렸을 때 왜 자신들이 데려가지 못했는지 변명을 하는 분들이 많았어요. 하지만 저와 마이크는 한 번도 묻지 않았습니다. 그냥 서로 바라보고 우리에겐 전혀 중요하지 않은 일임을 확인했을 뿐이지요. '우리는 오늘 여러분을 만나고 있어요. 과거에는 관심이 없어요. 지금부터 여러분을 알아가는 것에만 관심이 있을 뿐이에요.' 이렇게 생각했지요."

토니는 아키노 가족을 알아가면서 체격이나 키, 외모와는 전혀 관련이 없는 가족만의 특성이 있음을 알게 되었다. 그것은 내면의 중요한 자질이었다. "동생과 누나, 그리고 아키노 족보에 있는 모든 사람들은 선하고 순수하며 호기심이 많았습니다. 어린아이 같은 성격을 가졌어요. 누군가 옳지 않은 일을 하면 깜짝 놀라지요. 누군가 우리에게 거짓말을 할 때도 그렇구요." 토니가 말했다. "저와 마이크는 자랄 때 항상 천덕꾸러기라는 느낌을 받았어요. 양부모님이 우리만 보면 짜증을 내는 것 같았지요. 그분들이 우리를 사랑하긴 하지만, 좋아하지는 않는 것 같다고 느꼈어요."

"그렇게 다시 만난 이후로 아네트 누나는 명절 때마다 커피스 가족의 집으로 저와 마이크를 찾아왔지요. 그럴 때면 셋이서 어떻게든 핑계를 만들어 친아버지 집으로 가서 아버지의 가족과 시간을 보내고 왔어요. 아버지는 재혼을 해서 어린 자녀들을 두고 있었는데, 그들과 다 같이 만나는 게 좋았어요." 토니가 말했다. "그곳에 있을 때면 그 어디에 있을 때보다 기분이 좋았어요. 이유는 모르겠지만 그냥 딱 좋다는 느낌이 들었습니다. 어느 크리스마스 저녁이 기억나요. 모두 식탁에 둘러앉아 있었는데 다들 너무 똑같은 거예요! 다들 야단스럽고 짓궂고 쾌활했어요. 저와 마이크는 개그를 하거나 바보짓을 해서 사람들을 웃기곤 했지요. 그런데 우리 친아버지가 똑같은 행동을 하더군요. 우리 모두가 다, 아이들도 우리도 똑같았어요. 정말 우스웠지요. 거기 앉아서 이런 생각을 한 기억도 나네요. '세상에, 이곳이 우리 집이구나. 이곳이야말로 우리가 소속감을 느낄 수 있는 곳이구나.' 양부모님과는 그렇게 친하게 지낼 수가 없었어요. 그런데 이곳에서는 사람들과 바로 친해졌지요."

> **일단 움직이자**
>
> 지금 내가 구할 수 있는 것들을 기회로 이용하자. 비록 그것이 마음에 꼭 들지 않을 수도 있지만, 꿈을 이루기 위한 첫걸음은 될 수 있다. 그 후에는 옳은 방향으로 계속 움직이기만 하면 된다.

그 식탁에 둘러앉은 사람들에게는 또 하나의 공통점이 있었다. "다른 측면에서도 아버지는 우리와 같았습니다. 우리와 같은 야심을 품고 있었지요. 아버지는 항상 꿈을 꾸었고 만족할 줄 몰랐어요. 항상 더 나은 사람이 될 수 있다고 믿고 더 나은 삶을 위해 노력하는 정신을 지닌 분이었지요. 그런 면을 우리가 물려받은 것 같아요."

일부 성공한 사람들과는 달리, 토니는 경제적으로 풍요롭거나 감정적으로 넉넉한 환경에서 자라지 못했다. 양부모님은 그에게 큰 기대를 걸지 않았다. 그러나 지금은 양측의 모든 가족이 토니와 마이크가 이룬 성공을 자랑스럽게 여긴다. 또한 토니와 마이클은 수천 명의 사람들에게 귀감이 되고 있다. 토니는 어릴 때의 불우한 환경을 극복하는 힘을 자기 안에서 찾았다. 그것은 그의 존재의 중심에 있는 보이지 않는 자질이다. 그를 통해 우리는, 마음을 따르다 보면 아무리 암담한 환경에서도 풍요롭고 만족스러운 삶을 일굴 수 있음을 알 수 있다.

 # 코끼리의 전체 모습

해럴드 블랙 박사의 사무실을 나서면서 나는 다시금 코끼리에 대한 비유를 떠올렸다. 나는 이 책을 집필하는 동안 내 관점과 경험에서 보이는 부분만이 아닌 부의 전체 모습을 보고자 했다. 코끼리는 신기하면서도 대단한 동물이다. 코끼리의 이미지는 우리에게 자신의 관점에 머물러서는 큰 그림을 보지 못할 수 있다는 사실을 상기시킨다. 나는 뒤로 한 발 물러서서 큰 그림을 볼 기회를 얻었다는 데 감사한다. 수많은 대화와 담론이 오고가는 과정에서, 부를 이루는 데는 여러 가지 방법이 있다는 사실과 부의 심리는 본질적으로 넉넉하다는 사실을 직접적으로 실감할 수 있었다.

많은 문화권에서 코를 높이 든 코끼리는 장애물 극복을 상징한다고 한다. 우리 앞길에 어떤 장애물이 나타나더라도 큰 그림만 기억한다면, 즉 우리의 목적지를 알고 그곳에 도달할 수 있는 능력을 믿는다면 우리는 결국 해낼 수 있을 것이다. 또 그럼으로써 자신은 물론 가족과 사회의 무궁무진한 가능성을 받아들이고, 풍요로운 삶을 일구는 잠재력을 최대한 이끌어낼 수 있다.

나는 성공을 이룬 사람들과 대화를 나누면서 건강한 부의 심리란 자기 결정에 대해 책임을 지는 것임을 알게 되었다. 그리고 리키 키즈, 해럴드 블랙, 에린 와그너와의 이야기를 통해 부의 심리가 지닌 또 다른 측면을 분명히 볼 수 있었다. 가장 이로운 결정을 내리고 바람직한 경제적 진로를 계획하기 위해서는 자기 자신에 대한 교육을 책임지고 실행해야 한다는 것이다. 의식적인 경제생활을 하고 부를 축적하기 위해서는 선택지와 자원에 대한 다양한 정보를 수집해야 한다. 간단히 말해 돈이 어떻게 융통되는지를 알아야 한다.

우리는 현명한 결정을 내리는 능력을 키워야 하며, 이를 위해서는 부모나 교사, 멘토, 자격을 갖춘 상담사에게 가르침을 받거나 좋은 자료를 읽고 들음으로써 배워야 한다. 이 같은 교육은 그저 유용하기만 한 것이 아니라 우리를 더욱 큰사람으로 만드는 자양분이 된다. 그리고 그 다음에는 그 교육에 자기만의 경험을 더해 다음 세대를 비롯한 타인에게 전할 수 있어야 한다.

부의 심리란 구체적인 경제적 전략이나 방법론이 아니다. 재산을 축적하거나 금전적 꿈과 욕망을 실현하겠다는 결의도 아니다. 부의 심리란, 풍요로운 삶을 일구는 데 필요한 자질과 태도를 내면으로부터 이끌어내 기르기를 촉구하는 목소리이다. 이는 곧, 크고 작은 결정을 보다 의식적으로 내리는 것을 말한다. 이는 우리 개인에게 가장 의미 있는 일을 찾고 우리가 결정을 하고 행동을 할 때마다 그 가치에 가까워지는지 아니면 멀어지는지를 인식하라는 목소리이다.

부의 심리를 지닌 사람은 가진 것에 감사하고 이룬 것을 받아들인다. 나눔은 넉넉함의 실천이며 나눔으로써 더욱 넉넉해진다는 사실을 안다. 부의 심리를 지닌 사람은 삶이 무엇을 주고 무엇을 앗아가든 자신의 삶은 자신이 만들어가야 함을 받아들인다. 늘 최선을 다하고자 하며, 진정 풍요롭고 행복하며 보람찬 삶을 향한 왕도는 한 발을 다른 발 앞에 놓음으로써 시작된다는 것을 알고 있다.

[ 주 ]

아래의 각주들은 원서의 출간시점(2012년)을 기준으로 작성되었습니다. 단, 각주와 관련한 웹사이트 링크 가운데 한국어판 출간시점(2014년)에서 유효하지 않은 링크는 동일 정보를 확인할 수 있는 기타 웹사이트 링크로 대체하였음을 밝힙니다.

## 01 무엇을 해야 하는가

1 1999년부터 현재까지 텍사스 주 상원의원으로 재임 중이다. 2008년 민주당 전당대회의 공동 의장을 역임했으며 현재 보훈 및 군 시설물 협회의 의장이다. 교육·국무·사업·상업에 관련된 상원위원회에 소속되어 있으며 아동 복지, 참전 용사, 고품질 공교육을 강력하게 옹호한다.

2 Shanna Hagan, "Lottery's Lucky Losers," *Times Publications*, September 2008.

3 "From Porsches to Bankruptcy," *Arizona Republic*, July 16, 2006.

4 Hogan, "Lottery's Lucky Losers."

5 David Fusara, "Lottery Winnings: Easy Money That's Hard to Handle," Columbia News Service, February 13, 2007.

6 Renewal Financial Services, LLC, http://www.renewalfinancial.com

7 Robert M. Williams, PSYCH-K…*The Missing Peace in Your Life!* (Crestone, Colo.: Myrddin Publications, 2004).

## 02 부의 진화를 엿보다

1 Walter Coffey, "The Panic of 1819: The First Major Depression in U.S. History Sets Many Economic Trends," *Suite* 101, February 21, 2010, http://waltercoffey.wordpress.com/2012/08/19/the-panic-of-1819/.

2 Wendell Cox, "Root Causes of the Financial crisis: A Primer," October 28, 2008, http://www.newgeography.com/content/00369-root-causes-financial-crisis-a-primer.

3 Rana Foroohar, "Keeping Economics Real," *Newsweek*, October 17, 2008.

4 "History of the Sewing Machine," Museum of American Heritage. http://www.moah.org/.

5 Georgia Lund, "How the Sewing Machine Made Credit Cards Possible," http://voices.yahoo.com/how-sewing-machine-made-credit-cards-possible-690645.html, Dec. 7, 2007.

6 "Installment Buying, Selling, and Financing,"accessed October 8, 2011, http://www.answers.com/topic/installment-buying-selling-and-financing.

7 Donncha Marron, *Consumer Credit in the United States: A Sociological Perspective from the 19th Century to the Present* (New York: Palgrave MacMillan, 2009), 38–48.

8 Sammy Kicklighter, Brevard Piano, http://www.brevardpiano.com/.

9 "The Advertising of Installment Plans," Oakwood Publishing Company, http://www.studyworld.com/newsite/reportessay/science/Technical%5CThe_Advertising_of_Installment_Plans-3485143.htm.

10 "Henry Ford Changes the World, 1908," Eyewitness to History, 2005, http://www.eyewitnesstohistory.com/ford.htm.

11 Claire Suddath, "A Brief History of the Middle Class," *Time*, February 27, 2009.

12 Ibid.

13 Frank Jordans, "USA Comes Up a Bit Short in Global Better Life Index," *USA Today*, May 24, 2011.

14 Susan Page, "Western Cities Fare Best in Well-Being Index," USA Today, February 15, 2010.

03 의식적으로 전진하기

1 Thomas J. Stanley and William D. Danko, *The Millionaire Next Door: The Surprising Secrets of America's Wealthy* (New York: Pocket Books, 1998).

2 Amy Chua, *Battle Hymn of the Tiger Mother* (New York: Penguin Press, 2011).

3 Darren Hardy, "27 Resources for Your Success," a list of essential tools and technologies to help achievers gain the competitive edge, http://darrenhardy.success.com/2008/07/27-resources-to-accelerate-your-success-some-might-surprise-you/.

4 Donald J. Trump and Bill Zanker, *Think Big and Kick Ass in Business and Life* (New York: HarperCollins, 2007), 11.

5 Donald J. Trump and Robert T. Kiyosaki, *Why We Want You to Be Rich: Two Men-One Message* (Phoenix, Ariz.: Rich Press, 2008), 101.

6 Donald J. Trump, *Think Like a Champion: An Informal Education in Business and Life* (New York: Vanguard Press, 2009), 28.

## 04 부의 심리는 자존감의 심리이다

1 Charles Paikert, "With Szifra Birke of Lexington Wealth Management Inc.," August 13, 2007, http://www.investmentnews.com/article/20070813/FREE/70813028.

2 Nathaniel Branden, "The Power of Positive Self Esteem," reprinted from *Bottom Line/Personal* 15, no. 11, 6-1-94, 1991.

3 Glen H. Elder and Rand D. Conger, *Children of the Land: Adversity and Success in Rural America* (Chicago: University of Chicago Press, 2000).

4 Donald J. Trump and Bill Zanker, *Think Big and Kick Ass in Business and Life* (New York: HarperCollins, 2007), 41, 44.

5 Darren Hardy, *The Compound Effect: Multiplying Your Success, One Simple Step at a Time* (Lake Dallas, Tex.: SUCCESS Books, 2010).

## 05 선택과 책임

1 Darren Hardy, The Compound Effect: Multiplying Your Success, One Simple Step at a Time (Lake Dallas, Tex.: SUCCESS Books, 2010).

2  Brian Tracy, "Taking Personal Responsibility," http://www.successmethods.org/brian_tracy-a19.html.

3  "A Cherokee Legend," http://www.firstpeople.us/FP-Html-Legends/TwoWolves-Cherokee.html.

4  Paul G. Durbin, Ph.D., "A Tribute to Viktor Frankl," 1986, http://www.durbinhypnosis.com/frankl.htm

5  Louis Hyman, *Debtor Nation* (Princeton, N.J.: Princeton University Press, 2011), P. 150.

6  Jose D. Roncal, "Consumer Debt in the U.S.," September 1, 2008, http://financialspeculation.com/consumer-debt-in-the-us/

7  Ibid.

8  Norman Vincent Peale, http://quotationsbook.com/quote/684/.

## 06  가치의 판단

1  Tim Ogle, "Value for Money More Important than Low Price, Say Shoppers," January 11, 2011, http://www.talkingretail.com/news/industry-news/value-for-money-more-important-than-low-price-say-shoppers.

2  Melissa Koide and Rachel Schneider, "How Should We Serve the Short-Term Credit Needs of Low-Income Consumers?" Joint Center for Housing Studies, Harvard University, August 2010.

3  Lendol Calder, *Financing the American Dream: A Cultural History of Consumer Credit* (Princeton, N.J.: Princeton University Press, 1999), 301-302.

4  Ibid, P. 302.

5  Jacque Hillman and Jimmy Hart, "Tent City, October 1960: Fayette, Haywood County Blacks Forced from Their Homes for Trying to Exercise Right to Vote," *Jackson Sun* Special Report, 2003.

**07   어떻게 극복할 것인가**

1   Claire Suddath, "A Brief History of the Middle Class," *Time*, February 27, 2009.

2   Ibid.

3   "Buy Now, Pay Later: A History of Personal Credit," Exhibition organized by Baker Library Historical Collections, Harvard Business School, October 22, 2010—June 3, 2011.

4   Cornelius Frolik, "Residents Forgoing Dental Care to Save Money," *Dayton Daily News*, July 6, 2011.


**08   주는 것의 힘**

1   Constance Rosenblum, "'Hetty': Scrooge in Hoboken," *New York Times*, December 19, 2004.

2   Yisrael Nathan, "The Kindness That Came Back," *Jewish Magazine*, November 1997, http://www.inspirationalstories.com/4/403.html.


**09   삶 재창조하기**

1   대체 의학 연구 재단(Research for Alternative Medicine Foundation)의 설립자인 마이클 스턴은 새로운 척추 지압 요법을 개척했으며, 척추 지압 관련 세미나를 개최한다. http://chiropractictensionrelease.com

2   Jalal al-Din Rumi, *It Is What It Is: The Personal Discourses of Rumi*, trans. and ed. Doug Marman (Ridgefield, Wash.: Spiritual Dialogues project, 2010).


**10   어디다 발을 디뎌야 할지 알기**

1   조지아 소방서 화상 재단(Georgia Firefighters Burn Foundation)에서 주최하는 캠프 오울라. 캠프 오울라는 심각한 화상을 입은 7세부터 17세까지의 아이들을 환영한다. 아이들은 조지아 주 윈더에서 개최되는 일주일 간의 캠프에 무료로 참가할 수 있다.

2 Oprah Winfrey, "What I Know for Sure," *O, The Oprah Magazine* 11, no. 11 (November 2010), 236.

3 Ibid.



## 11    깨어 있는 선택이 삶을 바꾼다

1 Udana 68−69: "Parable of the Blind Men and the Elephant," provided by Randy Wang, http://www.cs.princeton.edu/~rywang/berkeley/258/parable.html.

2 석세스 재단의 자문단에는 도널드 트럼프, 로버트와 킴 기요사키, 스테드먼 그레이엄, 폴 제인 필저, 대런 하디, 제프 올슨, 존 애디슨, 그렉 프로벤자노 등이 소속되어 있다. http://www.SuccessFoundation.org/

# 부의 심리

1판　1쇄 | 2014년 6월 30일
지 은 이 | 찰스 리처즈
옮 긴 이 | 정 향
발 행 인 | 김 인 태
발 행 처 | 삼호미디어
등　　록 | 1993년 10월 12일 제21-494호
주　　소 | 서울특별시 서초구 바우뫼로41길 18 원원센터 4층
　　　　　www.samhomedia.com
전　　화 | (02)544-9456
팩　　스 | (02)512-3593

ISBN 978-89-7849-494-6  13180